非暴力抗爭

1977—2019 臺灣社會運動

蘇佳善——著

深入剖析臺灣社會運動發展的全貌

文／朱金池

　　社會運動是一種促成或阻止社會變遷的集體力量，是由一群有組織的人，有意識、有計畫、有行動意圖改變或重建社會秩序的集體行為，是造成社會變遷的一股巨大動力。臺灣大規模的社會運動從1977年的「中壢事件」開始萌芽，經1987年解除戒嚴前後的蓬勃發展，至2000年之後轉型為新型態的社會運動迄今。例如2006年的「百萬人倒扁運動」及2014年的「太陽花學運」，已轉型為非暴力抗爭的型態，並以社群媒體為主要的動員手段，有力爭取廣大社會大眾的認同，而嚴重打擊政府的威信。

　　臺灣政府面對社會運動的各個發展階段，也相應發展出各種不同的處理策略。回顧政治戒嚴時期，集會遊行被政府「全面禁止，嚴格管控」，憲法賦予人民集會的基本自由形同具文。惟隨著政治社會環境的變遷，政治制度由威權體制轉型為民主體制後，警察機關在處理集會、遊行之基本立場亦隨之調整為「依法行政、行政中立、安全第一」，貫徹「保障合法」、「取締非法」及「制裁暴力」之原則，妥善處理各項抗爭活動，以達到維持公共秩序與保障人民集會遊行自由權利之雙重目的。

　　本書作者蘇博士佳善兄，畢業於我的母校中央警官學校，並於服務公職期間積極向學，先後獲得淡江大學中國大陸研究所碩士和中國文化大學國家發展與中國大陸研究所博

士學位。佳善兄在撰寫博士論文的過程中，與我多次討論臺灣社會運動四十年來的發展過程。他為深入剖析臺灣社會運動發展的全貌，除介紹社會運動理論與非暴力抗爭理論外，還引用了集會遊行、人民團體、政黨及歷屆公職選舉等官方統計資料，以及司法院對集會遊行及言論自由的解釋、集會遊行法等相關法規文獻資料、媒體報導及網路評論文章，並對社運領袖人物進行非結構性的訪談。最後，再輔以臺灣具代表性的社會運動案例，建構出完整的非暴力抗爭運動模式，來描述和解釋臺灣的社會運動現象，殊屬難得。因此，本書深具理論與實務上的價值，值得推薦，且樂為之序。

＊朱金池為中央警察大學警政管理學院教授兼院長。

見證解謎臺灣經驗

文／江明修

　　記得佳善博士出版第一本有關公民社會的專著《民主推進器——兩岸三地的公民社會》時，本人應允專文推薦。沒想到，才相隔數年，佳善即出版《非暴力抗爭：1977-2019臺灣社會運動》，並再邀為新書專文推薦，聞後，深深被佳善好學不倦和熱情學術的態度所感動。

　　眾所皆知，社會運動係公民社會的主要核心價值，社會運動的目的，誠如西班牙社會學家，亦是左翼思想大師曼威‧柯司特（Manuel Castells）所言，社會運動是社會變遷的起源，也是社會構成的起源，社會運動係一種情緒轉變的過程，社會運動後總是會帶來新的價值與目標。

　　臺灣社會運動在解嚴後，如雨後春筍的在全臺各個角落此起彼落的展開，佳善以其服務於內政部之機遇，目睹臺灣社會運動的頻繁、多樣與非暴力等演化趨勢，遂以深湛的學養，加上第一手的參與觀察，完成了他的博士論文，更進而在此基礎上，將論文昇華為《非暴力抗爭：1977-2019臺灣社會運動》。本書係探究臺灣社會運動從戒嚴時期到解嚴，從威權政體轉型為民主政體的發展關鍵因素，前後橫跨逾40年，可謂涵蓋臺灣政治、經濟、文化與社會發展最輝煌的時期，與見證和解謎了臺灣經驗中最迷人的風采。

　　值得一提的是，在解嚴後的30年間，經濟層面，臺灣創造了舉世聞名的「臺灣經濟奇蹟」，成為「亞洲四小龍」；

政治層面，更是如美國國際政治學巨擘薩繆爾‧杭廷頓所著《第三波：二十世紀末的民主化浪潮》書中，特別提到中華民國在民主化的進程中，還能夠維持經濟發展與安定，「臺灣經驗」有其優越的地方，可資其他開發中國家政經改革參考。甚至也已經符合林茲和史帝潘（Linz and Stepan，1995）所謂的已鞏固的民主政治；文化層面，臺灣正朝向精神文明與文化價值的重建，落實多元文化理念，結合創生傳承與創新文化發展；社會層面，在政府良善的治理政策下，營造了一個公民社會與社會運動相互輝映的社會。上述這些層面的整體綜效表現，是臺灣能以一隅之地傲視國際社會，深受西方國家推崇的重點。而促成這些成功的核心，即是在政治、經濟、文化與社會等相互衝撞與同時協力共同合作的結果。

不可諱言，臺灣的公民社會蓬勃發展，以及非暴力、頻繁與多樣的社會運動，確實給政治、經濟、文化與社會帶來巨大的影響和改變，佳善逐一地梳理與剖析這些背後的影響要素，主要關鍵係受「環境因素」、「政府治理」及「群眾認知」的影響，形塑出本灣社會運動「頻繁化」、「多樣化」與「非暴力化」的樣態與模式。並在此架構下，進一步導出各個面向的影響因素與層面，從而拼出臺灣社會運動的全貌，特別是對非暴力抗爭這一領域，佳善花了不少心思與洞見去剖析。

秉此，深知此書當對學術界與實務界均有相當之參酌價值，乃為之喜，亦試為推薦之。事實上，佳善曾給本人一自敘，略述明其心跡，「公職生涯逾四十載，用4年又3個月取得博士學位，花9年寫2本書，一編著及一合撰，荏苒與工作有關，得失之間如實如虛，似有似無，仰不愧天，

俯不怍地，」以此用心與成果，實值得海內外方家珍視之！
是為序。

＊江明修為國立政治大學公共行政學系特聘教授。

推薦序

體制外促成社會變遷之策略與觀察

文／何明修

　　社會運動是一股不斷要求改造的集體力量，挑戰我們既有的觀念，無論是關於政治體制、族群關係、勞動分工、性別文化等議題。許多成功的社會運動已經將其訴求具體落實成為制度規則，內化為一般人習以為常的想法。如果沒有晚近以來各種社會運動的興起，臺灣不會有新興的民主體制，以及保護環境、關懷鄉土文化與保障勞工、婦女、原住民、身心障礙者等弱勢群體的種種措施。這些社運的主張因挑戰主流觀念，不見容於當局，起初都被視為異端邪說，經常被譏笑、辱罵，甚至是打壓迫害；後來透過了社會運動的倡導，才逐步取得公眾的輿論支持，甚至迫使執政者改弦易轍。

　　社會運動也是一種以體制外的方式來促成社會變遷之策略，通常是需要集結許多人的共同參與。社會運動不一定是針對某些政府的政策或作為，但是其即使表面上不直接涉及國家的衝突，也經常要求政府官員的介入。學術研究關切社會運動，視其為解答重大知識迷團的關鍵，因為社會運動是一種非常特別的促成社會變遷方式，通常是由弱勢群體所發起，面對更為資源更為強大的對手。就算是最成功的社會運動，其後果也往往與原先參與者的設想不完全吻合，也會引發種種非意圖的後果。越是在民主與平等的社會中，社會運動越有可能成為一種高度制度化的參與方式，成為各種意識

形態的載體，無論其訴求是追求進步與解放，亦或是試圖扭轉時代潮流的保守反動。

1987年解除戒嚴令，新生的社會運動猛烈爆發，街頭抗爭成了常見的場景。從威權統治到民主的轉型帶來了2000年的政黨輪替，也促使社會運動制度化為一個當代社會中的恆常特徵，越來越多的社會團體或利益團體借用這個管道來爭取他們的權利。在2008年，中國國民黨重新取得政權，其保守的政策取向危及了先前的改革成果，使社會運動風潮再起，從野草莓運動到太陽花運動，興起了一波青年抗爭與學生運動的高潮。在2016年，臺灣經歷了第三次政治輪替，在蔡英文政府下，各種反撲勢力紛紛動員，包括反年金改革、反同性婚姻、擁核運動等。

蘇佳善博士畢業於中國文化大學國家發展與中國大陸研究所，他的博士論文關切臺灣社會運動的長期趨勢。根據內政部警政署的集會遊行統計，蘇博士指出，隨著臺灣民主逐漸走上正軌，抗議也成為了日常的政治現象，呈現出非暴力化、頻繁化與多樣化之樣態。有鑑於國內社會運動的研究大部都是採取單一或少數個案，較少有總合性與長時段的研究，蘇博士的專書出版肯定有重要的學術貢獻。

＊何明修為國立臺灣大學社會學系教授。

社會運動帶來新的價值——
以反對浮濫土地徵收抗爭為例

文／徐世榮

　　敝人非常榮幸受到蘇佳善博士的邀請，為其新書撰寫推薦序，敝人閱讀其書中內容，所涵蓋的時間從臺灣解嚴前一直討論至解嚴後，而其關照的社會運動課題也非常多元，包含了政治事件、農民事件、學生運動、苗栗大埔事件等，這非常不簡單，若非作者具有精湛的學術涵養及豐富的實務經驗，恐難以完成如此巨大的學術工程。

　　敝人尤其欣賞本書對於社會運動是持相對正面的觀點，而不再如以往傳統社會時常將其描繪成非理性、流氓行徑、及流血暴力等負面的形象。書中也特別引用曼威・柯司特的見解，稱「社會運動是社會變遷的起源，也是社會構成的起源，社會運動係一種情緒轉變的過程，社會運動後總是會帶來新的價值與目標」。這個觀點相當值得肯定。

　　由於敝人的學術理路也同樣受到曼威・柯司特的影響，因此願意略做補充。曼威・柯司特專研於都市社會運動（urban social movement），他認為都市社會運動是一種集體的行動，其目的是要改變並創造新的都市意義，使它不再由統領階級（dominant class）來決定其邏輯、利益及價值。

　　他認為地方的社會意涵（social meaning of places）已經是逐漸地喪失，因為統領階級在全球的生產秩序底下，為了追求利潤，已經使得人們與他們的地方失去了關聯，城市及

其社會意義已經不再由居住於那裡的人來決定或是控制，許多人們也因此而流離於不同的地方，然而，此類的發展模式已經受到被統領階級（dominated class）的抵抗，居民們欲透過集體的行動來重建人與地方之間的關係。由此，曼威・柯司特強調，都市的重要性應該是建築於其使用價值（use value），並讓社區的居民能夠來參與並掌控其意涵，它反對都市的生活及服務僅是一個具有交換價值（exchange value）的商品。

曼威・柯司特更進一步提出社會運動的另外一個重要主張，他認為都市社會運動並非是與政治體系（political system）運作於同一個層次。因為政治體系的目標是在於政府，也因此必須倚賴於政府，並且成為政府的一部分，所以在某種程度之下，政治體系必須制度化某種社會控制，並接受某種程度的妥協或交易。可是，另外一方面，社會運動則是生存及發展於民間社會（civil society），它並不像政治體系一般，必須受限於遊戲的規則，或是拘泥於制度化的主流價值及標準。

這也就是為什麼社會運動是社會革新的主要來源，而政黨或政治聯盟則是社會談判或交易的工具。然而，對於社會變遷而言，社會運動與政治體系並沒有層級（hierarchy）的差異，倘若沒有社會運動，就沒有來自於民間社會對於政府所建構出來的行為準則、價值觀及財產權進行挑戰。可是另一方面，如果沒有政黨的支持及一個開放的政治體系，那麼那些由社會運動所創造出來的新價值及新的需求不僅會消退，甚且也無法促成社會的改革及制度的變遷。因此兩者之間是相輔相成的，缺一不可。

基於上述的體認，曼威‧柯司特因此認為社會運動的研究必須是著重於民間社會，而不是政治體系。研究者所著重的議題應該是在於人們如何及為什麼（how and why）來挑戰統領階級，而不是政治體系之間的妥協及交易。對於曼威‧柯司特而言，都市社會運動的發生乃是由於社會在於生產、文化及權力的變遷方面皆已面臨了死胡同（stalemate），必須藉由都市社會運動的挑戰才足以促成改變，由此可見，社會運動對社會改革及創新實具有巨大的貢獻。上述的理論觀點可以將其連結至敝人所熟悉的反對浮濫土地徵收的抗爭運動中，而本書所述的苗栗大埔事件即為其一。

　　多年來因浮濫的土地徵收，引發民眾強烈的抗爭，農民及許多弱勢團體不僅多次進入總統府、行政院、監察院、內政部、營建署等政府行政機關陳情，並且連續多年於總統府前凱達格蘭大道集會，在那裡舉辦抗議活動及夜宿，向當權者表達強烈的不滿與抗議。當被徵收的農民及土地所有權人進行抗爭時，往往聲淚俱下地訴說他們事前根本不知道自己的土地及家園即將被徵收，而是等到接獲一紙徵收公文時，才知道即將被掃地出門，但這時整個行政程序大抵已經是接近尾聲，民眾的心聲在整個制度設計中幾乎是不占有位置，因此，他們在慌忙無助之餘，僅能進行體制外的抗爭，向這個社會訴說他們所遭遇的不平及冤屈。

　　長期以來，為了追求經濟成長率的提升，中央政府規劃了許多重大開發計畫，例如科學園區或產業園區的開發，由此進行土地規劃及管制的變更，繼而造成了大量私有土地的被徵收；相對地，中央或地方政府也經由都市計畫的擴大、新訂，或非都市土地的開發許可等，來進行土地的整體開

發，這也直接帶來了許多私有土地被徵收的命運。惟很不幸地，政府各機關威權積習不改，皆已習慣於動用土地徵收，根本不把土地徵收當成一回事，為了追求行政效率，彼等把土地徵收當成最優先、甚且是唯一的手段，對於農民及土地所有權人的土地被掠奪及家園被強拆，好像皆無動於衷，似乎只要搬出「依法行政」，一切皆可合理化。

但是，若與國外實施民主憲政國家相互比較，我國的土地徵收數量實在是相當驚人，已經到了嚴重侵害基本人權的境界，而這也已經受到國際人權審查委員會的嚴厲批評。經由近年來農民及許多弱勢團體對於土地徵收的抗爭，讓社會大眾逐漸反思我們該如何來對待我們腳下的這塊土地，以及生活於其上的人民。在目前的土地開發及規劃管制變更的過程裡，土地除了是經濟生產要素及資產之外，更是我們主觀認同及安身立命的地方，土地其實也就是我們生活的家園。透過反對浮濫土地徵收的抗爭運動，讓我們逐漸重視土地的使用價值及土地的認同價值，並提醒我們在進行土地政策的制訂時，必須把民主、正義、及人權價值納入其中，讓它們成為重要的考量因素，而這就是社會運動的重大貢獻之處。

＊徐世榮為惜根台灣協會理事長。

彌足珍貴的臺灣和平抗爭經驗

文／陳健民

　　我們在香港推動非暴力公民抗命爭取民主時，經常會聽到一種說法，認為非暴力抗爭不能對付暴政，連哲學家John Rawls亦指出在「接近公義的社會」（nearly just societies）這套策略才能湊效。甘地和馬丁·路德·金恩的公民抗命所以在印度和美國南部行得通，是因為當時作為殖民地的印度，其宗主國（英國）為一民主國家；而美國在上世紀五〇年代，聯邦政府原則上亦同意南部實行種族平等的投票權。許多人相信，這些成功的公民抗命例子只是異數，對抗暴政惟有靠暴力革命，別無他法。

　　但縱觀過去50年全球民主化的經驗，無論是杭廷頓稱之為「第三波民主浪潮」（上世紀七〇年代中至八〇年代末），或者其後的「民主革命浪潮」（天鵝絨、顏色、茉莉花、阿拉伯之春等革命），甚少是以武裝起義達成。大多數民主轉型是靠反對派並用群眾壓力與談判策略，或者是以網路動員大量群眾以非暴力方式推翻專制政權。Karatnycky與Ackerman在*How Freedom is Won: From Civic Resistance to Durable Democracy*一書中指出，在67個成功從獨裁政權轉型的國家中，七成是以非暴力的公民抗命來促使國家走上民主之路。這些國家的和平轉型和民主鞏固，有賴一個團結、非暴力的公民社會支撐。他們認為暴力抗爭會引發更多鎮壓，而公民抗命除了有效對抗專制外，更能令參與者學習如何為自己的

行為負責，並在達成目標的過程中尋求對話與共識。

我並非如甘地般信奉絕對的和平主義。在殘暴的獨裁統治下，人民進行暴力革命亦有其正當性。但與法國大革命的時代不同，現代國家軍警擁有先進的武力裝備，在一般情況下民眾難以匹敵。因此，即使全球各地晚近發生的「革命」，往往都是因為大量群眾聚集，以和平方式對抗政府，令軍警缺乏正當性進行鎮壓，結果引發統治集團內部分裂而令獨裁政權瓦解。如果抗爭不在於推翻政權而只求改革政策，運用暴力抗爭雖然有助「戲劇化」社會矛盾，但亦容易失去社會的同情。相反，如果採取和平抗爭而被軍警鎮壓，便更能暴露隱藏的制度暴力，引導輿論支持運動的訴求。由此可見，單從策略考慮，非暴力抗爭亦是較有績效的抗爭手段。

此書以臺灣作為個案有系統地說明全球非暴力抗爭的趨勢、政府在民主化和民主鞏固過程中如何促進自由化、與及西方非暴力抗爭理念如何植根在臺灣等三個因素，造成臺灣非暴力抗爭的數量上升及所涉的領域愈趨多元化。本書最珍貴之處，是能善用遊行集會的數量、參與人數、動用軍警的數量、傷亡人數等數據建構出臺灣的非暴力抗爭指數，並從其歷年的變化中看到民主化和民進黨執政令暴力抗爭減少。本書亦詳細列出1977至2019年各重大的社會運動與及管理遊行集會的相關法例的轉變，對不熟識臺灣社臺灣社會運動的讀者是非常有用的資料。

許多華人都視臺灣是民主的燈塔，目睹臺灣的政黨能和平競爭與輪替執政、民主與繁榮安定並行不悖，令一些文化決定論（中國文化與民主不能相容）頓時破產。但鮮有人留

意臺灣民眾在爭取民主的過程中，如何從短暫的暴力衝突轉化為有清晰理念的非暴力抗爭，本書以數據和關鍵人物的訪談為歷史補上一筆。

蘇佳善博士曾任警務人員參與管理示威人群，後轉至內政部參與管理社團的工作。工餘完成兩岸三地公民社會研究和臺灣非暴力抗爭的碩士及博士論文，在實務和理論上均涉獵甚深，難能可貴，值得留意。

香港自2014年雨傘運動開始，對社會抗爭的手段有極大爭議。占中三子及主流民主派主張「和理非」（和平理性非暴力），而激進民主派和本土派愈來愈傾向以「勇武」手段抗爭。2016年農曆年前夕爆發的「魚蛋革命」，是勇武派正式走上前台，結果梁天琦及一些參與者以暴動罪名被判入獄。據當時一個民意調查顯示，42%受訪者「體諒但不贊成暴力」。至2019年香港的反送中運動，由於政府漠視數以百萬計市民以和平方式表達的訴求，更以催淚彈和胡椒噴霧驅散示威人群，令許多年輕人便對政府說：「是你教我們和平遊行是沒用的」，然後便以磚頭、汽油彈及其他武器還擊防暴警察。民意調查顯示，雖有四成被訪者認為示威者使用過度武力，但認為警察使用過度武力的卻有72%，而56%表示理解示威者的激烈行動。

因此，即使香港主流社會並不支持暴力抗爭，在政府漠視民意、警察濫用武力的情況下，大數人都對激烈行動表示理解。結果，反送中運動提出「和勇不分」的抗爭，避免如雨傘運動般因策略分歧而潰敗。但自從2020年7月香港實施《國安法》後，無論是和平或者勇武抗爭均被打壓。在如斯暴政底下，人民如要表達不滿便需竭力在政治窄篷中尋找機

會，而我估計非暴力抗爭會有較大的空間。港人必須參考前人的非暴力抗爭經驗，臺灣這段歷史更是彌足珍貴，亦令此書特別有時代意義。

＊陳健民於1995年獲美國耶魯大博士學位，自2021年8月起出任國立政治大學社會學系客座教授。陳博士曾任香港中文大學社會學系副教授、中國研究服務中心及公民社會研究中心主任、社會創新研究中心研究員。陳博士專研華人公民社會，現為國際第三部門研究學會董事、國際非盈利法律中心顧問及Journal of Civil Society編委會成員。編著《陳健民獄中書簡》、《走向公民社會》、《艱難的轉型：現代化與中國社會》（與鍾華合編）等九本專書。陳博士積極投入香港民主運動，被稱為「占中三子」之一，因參與2014年雨傘運動被判入獄16個月。

加速民主、自由及開放的臺灣社會運動經驗

文／陳國恩

　　很榮幸獲佳善邀請為他的新書《非暴力抗爭：1977-2019臺灣社會運動》專文推薦。佳善曾任內政部新聞科長，負責處理新聞與媒體關係，目前於該部負責人民團體及合作社業務，與人民結社業務有關，是一位敏而好學的公務人員，雖涉身於忙碌的工作環境中，仍善用和把握時間，孜孜不倦地充實學能，完成博士學位，誠屬不易。

　　在和蘇博士討論其著作時，個人才瞭解，這係他的第二本著作，專門研究臺灣非暴力抗爭的社會運動，他稱之為係「第二部曲」，何以故？原來早之前他亦曾出版《民主推進器──兩岸三地的公民社會》，係專門探討兩岸三地公民社會的專著，係為「第一部曲」。一部曲係探討公民社會；二部曲係集會結社，前後互應，不分軒輊，都是現代化民主國家的象徵。

　　個人公職生涯逾四十載，大部分時間係從事維護社會治安的警察工作，從戒嚴至解嚴，從威權體制轉型為民主體制，再到政權首次輪替、再次輪替、第三次輪替等一連串的政治過程，歷任多個警察機關首長，甚至職掌全國最高警政工作，處理過臺灣無數大大小小的集會遊行活動，深深被這股巨大的社會力所震憾與感動，亦體認到社會運動係推動國家、市場與社會進步的力量，這是臺灣非常珍貴和引以為傲

的民主價值和社會資本。

　　根據「自由之家」2018年至2020年對自由度的2項評比「政治權利」（Political Rights）與「公民自由」（Civil Liberties）中，臺灣名列為全球「最自由」地區，自由度高於法國、義大利和美國等西方民主國家。其中關於集會自由部分「自由之家」認為臺灣1988年通過的《集會遊行法》，該法的立法基本原則：1.保障合法舉行之集會、遊行。2.尊重人民自由權利，僅對室外或公共場所或公眾得出入場所舉行之集會、遊行，作必要之規範。3.貫徹民主法治，堅守反共國策，集會遊行不得違背憲法或主張共產主義或主張分裂國土。可謂為政府「依法行政」及規範人民集會遊行活動之法源基礎。

　　在集會遊行法制化、國家安全法和人民團體法等相關法規對於集會結社的管制鬆綁後，加上良善的政府治理政策下，開啟臺灣社會運動的非暴力抗爭、頻繁與多樣的發展，加速了政治民主、經濟自由與社會開放等多元環境，傲視國際社會。蘇博士耙梳臺灣四十年來集會遊行透過系統性的彙整、分析和歸納後，梳理出臺灣社會運動轉型趨勢的原因，誠實可貴，甚具有學術價值，特予專文推薦！

＊陳國恩為前內政部警政署署長。

社會運動的重要啟發

文／謝立功

　　英國社會學家安東尼·紀登斯（Anthony Giddens）認為：社會運動常常是就某一個公共議題推動變遷，法律或政策常常因為社會運動的行動結果而發生改變，這些變化可能產生深遠的結果，社會運動是集體運動最強而有力的形式，若持之以恆，可能會產生巨大的效果。瓦茨拉夫·哈維爾（Vaclav Havel）在《無權力者的權力》指出無權力者的權力在於以真實的生活去對抗以謊言建構的意識形態，無權力者要使自己有權，首先就是不接受謊言，拒絕謊言，這就是抗議運動的開始。

　　解嚴後臺灣社會運動如遍地開花在全臺灣各個角度綻放，動輒遇政治選舉活動，無論係政黨或政黨候選人，為求贏得選舉，造勢活動此起彼落，彼此相互拚場較勁，展現廣大民意實力，集會遊行儼然成為政治選舉文化不可或缺的主要角色。

　　蘇博士在公職生涯中，曾親身經歷與目睹社會運動蓬勃發展，透過其敏銳的觀察力，洞悉臺灣從解嚴迄今逾30年的演進過程，逐一剖析臺灣社會運動的轉型過程，指出臺灣的社會運動發展在環境因素、政府治理及群眾認知等三個面向下，促成社會運動的頻繁化、多樣化及非暴力化的樣態發展。為進一步瞭解社會運動發生的背景因素，作者研究發現，外在因素，包括全球化非暴力抗運動，網際網路社會運

動的崛起；內在因素，包括法規的建構與鬆綁，保障人民的集會結社自由等。此外集會遊行發生的高峰期與政治選舉活動與集會遊行活動具正相關，亦即在政治選舉前後一至兩個月，待政治選舉活動落幕，集會遊行即恢復為平時的低潮期。且國民黨執政或民進黨執政，與集會遊行的發生率亦有直接關係。

為驗證非暴力抗爭運動，作者根據西方發展一套成熟的非暴力抗爭理論與行動，一舉跨越逾40年間，將臺灣具時代意義與指標性的政治性社會運動個案，抽絲剝繭地檢證出臺灣社會運動非暴力抗爭的各種樣態。這樣的學術研究，在國內應係首例，對研究或從事社會運動者，具有啟發性的作用，對學術界有一定的貢獻與參考價值，值得本人向社會大眾推薦！

＊謝立功為台灣民眾黨秘書長。

導讀

文／歐陽新宜

　　作者蘇佳善博士是我過去指導的博士生。在其博士論文寫作之初，就具有強烈的臺灣社會運動情感及目標。本書在其博士論文社會科學的基礎上，增加了臺灣解嚴前後較具代表性的社會運動歷史個案，得出了臺灣社會運動「成一家之言論」的重要結論，那就是：臺灣是世界非暴力抗爭運動的重要代表地之一。全書概分為十章，樂於將個人的閱讀心得摘述如后：

　　第一章導論係緣於作者因曾任警察工作，執行維護社會治安秩序的執法者，因工作關係與長期觀察臺灣自解嚴前後，社會運動如雨後春筍般地在臺灣各個角落竄起，歷經逾30年的政治、經濟與社會環境變遷，社會運動呈現非暴力與和平理性活動方式、頻繁及多樣類型，引發了作者的的研究動機及問題主軸。

　　第二章與第三章係文獻回顧與理論探討。本書以文獻分析及深度訪談進行臺灣社會運動轉型趨勢之梳理。界定社會運動與集會遊行的定義，也對國內外的社會運動理論進行文獻檢閱。在理論方面，特別著重非暴力抗爭運動的文獻，以期發現過去臺灣社會運動研究未曾發現的顯著性特徵。

　　本章提出的資料非常豐富，在官方統計方面包含了：1.行政院內政部警政署自1987年至2019年集會遊行逾19萬3千餘次統計資料；2.內政部自1987年至2019年人民團體統計資

料；3.內政部自1989年至2019年政黨統計資料；4.中央選舉委員會自1989年至2020年間歷屆公職選舉資料，主要係以總統、副總統、立法委員及直轄市暨縣、市長等政治選舉活動；5.司法院對集會遊行及言論自由的解釋；6.集會遊行法等相關法規文獻資料。

在民間資料方面包含了：1.媒體報導及網路評論文章；2.對臺灣長期從事社會運動的領袖人物之非結構性訪談；3.梳理臺灣具代表性的社會運動，以勾勒出非暴力抗爭社會運動。皆是本研究的重要資料來源。

第四章係探討臺灣社會運動的特徵。作者根據各項官方統計資料、文獻探討與分析、媒體報導及非結構性深度訪談等因素進行綜合分析後發現，臺灣的社會運動在「非暴力化」、「頻繁化」、「多樣化」，與「環境因素」、「政府治理」及「群眾認知」等面向上，有密切的關聯。

第五章係社會運動非暴力化因素分析。作者發現在臺灣社會運動的環境，與全球非暴力抗爭運動及全球非暴力抵抗變化趨勢有關；在政府治理方面，提出了威權時期聚眾活動的處理原則與民主化時期集會遊行處理原則的不同；在群眾認知方面，則強調非暴力抗爭理論的引進、群眾教育以及社運領袖對臺灣非暴力抗爭的堅持，因而展現了臺灣以非暴力抗爭方式從事社會運動的面貌。

第六章係社會運動頻繁化因素分析。作者將臺灣社會運動發展階段分為三段：一、1977年至1987年（萌芽時期）；二、1988年至1999年（成長時期）；三、2000年至2018年（新型態社會運動）。其中，作者認為，集會遊行法制化及司法院釋字第445號及第718號解釋，以及人民團體法的鬆綁

和保障言論自由的司法院釋字第644號解釋是促進社會運動頻繁化的主要原因。

第七章係社會運動多樣化因素分析。作者指出全球化網絡社會之崛起、西方社會運動經驗的啟發，以及電子網路的串接是新社會運動效應的擴大；而集會結社與言論自由的鬆綁，全球化社群媒體的力量和社會價值觀的開放亦是促成社會運動多樣化的因素。

第八章點明政治選舉活動與集會遊行相輔相成。本書指出臺灣的集會遊行之所以頻繁，與臺灣30年多年來超過30次重大選舉活動有關。作者研究發現，只要適逢政治選舉年，特別是選舉投票日的前一個月，集會遊行的活動密度就因政黨與候選人選舉造勢，而比其他時間顯著的頻繁與熱絡；反之，如非政治選舉年，該年的集會遊行頻率就相對較低。值得一提的是中央和地方因政治選舉集會遊行的頻率，也有不同。其中，地方選舉活動的集會遊行頻率顯然較中央為高，這是因為地方官員與人民之間的權益關係較為直接所致。是以，臺灣的政治選舉活動與集會遊行間的密切關聯性，也成為臺灣民主化的特色之一。

第九章係作者綜合自1977年至2019年間，以較具政治性、指標性與影響性的社會運動為案例，並區分戒嚴時期與解除戒嚴時期所進行的非暴力抗爭剖析。戒嚴時期：包括1977年的中壢事件、1979年的美麗島事件及1986年中正機場事件、1986年鹿港居民反杜邦設廠事件等四起政治性社會運動，是喚起人民維權意識的開端，對日後人民從事社會運動具有啟發性的意義；解除戒嚴時期則包括1988年農民抗爭事件、1990年野百合學運、1991年一〇〇行動聯盟、1986年迄

2019反核運動、2004年228百萬人牽手護臺灣活動、2006年倒扁運動、2010年至2014年大埔事件、2013年洪仲丘事件、2014年太陽花學運、323占領行政院事件、330反服貿遊行活動，以及2016年年金改革抗爭運動等。這些社會運動的政治目的強烈，但是手段卻非暴力，是貫穿42年來臺灣社會運動的顯著特色。

第十章為結論。作者認為解嚴後的臺灣社會運動除了「非暴力化」之外也呈現了「頻繁化」與「多樣化」的面貌，而形塑此一「臺灣現象」的因素則與「環境條件」、「政府治理」及「群眾認知」有關聯。此一發現與國際學術界的理論文獻大致相同。作者也對「暴力邊緣論觀點」提出了個人的詮釋，認為暴力邊緣論仍然屬於暴力抗爭的一種。另外，對哈佛大學政治學家埃里卡・切諾韋思與瑪麗亞・斯蒂芬（Erica Chenoweth & Maria Stephen）提出的「3.5%規律」，作者認為此一定律在臺灣並不適用，因為臺灣的社會運動唯一達到3.5%定律的只有2004年「228百萬人牽手護臺灣活動」，其他皆未符合，然在未超過3.5%的情況下，社會運動仍然能夠達到部分訴求到目的，乃至政治目的。這是作者在剖析臺灣社會運動個案中的意外發現，也印證了臺灣是世界民主化過程中的一個成功案例。

＊歐陽新宜為中國文化大學國家發展與中國大陸研究所教授。

序

　　本書係在個人博士論文的基礎上，再增加臺灣從解嚴前後社會發生較具代表性、影響性與民主政治意義的非暴力抗爭社會運動個案，藉以剖析臺灣非暴力抗爭社會運動形成的背景因素。研究發現，臺灣社會運動轉型趨勢區分為三種特徵，包括抗爭運動的「頻繁化」、抗爭群體類型的「多樣化」與抗爭模式的「非暴力抗爭」，在同時間的國際比較上也屬特例。

　　經由對社會運動的理論與文獻資料耙梳，本研究歸納「環境因素」、「政府治理」及「群眾認知」三項為解釋臺灣社會運動呈現「非暴力抗爭」、「頻繁化」及「多樣化」的自變項，是為本研究的研究架構。

　　本研究方法以文獻分析及深度訪談法為主。研究資料來源，包含官方統計及民間媒體報導，並深入訪談臺灣社會運動中的關鍵人物。

　　在官方資料方面，本研究採用了：

1. 行政院內政部警政署自1987年至2019年集會遊行逾19萬3千餘次統計資料；

2. 內政部自1977年至2019年人民團體統計資料；

3. 內政部自1989年至2019年政黨統計資料；

4. 中央選舉委員會自1989年至2020年間歷屆公職選舉資

料，主要係以總統、副總統、立法委員及直轄市暨
縣、市長等政治選舉活動；

5. 司法院對集會遊行及言論自由的解釋；

6. 集會遊行法等相關法規文獻資料。

在民間資料方面：

1. 媒體報導及網路評論文章；

2. 對臺灣長期從事社會運動的領袖人物的非結構性訪談；

3. 梳理臺灣具代表性的社會運動，以勾勒出非暴力抗爭
社會運動，皆是本研究的重要資料來源。

經由上述資料的分析，本研究發現：全球非暴力抗爭的
氛圍、政府對社會運動的理性治理政策、群眾對非暴力抗爭
效果的認知，以及民間團體維權意識的抬頭等，都是造成臺
灣社會運動呈現「非暴力抗爭」、「頻繁化」及「多樣化」
特徵的因素，其中又以社會運動領導者對貫徹非暴力抗爭理
念與行動的體認最具關鍵性。

證諸國內有關社會運動相關文獻，本研究對學術的貢獻
在於提供實證的官方及民間資料探討臺灣社會運動轉型趨勢
與特徵，並剖析臺灣社會運動發展非暴力抗爭的關鍵、運作
模式及形成非暴力抗爭現象之人文因素。

臺灣社會運動同時存在非暴力化抗爭、頻繁化及多樣化
的發展特徵，無論在國際文獻及新興民主國家，乃至西方民
主國家中相對少見，臺灣社會運動的發展經驗，未來或許可
以在國際社會運動理論及非暴力抗爭比較中成為一個新的研
究案例。

目次

推薦序　深入剖析臺灣社會運動發展的全貌／朱金池　　003

推薦序　見證解謎臺灣經驗／江明修　　005

推薦序　體制外促成社會變遷之策略與觀察／何明修　　008

推薦序　社會運動帶來新的價值——
　　　　以反對浮濫土地徵收抗爭為例／徐世榮　　010

推薦序　彌足珍貴的臺灣和平抗爭經驗／陳健民　　014

推薦序　加速民主、自由及開放的臺灣社會運動經驗／陳國恩　018

推薦序　社會運動的重要啟發／謝立功　　020

導讀／歐陽新宜　　022

序　　026

第一章　導論　　037

第二章　文獻回顧與理論探討　　056
　　　　第一節　概念的界定　　057
　　　　第二節　社會運動理論　　064
　　　　第三節　非暴力抗爭理論與文獻　　098
　　　　小結　　115

第三章　研究設計　　　　　　　　　　　　　　118
　第一節　研究方法　　　　　　　　　　　　　118
　第二節　研究架構　　　　　　　　　　　　　121
　第三節　概念化與操作化　　　　　　　　　　121

第四章　臺灣社會運動的特徵　　　　　　　　　131
　第一節　社會運動非暴力化　　　　　　　　　132
　第二節　社會運動頻繁化　　　　　　　　　　135
　第三節　社會運動多樣化　　　　　　　　　　153

第五章　社會運動非暴力化因素分析　　　　　　157
　第一節　環境因素　　　　　　　　　　　　　159
　　一、全球非暴力抗爭運動　　　　　　　　　159
　　二、全球非暴力抵抗變化趨勢　　　　　　　162
　第二節　政府治理　　　　　　　　　　　　　164
　　一、威權政體時期聚眾活動處理原則　　　　166
　　二、民主政體時期集會遊行處理原則　　　　167
　第三節　群眾認知　　　　　　　　　　　　　169
　　一、非暴力抗爭理論的引進與實踐　　　　　170
　　二、非暴力抗爭的深耕培育　　　　　　　　172
　　三、社運領袖菁英對臺灣非暴力抗爭觀點　　173
　　小結　　　　　　　　　　　　　　　　　　180
　第四節　非暴力抗爭因素分析　　　　　　　　183
　　一、非暴力抗爭指數　　　　　　　　　　　183
　　二、政黨輪替前非暴力抗爭社會運動因素
　　　　分析　　　　　　　　　　　　　　　　186

三、政黨首度輪替後非暴力抗爭社會運動

因素分析　　　　　　　　　　　187

四、政權二度輪替後非暴力抗爭社會運動

因素分析　　　　　　　　　　　188

小結　　　　　　　　　　　　　　　190

第六章　社會運動頻繁化因素分析　　　　　　　192

第一節　臺灣社會運動發展階段　　　　　192

一、1977年至1987年（萌芽時期）　　193

二、1988年至1999年（成長時期）　　196

三、2000年至2018年（新型態社會運動）　196

第二節　集會遊行法制化　　　　　　　201

一、司法院釋字第445號解釋　　　　203

二、司法院釋字第718號解釋　　　　205

第三節　結社限制的鬆綁　　　　　　　208

第四節　保障言論自由　　　　　　　　211

第七章　社會運動多樣化因素分析　　　　　　　213

第一節　社會運動運用網際網路的擴大效應　214

一、全球化網絡社會之崛起　　　　214

二、西方社會運動經驗的啟發　　　215

三、網際網路時代的社會運動　　　216

第二節　社會運動活動性質與類型　　　218

第三節　集會遊行法的違憲解釋　　　　220

第四節　言論自由的解禁　　　　　　　222

一、司法院釋字第445號解釋　　　　223

二、司法院釋字第644號解釋　　　　223

三、刑法第100條修法的政治意涵　　224

第五節　新興網路社會運動模式　　　　　　225

一、全球化社群媒體的力量　　　　　225

二、「複製社會運動」　　　　　　　227

第八章　政治選舉活動與集會遊行活動的連鎖效應　230

第一節　政治選舉活動頻繁　　　　　　　230

一、總統、副總統及立法委員選舉　　231

二、省長、直轄市長暨縣、市長選舉　235

第二節　政治選舉活動與集會遊行的關聯性　239

一、中央政治選舉活動與集會遊行的因素
分析　　　　　　　　　　　　　240

二、地方政治選舉與集會遊行活動的因素
分析　　　　　　　　　　　　　249

第三節　中國國民黨與民主進步黨執政時期的集會
遊行　　　　　　　　　　　　　255

第九章　非暴力抗爭　　　　　　　　　　　　258

第一節　戒嚴時期　　　　　　　　　　　259

中壢事件（1977年）　　　　　　　259

美麗島事件（1979年）　　　　　　261

中正機場事件（1986年）　　　　　263

鹿港居民反杜邦設廠事件（1986年）　265

第二節　民主政治時期　　　　　　　　　267

台灣農民運動（1988年）　　　　　267

野百合學運（1990年）　　　　　　269

反閱兵、廢惡法運動（1991年）　　272

反核運動（1986年至2019年）　　　274

百萬人民倒扁行動（2006年） 279

大埔事件（2010年至2014年） 281

洪仲丘事件（2013年） 283

太陽花學運（2014年3月18日至4月10日） 285

323占領行政院事件（2014年） 288

330反服貿遊行活動（2014年） 289

臺灣反年金改革行動（2016年9月3日至
2018年4月26日）／軍公教反汙名要尊嚴

九三大遊行（2016年） 290

419反年金改革抗議（2017年） 291

退伍軍人主導的八百壯士衝突案（2018年） 292

第十章　結論 295

　　第一節　主要發現 297

　　第二節　臺灣社會運動案例的政治意涵 326

　　第三節　與社會運動理論的文獻對話 336

誌謝辭 343

參考文獻 346

附錄　總統府前廣場大型集會遊行——1980年代遊行
　　至2020年社會運動 362

　　1980年代遊行 362

　　1990年代遊行 362

　　2000年代遊行 364

　　2010年代遊行 366

　　2020年代遊行 372

圖表目次

表目次

表4-1	1989年至2020年臺灣重大政治選舉活動	150
表5-1	全球主要地區國家非暴力抵抗變化趨勢	164
表5-2	1949年至2016年政府對集會遊行活動的處理原則演進	165
表7-1	多樣性類別之評分者信度分析表	221
表8-1	1989年至2020年總統、副總統暨立法委員選舉活動	234
表8-2	1989年至2018年省長、直轄市長暨縣、市長政治選舉活動	237

圖目次

圖3-1	解嚴後臺灣社會運動轉型之研究架構	121
圖4-1	1988年至2019年集會遊行受傷人數	133
圖4-2	1988年至2019年非暴力指數變化趨勢分析（受傷人數）	135
圖4-3	1988年至2019年非暴力指數變化趨勢（移送法辦人數）	136
圖4-4	1987年至2019年集會遊行數	137
圖4-5	1987年至2019年集會遊行申請准否與未申請統計	140
圖4-6	1987年至2018年各直轄市及縣、市集會遊行數	141
圖4-7	1987年至2017年集會遊行參加人數與使用警力人次統計	142
圖4-8	1987年至2017年集會遊行每次活動使用時間	143
圖4-9	1989年至2019年政黨成長趨勢	145
圖4-10	1977年至2019年人民團體成長趨勢	147

圖4-11　1987年至2017年聚眾活動屬性比例　154

圖4-12　1987年至2017年臺灣社會運動多樣化態樣　155

圖5-1　2004年至2018年全球非暴力抵抗變化趨勢　163

圖5-2　1988年至2019年非暴力指數變化趨勢分析（受傷
人數）　189

圖8-1　1987年至2017年政治選舉與集會遊行的關聯性　241

圖8-2　1996年總統、副總統政治選舉與集會遊行的關聯性　242

圖8-3　2000年總統、副總統政治選舉與集會遊行的關聯性　243

圖8-4　2004年總統、副總統政治選舉與集會遊行的關聯性　244

圖8-5　2008年總統、副總統政治選舉與集會遊行的關聯性　246

圖8-6　2012年總統、副總統政治選舉與集會遊行的關聯性　247

圖8-7　2016年總統、副總統政治選舉與集會遊行的關聯性　248

圖8-8　2020年總統、副總統政治選舉與集會遊行的關聯性　249

圖8-9　1994年省長暨直轄市長政治選舉與集會遊行的關聯性 250

圖8-10　2014年地方九合一公職人員政治選舉與集會遊行的
關聯性　251

圖8-11　2018年地方九合一公職人員政治選舉與集會遊行的
關聯性　252

圖8-12　中國國民黨與民主進步黨執政時期集會遊行分析　256

第一章
導論

　　社會運動是人類與生俱有的本能，深植於人類思維的潛意識中。社會運動亦是人性潛意識裡的一個活火山，每個人都有這樣的基因。這個基因指的是任何人只要遭受外部施加的不合理與不公平的對待，即會在內心萌生怨懟與抗拒，而當這股怨氣積累到沸騰的程度時，即會對施加者，無論係來自政府、企業、機構或團體等產生一種自我防衛的觀念與行動，社會運動於焉而生。社會運動的興起乃是人民為了表達對某種現存狀態的不滿所致，它是一個極其複雜的社會現象，不論在極權國家或民主國家都存在各種不同樣態的社會運動的團體組織、運作議題、模式、運動規模與影響程度不等的抗爭事件。

　　「社會運動」一詞可謂係近代文明的產物與象徵。此一行動行為不論在東西方國家自古即有之，只是在當時的時空環境，人民此等行為概被封建專制或獨裁統治者以謀反、叛國、篡逆、判變、逆賊、判徒、謀逆、反賊、賣國賊、極端分子、異端人士、異教、政變、革命分子、革命者、激進分子、異議分子、左派等等罵名醜化之，有些甚或以姓氏稱之為某某賊等，無法見容於當時社會。甚至在近代，西方社會運動在18世紀和19世紀時被稱為「極端主義」（sxtremism）、「剝奪感」（deprivation）和「暴力」

（violence）的代名詞，或是「發瘋的大眾」（the madding mass）、「社會失序」（social disorganization）的結果[1]。「社會運動」一詞可謂係在進入20世紀後才蔚為全球化的運動。揆諸社會運動的緣起，在在係受政府失靈與企業失靈的程度達到人民所能容忍的極限而引起。

德國法學家魯道夫・馮・耶林（Rudolf von Jhering）著《權利鬥爭論》（Quánlì cǎiqǔ lùn）書中提出，當人民為反抗來自國家權力方面的專橫行為與違憲行為，便會採取暴動、騷亂或革命的方式，去維護私權[2]。西班牙社會學家，亦是左翼思想大師曼威・柯司特（Manuel Castells）在《憤怒與希望：網際網絡時代的社會運動》（*Networks of Outrage and Hope: Social Movements in the Internet Age*）一書中指出，社會運動是社會變遷的起源，也是社會構成的起源，社會運動係一種情緒轉變的過程，社會運動後總是會帶來新的價值與目標[3]。社會運動是透過集體運動的表現行形式，促使現存社會秩序的某些方面產生基本變革[4]。社會運動通常不是一次性的集體行動即可達到目的，它是經過有組織、有目標、有計劃，且藉由持續性、間歇性和反複性的集體行動來表達訴求，以爭取社會的認同和轉變，其最直接的表達方式即是以武力對抗或暴力抗爭。換言之，一般情況下，人民不會無端

---

[1]　Tarrow, Sidney G. 1988. Power in Movement: Social Movements and Contentious Politics. New York: Cambridge University Press, p.4.

[2]　魯道夫・馮・耶林（Rudolf von Jhering）著，潘漢典譯，《權利鬥爭論》（北京：商務印書館，2019年），頁33。

[3]　曼威・柯司特（Manuel Castells）著，廖珮杏、劉維人譯，《憤怒與希望：網際網絡時代的社會運動》（臺北：南方家園出版社，2020年），頁30-34。

[4]　安東尼・紀登斯（Anthony Giddens）著，郭忠華譯，《社會學：批判的導論》（上海：上海譯文出版社，2013年），頁66。

對外部做出自我防衛的行為，人民發起社會運動的背後，概係肇因於自身的權益被不合理與不公平的剝削、被壓迫或侵犯，而產生集體或個體行動的邏輯。

在中國五千年歷史長河變遷過程中，人民對封建制度弊病的不滿與挑戰，在歷朝歷代中不曾斷過，亦不乏史例，人民一旦生活條件惡化到極點，自然會為生存而造反[5]。被抗爭的對象小至鄉土士紳對市井小民的壓榨，中至撻伐地方貪官污吏的官僚，大至推翻暴君專制的王朝，改朝換代；至於抗爭者有被剝奪權益的一般平民百姓與鄉民、知識分子與王公權貴等等。根據史料記載在中國歷朝歷代的更迭中劉邦以平民之身在楚漢戰爭中，擊敗項羽獲勝，統一自秦亡後的天下，係中國歷史上第一位平民（家世）出身的皇帝，為漢朝開國皇帝；而明朝開國皇帝朱元璋亦是一位出身貧農家庭平民皇帝，在統一南方，後北伐滅元，建立大一統的封建皇朝政權，國號「大明」，開創大明王朝，其子燕王朱棣則以皇室權貴之尊發動靖難之役篡位稱帝，創造永樂盛世，今中國大陸北京「紫禁城」即係創建於明朝永樂皇帝年間，朱棣為北京紫禁城裡第一個皇帝；以及近代推翻中國歷史五千年帝制，創建亞洲第一個民主共和國的孫中山，亦是以滿清王朝喪權辱國為由，歷經十一次革命，成功推翻滿清王朝的平民革命等。這些抗爭的史實放在今天的社會即是社會革命運動，而這些抗爭事件的方法，無一不是「以暴制暴」的方式取得抗爭的勝利，以至於在很長的歷史變遷過程和積累的

---

[5] 尼爾・弗格森（Niall Ferguson）著，盧靜、廖珮杏與劉維人合譯，《末日：致命瘟疫、核災、戰爭與經濟崩盤，災難對人類社會的啟示》（臺北：廣場出版，2021年），頁87。

經驗中，用暴力去對抗極權專制或獨裁者，係人民唯一的選項，無形中隱喻和灌輸後人一個對抗威權或獨裁，或改變政治社會制度，唯一的手段必須以「武力或暴力」的行動去挑戰與對抗，才有竟其功的機會。

這種思想觀念與抗爭行為模式，直至印度國父莫罕達斯・卡拉姆昌德・甘地（Mohandas Karamchand Gandhi）以非暴力抵抗運動的方式，成功讓印度獨立，影響西方社會後來對抗爭模式的啟發後，非暴力抗爭運動遂逐漸成為一種新的社會運動抗爭模式。惟在引入西方非暴力抗爭理論與案例前，人民對專制獨裁政府的抗爭模式不是拾起武器與之暴力對抗博取機會，即是服從，投降，聽任壓迫者加諸的不公平收場。共產黨宣言，馬克思主義學派創派者卡爾・馬克思（Karl Marx）當初撰寫《資本論》（Das Kapital）的動機即認為欲改變改革現狀的不正義，必須以暴力推翻現有秩序才能成功，而成功的唯一方法即是發動社會革命運動，並在國際間蔚為風潮[6]。

觀諸「暴力」，乃係人類與生俱來的攻擊與防禦本能。揆諸中西歷史發展，舉凡政治與社會環境的重大變遷，幾乎都離不開武力與暴力走過的痕跡。而「非暴力」卻係人類後天習得的智慧與技能。兩者唯一不同的是，非暴力是人民可支配的力量中，除武器之外，最強大的一股力量。

一直以來，有關非暴力議題在政治光譜上頗受爭議，自由派人士主張暴力本身可以為政治、社會與經濟帶來決定性的改變；保守派人士則認為暴力只是做為轉型的策略之一。

6　柯立安・斯考森（W.Cleon Skousen）著，潘勛譯，《赤裸裸的共產黨：共產主義如何危害自由世界》（臺北：八旗文化，2019年），頁55-70。

無論係主張非暴力或策略性使用暴力，皆需要付出無法估算的代價，對行動者與支持者而言，都是一項艱鉅的挑戰。在西方世界社會運動中除「暴力」抗爭方式以外，亦有以「非暴力」抗爭的行動方式來進行。考究人類的歷史進化過程中非暴力抗爭並非是一個新的現象，早在紀元前494年羅馬帝國統治時期，即有平民撤回與貴族主人合作的例子。有關非暴力抗爭的方法在世界各地都有案例[7]。從18世紀後期到整個20世紀，非暴力行動技術廣泛的使用在殖民地的判亂、國際政治與經濟衝突、宗教衝突、以及反奴役的抵抗運動，並被用來對付極端的獨裁統治，癱瘓帝國，瓦解獨裁政權，包括納粹與共產主義體制。在20世紀的歷史發展過程中，非暴力抗爭行動在整個世界激起前所未有的政治意義和波瀾[8]。

　　無獨有偶，1927年臺灣仍處於日本政府殖民統治時期，亦曾有以非暴力抗爭的案例。在臺灣農民組合指導下原本農民的「陳情請願」，變成「動員大眾的示威運動」包括大寶農林事件、拓植製茶會社土地爭議、辜顯榮所有地爭議及大湖庄土地爭議事件等。農民不僅集體示威，更採取包圍會社、包圍郡所、住所的方法，將近代非武裝抗日運動推向新的抗爭階段。而幕後推手主要歸因於兩個關鍵的團體及領導人，一為二林蔗農組合及組合長李應章，一為臺灣農民組合及組合長簡吉[9]。應係臺灣最早在不具西方後來發展的那套

---

[7] Gene Sharp著，蔡丁貴譯，《從獨裁走向民主》（臺北：台灣基督教長老教會出版，2013年），頁90。

[8] Gene Sharp著，蔡丁貴譯，《啟動非暴力抗爭》（臺北：台灣基督教長老教會出版，2013年），頁50-51。

[9] 黃煌雄著，《兩個太陽的臺灣：臺灣文化政治與社會運動的狂飆年代》（臺北：時報出版，2021年），頁151-152。

已臻成熟的非暴力抗爭理論、策略與技術的前提下所進行的非暴力抗爭行動。

一場社會運動究竟會對社會帶來多大的影響與改變，探視古今中外的事實與經驗，社會運動的結果，小至個人或團體訴求目的的達成，大至顛覆政府政權的建國目的，乃至一個地區或更廣泛區域，甚至係全球化的環境變遷。19世紀中葉，1968年發生於歐陸的「六八學運」在法國、西德、義大利等國家，因民眾對軍事和官僚菁英所實施的政治壓迫的反抗，而發起了反戰、反官僚菁英的一系列抗議活動；第三波民主化浪潮為八〇年代早期的東歐民族運動中，許多國家為爭取獨立而脫離前蘇聯統治，造成「東歐劇變」和「蘇聯解體」的事實。

千禧年後2008年冰島廚具革命；2010年「阿拉伯之春」在北非和西亞的阿拉伯國家和其他地區的一些國家發生的一系列以「民主」和「經濟」等為主題的社會運動，這場運動以北非國家突尼西亞的宰因・阿比丁・班・阿里（Zine El Abidine Ben Ali）政權被民眾抗議推翻為肇始，形成一場規模空前的民眾反政府運動，如潮水般席捲整個阿拉伯世界，革命運動浪潮隨後波及埃及（2012年選出史上首位由民主選舉產生的總統）、利比亞、葉門、敘利亞、阿爾及利亞、蘇丹、巴林、沙烏地阿拉伯、阿曼、伊拉克、茅利塔尼亞、約旦、摩洛哥、科威特、黎巴嫩等國。截至2021年8月阿拉伯革命已經成功推翻了六個國家政權。

談到公民的不服從，就不能不提到19世紀美國文人亨利・大衛・梭羅（Henry David Thoreau）是提倡公民不服從的先驅，其「不服從」的精神影響後世深遠，啟發印度聖

雄莫罕達斯·卡拉姆昌德·甘地的不合作運動及美國黑人民權領袖馬丁·路德·金恩（Martin Luther King, Jr.）的非暴力抗爭等[10]。法國人權鬥士《世界人權宣言》（*Universal Declaration of Human Rights*，縮寫：UDHR）草案起草人史蒂芬·黑塞爾（Stéphane Hessel）在其著《憤怒吧！》（*Indignez-vous!*）道出，社會運動的源由即是出於「憤怒」[11]。換言之，社會運動的發生係來自被排除在政治之外的社會勢力與人民和政府的對抗，其背後未必係起於物質主義，而是始於存在主義，其對抗過程一旦被激化擴大，亦有可能演變成一場暴力革命。

被公認為係非暴力抗爭先驅，影響後來在全球各地掀起一股非暴力抗爭風潮的印度聖雄甘地1947年著《非暴力抵抗的誕生：南非非暴力抵抗運動史》（*The Birth of Nonviolent Resistance: A History of Nonviolent Resistance in South Africa*），甘地的非暴力抗爭獨立建國運動，指導和教育人們如何行使非暴力抗爭以爭取權益[12]，以及20世紀八〇年代東歐民族的獨立運動，由歐陸傳至美洲和全球各地，讓全球公民社會蔚為潮流等。這些時代的變遷，約翰·基恩（John Keane）在《生死民主》（*The Life and Death of Democracy*）一書中將民主歷史分為大會民主、代議制民主及監督式民主三個階段，追溯民主的不斷變化，其中監督式民主指的即是公民社會[13]。

---

[10] Henry David Thoreaurd著，劉粹倫譯，《公民不服從》（臺北：紅桌文化，2012年），頁64-72。

[11] Stephane Hessel著，楊國君譯，《憤怒吧！》（臺北：暖暖書屋文化出版公司，2015年），頁9。

[12] 莫罕達斯·卡拉姆昌德莫·甘地（Mohandas Karamchand Gandhi）著，宋曉堃和尚勸余等譯，《非暴力抵抗的誕生：南非非暴力抵抗運動史》（北京：中國書籍出版社，2019年）。

[13] John Keane著，安雯譯，《生死民主》（北京：中央編譯出版社，2016年），頁12。

20世紀六〇年代以降，社會運動、民眾抗爭及各式各樣獨立運作於主要政黨或工會的政治組織，方興未艾，已成為西方民主國家的政治常態之一[14]。七〇年代在第三波民主化浪潮的衝擊與影響，乃至於八〇年代在前蘇聯國家的東歐諸國掀起一連串民族獨立運動，導致在20世紀末的1991年底與美國長期對峙的世界另一強權蘇聯的解體，震驚整個國際社會。在國際社會一連串的變動下，為政治民主、全球公民結社與社會運動掀起一股逆不可擋的風潮，亦創造了有利國家發展的政治體制和法律環境[15]。塞繆爾・P・杭廷頓著（Samuel P. Huntington）在1968年發表《變化社會中的政治秩序》（*Political Order in Changing Societies*）專書中指出革命的起因係政治制度和社會勢力之間的相互作用，亦即當一個社會面臨社會環境快速變遷而制度化跟不上時，改革勢力會迫使保守勢力做出改變，而當執政者不願意妥協或讓步，社會運動即是體制外勢力最直接的手段，甚至不排除演變成革命[16]。

第一節　研究背景

　　當一個社會發生重大急遽變遷，繼之而來的即是發生政治、經濟、社會與文化的變動和失序，社會運動於焉在此一環境中滋生並繁衍與巨大。本書出版背景係作者因工作關

---

[14] Donatella della Porta & Mario Diani合著，苗延威譯，《社會運動概論》（臺北：巨流圖書公司印行，2002年），頁2。

[15] 塞繆爾・P・杭廷頓（Samuel P. Huntington）著，劉軍寧譯，《第三波：二十世紀末的民主化浪潮》（臺北：五南圖書出版公司，民國89年），頁19。

[16] 塞繆爾・P・杭廷頓（Samuel P. Huntington）著，王冠華、劉為等譯，《變化社會中的政治秩序》（上海：人民出版社，2009年），頁228。

係（曾擔任並執行社會運動維護秩序的執法者）長期觀察，臺灣自1987年至2019年間，從解嚴後社會運動如雨後春筍般地在臺灣各個角落竄起，歷經逾30年的政治、經濟與社會環境變遷，社會運動呈非暴力與和平理性、頻繁及多樣類型發展，相較於1987年之前，臺灣社會長期處於戒嚴時期的威權政體環境，解嚴後臺灣加速民主化過程與成就，讓西方國家有目共睹，臺灣在新興國家民主政體轉型中成為第三波全球民主化浪潮中的典範。

回顧臺灣在戒嚴時期社會因受動員戡亂時期和威權政體統治者對控制社會的影響，限制與剝奪了人民的集會遊行及結社權利，人民如有從事政治性聚眾活動公然挑戰統治者的權力，即被威權政府視為係對其統治地位的挑釁，被逮捕者都移送臺灣警備總司令部軍事審判。即便如此，仍有發生少數幾起聚眾抗爭事件，震驚當時的臺灣社會，引起統治者的高度關注與鎮壓，包括發生於1977年桃園「中壢事件」[17]；1979年高雄「橋頭事件」[18]；1979年高雄「美麗島事件」[19]；

---

[17] 中壢事件是1977年中華民國縣市長選舉中，由於中國國民黨在桃園縣長選舉投票過程中作票，引起中壢市市民憤怒，群眾包圍桃園縣警察局中壢分局、搗毀並放火燒毀警察局、警方發射催淚瓦斯以及開槍打死青年的事件。中壢事件被認為是臺灣民眾第一次自發性地上街頭抗議選舉舞弊，開啟爾後「街頭運動」之序幕。〈https://zh.wikipedia.org/wiki/Template:%E8%87%BA%E7%81%A3%E7%A4%BE%E6%9C%83%E9%81%8B%E5%8B%95〉。

[18] 橋頭事件，1979年1月22日，中國國民黨政府逮捕前高雄縣長余登發父子，黨外人士在其家鄉高雄縣橋頭鄉（現在的高雄市橋頭區）的示威遊行活動，為國民政府在臺灣實施戒嚴三十年以來第一次的政治示威活動。〈https://zh.wikipedia.org/wiki/Template:%E8%87%BA%E7%81%A3%E7%A4%BE%E6%9C%83%E9%81%8B%E5%8B%95〉。

[19] 美麗島事件，被當時中國國民黨主政的中華民國政府稱其為「高雄暴力事件叛亂案」，是於1979年12月10日的國際人權日在臺灣高雄市發生的一場重大衝突事件。此事件對臺灣往後的政局發展有著重要影響，臺灣民眾於美麗島事件後開始關心臺灣政治。美麗島事件是臺灣社會從封閉走向開放的一

1986年桃園「中正機場事件」[20]等。這幾起發生於戒嚴時期深受政府與輿論關注的聚眾抗爭活動，皆係抗議和挑戰統治者的敏感神經，乃至測試威權政府對社會的控制能力及底線。由於事件係發生在戒嚴時期，時機較為敏感，政府當局為維護統治者的權力，阻止聚眾活動事件擴大，影響社會秩序，其中「中壢事件」及「美麗島事件」更讓政府出動鎮暴車、憲兵及警察強力鎮壓抗爭民眾，導致執法憲兵、鎮暴警察與人民發生嚴重的肢體衝突與暴力流血事件，才讓聚眾抗爭事件落幕，幾位帶頭者有些是潛逃至境外，有些被逮捕後移送臺灣警備總司令部軍事法庭審判。這幾起聚眾抗爭事件的影響，除揭開臺灣集會遊行活動序幕外，亦是促成臺灣政治解嚴，讓威權政體走向民主政體的關鍵因素之一，乃至讓臺灣歷經三十年的民主轉型過程中，政權已經過三度輪替，政黨輪替從地方到中央儼然成為政治常態，對臺灣的民主鞏固與深耕饒富意義。

　　臺灣自1987年政府宣布解除臺灣、澎湖、金門及馬祖地區近四十年的戒嚴後，政治體制由威權政體轉型為民主政體的過程中，在政府和人民群策群力的努力下，和平理性地轉移政權，相較於許多新興國家在民主轉型過程中，動輒發生

次歷史事件，此事使得臺灣社會在政治、文化上都產生劇烈影響。〈https://zh.wikipedia.org/wiki/Template:%E8%87%BA%E7%81%A3%E7%A4%BE%E6%9C%83%E9%81%8B%E5%8B%95〉。

[20] 中正機場事件，是1986年11月30日發生於臺灣桃園的一起政治示威活動。列名黑名單流亡美國的多位黨外人士，在民主進步黨成立後，希望回到臺灣，但在桃園機場被阻止入境。11月30日，許信良等人預備經由日本東京回台。群眾在機場外進行遊行示威，聲援異議人士回臺灣，與軍警發生衝突，成為當時的新聞焦點。是美麗島事件鎮壓後，臺灣再度發生的大型示威遊行運動。〈https://zh.wikipedia.org/wiki/Template:%E8%87%BA%E7%81%A3%E7%A4%BE%E6%9C%83%E9%81%8B%E5%8B%95〉。

軍事政變與暴力流血事件，讓國家社會長期處於動盪不安的狀態，有些國家甚至無法適應在轉型過程中社會秩序的變動與陣痛又回復為極權國家。

　　臺灣重大政治制度的政策變革，統治者的決策態度固然是最大的關鍵，惟影響政府政治解嚴的外在環境因素，除了來自全球公民結社與社會運動的興起外，內在環境因素主要還是來自「由下而上」的民間社會力，蕭新煌在《廿年民主路：台灣向前行》總論中指出，戰後七十年的臺灣，前四十年的最偉大成就即是民間社會力和反對運動迫使政府做出政治解嚴，最近三十年的最巨大工程不外乎是結合社會力、政治力和經濟力打造民主制度、社會公平和經濟改革[21]。換言之，沒有這些內外在環境因素的匯集所形成的一股改革運動風潮，想要靠政府自發性地做出對政治制度的變革與放權讓利是不太可能做得到，因為無論係在任何一個威權體制，或是民主政體的國家，沒有一個政府會主動削權讓利、願意去釋放它的權力予人民，而迫使政府改弦易轍之法，除了選舉之外，最主要的社會力還是憑藉「由下而上」的社會運動才有實現的機會。

第二節　研究動機

　　社會運動的效果表現在運動對政府公共政策的影響力有多大，社會運動之所以興起，人民為何被迫走上街頭，主要係人民對政府的公共政策的不滿所致，亦可謂係政府政策失

---

[21] 蕭新煌、林敏弘、林宗宏等著，《廿年民主路：台灣向前行》（臺北：聯經出版社，2016年），頁16。

靈的效應。政治運動被認為較理性，文化運動則比較從符號邏輯出發，即便如此，社會運動大部分係以政治議題為主要訴求。

隨著政府1987年的解嚴，《憲法》賦予人民集會結社自由的基本權利得以實現，在修正《非常時期人民團體組織法》、《動員戡亂時期國家安全法》及《動員勘亂時期集會遊行法》之後，將人民的集會結社導入制度化軌道，為臺灣社會播下日後集會結社蓬勃發展的種子。

在政治民主化逾30年間，臺灣歷經1992年國會全面改選選出第二屆立法委員；1996年中華民國政治史上首次辦理總統、副總統由人民直接行使選舉；2005年國民大會停止運作走入歷史；1998年為提升行政效能，簡化組織層級將臺灣省政府組織虛級化。對於精省一事，表面上係為了解決中央政府與地方政府行政區域與職權過度重疊的問題，其實背後卻充滿著政治的算計，主要係肇因於民選省長與民選總統權力的民意基礎高度接近所致。以往臺灣省政府最高行政長官省主席係由中央政府直接派任，省主席由總統任命。1994年時任臺灣省政府主席的宋楚瑜是中華民國政治史上唯一一任的民選省長（1998精省後未再辦理第二屆省長選舉）；2000年政權首度出現輪替由執政長達半世紀的中國國民黨將政權和平轉移民主進步黨；2008年政權再度輪替，由中國國民黨再從民主進步黨手中贏得政權；2014年臺灣政治史上首次辦理地方九項公職人員選舉活動；2016年政權又再度由民主進步黨從中國國民黨手中贏得政權；2018年地方九項公職人員選舉活動，中央執政的民主進步黨慘敗，在地方22個直轄市暨縣、市長的選舉結果，只獲得包括二個直轄市長暨四個縣、

市長等，除臺北市係由無黨籍候選人當選外，其餘15個直轄市暨縣、市長由中國國民黨贏得勝選。但任誰也沒想到民主進步黨雖然在2018年11月舉辦的地方九項公職選舉中大舉失利後，竟然在短短的一年多時間，於2020年1月舉辦的第十五任總統、副總統的選舉中再度贏得總統大選與立法委員過半席次全面取得執政，充分展現臺灣政治民主化與政黨政治的活力、韌性與民意。

　　證諸解嚴後30年來臺灣社會歷經一連串的重大政治選舉活動、頻繁的集會遊行活動與公民結社的蓬勃發展，在臺灣民主化過程中發揮舉足輕重的角色與作用，其中社會運動的發展與運作的方式或態樣，亦朝非暴力抗爭、頻繁化和多樣化發展。隨著全球化與資訊科技的日新月異，社群網路的普及，西方社會運動的各項運動議題，在臺灣的社會運動裡亦可見到相同的議題，甚至是直接受西方社會運動的影響，如1968年「布拉格之春」[22]；1989年「六四天安門事件」[23]；2010年「茉莉花革命」[24]；2014年「香港雨傘社會運動」[25]；

---

[22] 布拉格之春是1968年1月5日開始的捷克斯洛伐克國內的一場政治民主化運動。這場運動直到當年8月20日蘇聯及華約成員國武裝入侵捷克才告終。〈https://zh.wikipedia.org/wiki/Wikipedi〉。

[23] 六四事件，又稱六四天安門事件，廣義上指八九民運，是自1989年4月開始，由大學生在北京市天安門廣場發起，持續近2個月的全國示威運動。狹義上又指六四清場，即1989年6月3日晚間至6月4日凌晨，中國人民解放軍、中國人民武裝警察部隊和人民警察在北京天安門廣場對示威集會進行的清場行動。〈https://zh.wikipedia.org/wiki/Wikipedi〉。

[24] 茉莉花革命，指發生於2010年末至2011年初的北非突尼西亞反政府示威導致政權倒台的事件，因茉莉花是其國花而得名。2010年12月17日，一名26歲青年穆罕默德·布瓦吉吉（Mohamed Bouazizi）自焚，觸發境內大規模街頭示威遊行及爭取民主活動。事件導致時任總統班·阿里政權倒台，成為阿拉伯國家中第一場因人民起義導致推翻現政權的革命。〈https://zh.wikipedia.org/wiki/Wikipedi〉。

[25] 雨傘革命（Umbrella Revolution），又稱雨傘運動（Umbrella Movement）或

「占領中環社會運動」等等，在臺灣也有類似的社會運動發生，如2014年「太陽花學運」是。換言之，臺灣的社會運動與國際同步接軌，且相互的影響與發展。

在見諸上述社會環境變遷下，本研究動機主要係作者長期在中央政府部門服務的公職背景所激發。在服務內政部之前，係擔任維護社會治安工作的警察，從民國66年戒嚴時期至解嚴後，期間曾經參與1978年的中美斷交美國總統吉米‧卡特（Jimmy Carter）指派副國務卿克里斯托弗（Warren Minor Christopher）來臺灣說明被示威群眾攻擊事件；1986年的中正機場事件；1987年12月25日行憲紀念日民主進步黨要求全面改選國會在臺北市國父紀念館前舉行抗議活動，以及解嚴翌年1988年的台灣農民運動等聚眾活動的治安維護工作。

之後，個人因緣際會有幸到內政部社會司服務後，有機會接觸到人民團體業務，開啟對公民社會領域的認知與研究，復因工作地點緊鄰全國最高民意機關立法院與最高行政機關行政院，以及監察院等權力中心，亦毗鄰總統府凱達格

占領行動（Occupation Movement），指於2014年9月26日至12月15日在香港發生的一系列爭取真普選的公民抗命運動。示威者占據多個主要幹道進行靜坐及遊行，占領區包括金鐘、添馬艦、中環、灣仔、銅鑼灣、旺角及尖沙咀，其主要訴求為中國全國人民代表大會常務委員會撤回2017年行政長官選舉及2016立法會選舉框架和候選人提名方案，爭取行政長官選舉的公民提名權，以及廢除立法會功能組別。運動的主要象徵是黃色的雨傘，源於示威者面對警方以胡椒噴霧驅散時使用雨傘抵擋，媒體因而稱此運動為「雨傘革命」或「雨傘運動」。這次抗爭運動是香港歷史上最大型的公民抗命運動。香港中文大學傳播與民意調查中心在12月進行的「香港民意與政治發展」第4輪民調中訪問超過1,000名15歲以上市民，其中超過20%受訪者表示曾參與占領。該中心按上述數據進行人口加權計算，推算整場運動的參與人數可能達到120萬人，占全香港人口的1/6，是香港史上第二大規模的社會運動，僅次於1989年聲援八九民運的150萬人全球華人大遊行。是繼同年七一大遊行51萬人上街後，最大型的示威行動。但示威者的訴求全部被拒絕，運動以失敗告終。〈https://zh.wikipedia.org/wiki/Wikipedi.〉。

蘭大道及中正紀念堂等，這些地點既是中央政府的權力核心所在地，亦是主導政治、經濟與社會脈動的發動機，因而成為聚眾活動抗議最高最頻繁的熱點，同時也是國內外新聞媒體與社會輿論最為關注的集會遊行最理想據點，只要係在這些地點所發生的人民聚眾活動，在在與政府的重大公共政策施政失措有關，且動輒登上國際媒體版面，故有機會與聞和目睹臺灣各種社會運動的發生和演變過程。

其次，作者的碩士論文為研究〈臺灣、中國大陸及香港公民社會之比較研究〉，而人民團體的蓬勃發展與集會遊行具有密切關係，在實務經驗中發現有許多社會團體的設立係聚眾活動後的結果，有些係為了從事社會運動；有些政黨的附翼組織，成立目的亦是為了配合政黨從事社會運動時的組織動員。是以，想從公民社會延伸至社會運動的探討；第三，從作者著書《民主推進器——兩岸三地的公民社會》探討臺灣、中國大陸及香港公民社會的發展，其中公民社會的特徵之一即是「社會運動」，並藉由公民社會與社會運動的結合，以及全球非暴力抗爭的風潮，於完成第一部曲《民主推進器——兩岸三地的公民社會》，再撰寫出版《非暴力抗爭：1977-2019臺灣社會運動》為第二部曲，以剖析臺灣社會運動呈現非暴力化、頻繁化及多樣化的人文現象，梳理臺灣何以形成一個社會運動社會，乃至其成為臺灣社會文化的特色之一，其現象與人文特質，係觸動作者想研究臺灣社會運動發展的動機：

一、什麼因素促成社會運動頻繁發生。

二、什麼因素讓社會運動呈現多樣化發展。

三、什麼因素形塑社會運動朝非暴力抗爭發展。

為梳理臺灣社會運動頻繁化、多樣化及非暴力化現象之原因，作者將運用官方各類統計資料及民間媒體報導及官方網路評論文章，並對在臺灣長期從事社會運動的菁英領袖進行非結構性訪談等，以剖析臺灣社會運動頻繁化、多樣化及非暴力化發展的關鍵點與發展脈絡。

第三節　問題提出

　　研究目的係對研究動機的一種實現與檢證，使論文題目變為具有學術性、有參考價值及有意義。查爾斯・蒂利（Charles Tilly）在《民主》（*Democracy*）一書提及一個高能力民主的國家的特徵之一即是頻繁的社會運動[26]。Robert A. Dahl and Edward R. Tufte指出當類別分成的子系統的數量越多，這個系統上的規模即有可能被稱為多樣化[27]。

　　根據內政部警政署自1987年解嚴迄2019年，臺灣各地發生的各種規模大小不等、議題多樣的集會遊行統計資料逾19萬3千餘次，這些群眾抗爭運動發生的原因，大部分集中在對政府公共政策的不滿，其次即是反映地球氣候變遷的環境保護議題，包括反核運動、空氣汙染、生態保育、海洋汙染等，再次係企業勞資關係爭議與維權意識等議題。除政黨或利益集團為了政治機會或集團利益外，人民走上街頭抗爭的動機非常單純：根據其社會經驗與認知，普遍認為循著體制內的意見表達，似已無法獲得政府或企業善意的回應，因此

---

[26] Charles Tilly著，魏洪鐘譯，《民主》（上海：人民出版社，2015年），頁18。
[27] Robert A. Dahl and Edward R. Tufte著，唐皇鳳，劉曄譯，《規模與民主》（上海：人民出版社，2017年），頁31。

人民唯有走上街頭抗爭，喚起社會大眾、媒體輿論和國際社會的關注——特別是後二者的關注度——政府或企業才會迫於形勢的不利而妥協或讓步，或改弦易轍，公平正義才有可能落實，人民捍衛自己的權益才有可能實現，使得群眾抗爭運動在臺灣社會各地頻頻發生，讓臺灣儼然成為一個社會運動的社會。

為區分集會遊行活動的屬性，內政部警政署歷次的集會遊行活動性質分為政治性、社會性、經濟性、涉外性及其他等。在這五種集會遊行活動類型中又以政治性集會遊行占的比率最高，達80%；其次是社會性的集會遊行活動占16%；再次是經濟性集會遊行活動占2%。顯示人民集會遊行活動的政治性議題明顯偏高，亦突顯人民長期被威權體制壓抑下情緒與行為宣洩的一種表現，而在所有集會遊行發生率中以臺北市、新北市、桃園市、臺中市、臺南市、高雄市等六個直轄市（又稱六都）發生率較高於其他縣市，而六都中又以臺北市最為活躍與頻繁，窺其原因，主要係臺北市的地理環境係中央政府，即政府重大施政政策的制定者，包括總統府、行政院、立法院、司法院、監察院與考試院及其所屬各部會等之所在；同時，臺北市具有政治、經濟、文化、體育、宗教、工商業活動活躍，教育水平較高、人口稠密、國內外媒體曝光率高及外國人來臺旅遊與在臺居住相對較高等等特色，也和活動頻繁具有直接關係。

以集會遊行活動與政治選舉活動進行比對分析，發現每逢政治選舉活動的前一年與當年如直轄市暨縣、市長選舉活動，或全國性重大政治選舉活動如總統、副總統及立法委員等，集會遊行活動的發生率有偏高，以及活動的期間也會隨

著拉長;反之,如非遇政治選舉活動年,集會遊行發生率也會隨之降低和減緩,較無政治選舉活動年的活躍。原因在於遇政治選舉活動年,政黨、民間團體及人民除隨政治選舉活動時間,集會遊行的頻率會隨著政黨及候選人的選情競爭程度增溫外,主要還是人民透過政治選舉活動的參與,期望達到個人或集體利益的機會,而政治人物亦藉此機會爭取人民的支持,尋求贏得政治的選舉與問政的機會,以遂行其政治利益目的。

此外,根據中央選舉委員會歷屆公職選舉資料顯示,從民國78年起至109年底止,不含地方性民意代表在內(如鄉、鎮、市長,直轄市、縣、市議員及鄉、鎮、市民代表,以及村里長等選舉),僅就縣、市長、直轄市長、省長、立法委員及總統、副總統等重大政治選舉活動逾30次之多。臺灣在民主轉型過程中,藉由一次次的政治選舉活動讓威權政體在和平中順利轉型為民主政體,並經過2000年政權首度輪替後,於2008年及2016年政權等共三次的輪替,在第三波新興國家的民主政治轉型過程中,贏得西方國家的肯定,被譽為20世紀許多新興民主國家中的典範[28]。顯見臺灣在擺脫威權體制後,急欲建立民主政治制度的決心,而活躍的政治選舉活動儼然成為民主政治非常重要的一個觀察指標。在這場民主轉型的過程中,社會運動是導致社會變遷的重要力量,成功扮演重要的推手。

鑑於臺灣在解嚴30年後的政治、經濟與社會等各項發展與成就,國際社會有目共睹,特別是在繼創造臺灣經濟奇蹟

---

[28] 塞繆爾・P・杭廷頓(Samuel P. Huntington)著,劉軍寧譯,《第三波:二十世紀末的民主化浪潮》(臺北:五南圖書出版公司,民國89年),頁19-139。

之後的民主政治的轉型，成為新興民主國家的典範，並營造臺灣社會成為一個公民社會的環境，無論是人民結社的高度意願和質量的快速增長，政黨林立、頻繁的政治選舉活動、集會遊行常態化和生活化等等，其中扮演不斷衝撞政治體制角色的社會運動，對適逢解嚴的臺灣社會而言，在初期的確造成臺灣人民對社會秩序的動盪不安而擔心，直到社會運動導入制度化、社會運動常態化、多元化，乃至生活化發展後，社會運動儼然成為臺灣社會文化的一種特色，乃至被認為相對不會走上街頭抗爭的軍人、警察、消防、公務員及教師等公職退休人員，亦因不滿政府的年金改革政策而走上街頭抗議──社會運動的頻繁化、多樣化發展在臺灣儼然成為一項全民運動。人民已認知社會運動是民主政治的常態現象，對人民動輒走上街頭抗爭亦已司空見慣。參與社會運動的民眾不分族群，不分階級，不分性別、不分年齡，不分信仰，人民熱衷社會運動似乎已經成為生活的一部分。因此，藉由研究動機的發端，本研究將提出以下問題，剖析臺灣社會運動的演進與轉型過程中的變動，以解釋臺灣社會運動發展的因素及態樣類型。

一、檢證環境因素、政府治理及群眾認知等面向，是否係促進社會運動頻繁、多樣態與非暴力抗爭的影響因素。

二、驗證頻繁的社會運動與政治選舉活動的關聯性。

三、中國國民黨與民主進步黨主政下的社會運動發展。

四、剖析暴力抗爭與非暴力抗爭的差異化，以作為社會運動的行動策略指南與效益的評估。

第二章

文獻回顧與理論探討

　　本研究的文獻回顧係為瞭解解嚴後臺灣社會運動在轉型過程中，對臺灣社會變遷的意義與影響，而在述及社會運動的同時，臺灣民間團體蓬勃發展的事實與社會運動發展具有密不可分的關係，藉由官方各項與社會運動有關的統計資料及文獻，包含：

　　一、行政院內政部警政署自1987年至2019年間集會遊行逾19萬3千餘次統計資料；

　　二、內政部自1977年至2019年間人民團體統計資料；

　　三、內政部自1989年至2019年間政黨統計資料；

　　四、中央選舉委員會自1989年至2020年間歷屆公職選舉資料，包含總統、副總統、立法委員及直轄市暨縣、市長等選舉資料；

　　五、司法院對集會遊行、言論與結社自由的違憲解釋；

　　六、集會遊行法及人民團體法等相關法規修法文獻資料。

　　以及民間媒體報導及官方網路評論文章外，亦進行非結構性訪談在臺灣長期從事社會運動的菁英領袖等，得以明確瞭解臺灣社會運動的轉型趨勢與發展。此外，藉由介紹社會運動理論及非暴力抗爭理論的發展，更可以檢證臺灣社會運動的發展範式，以剖析臺灣社會運動呈現非暴力化、頻繁化及多樣化的原因，同時，檢視具指標性社會運動個案，剖析

非暴力抗爭的樣態與模式。

第一節　概念的界定

一、社會運動的定義

　　「社會運動」（Social Movement）這個概念是德國社會學家洛倫茲・馮・斯泰（Lorenz von Stein）因在1850年討論大眾政治鬥爭時最先引入的概念[1]。社會運動經過一個多世紀的發展，在西方研究社會運動裡已經是一個橫跨人類學、歷史學、政治學、社會學、經濟學、傳播學、組織學、心理學、法學、公共管理學、國際關係學等多重學科的專業領域，形成社會運動理論概念，並在學術研究上已成為一門顯學。

　　首先探討什麼是社會運動？近代社會運動開創於18世紀末19世紀初的歐洲和美國[2]。根據魯道夫・赫伯爾（Rudolf Heberle）所著《社會運動》（Social Movement）中說：「什麼是社會運動？這很難為之下一確切的定義。」他認為社會運動包含，一是社會運動必然是一群人有組織的行動。一般人所說的時代潮流或時代風尚，因其為無組織的行動，故不得稱為社會運動；二是社會運動必然有其目標，而且大體地說，它的目標總是要求改善當時被人民認為不公或失措的現狀[3]。

---

[1]　馮仕政著，《西方社會運動理論研究》（北京：中國人民大學出版社，2013年），頁24。

[2]　Craig Calhoun著，陳雲龍譯，《激進主義探源：傳統、公共領域與19世紀的社會運動》（北京：北京大學出版社，2016年），頁47。

[3]　〈https://zh.wikipedia.org/wiki/%E7%A4%BE%E6%9C%83%E9%81%8B%E5

查爾斯・蒂利則對社會運動給出了三條非常有力的標準：首先，是不間斷和有組織地向目標人群或當局公開提出群體性訴求。既然稱運動「不間斷」和「有組織」為必不可少之兩個行為特徵。其次，既然是不斷的重複，那就需要有一套「抗爭劇碼」，如組織協會或聯盟、遊行、集會、示威、請願、公開聲明、小冊子等。如果花樣常常翻新，一是效果不容易累加，二是外人會產生識別困惑。最後，參與者要在四個方面表現出一致性即價值、統一、規模和奉獻[4]。

　　又據赫伯特・布魯莫（Herbert Blumer）在與阿佛烈德（Alfred M. Lee）合著的《社會學原理》（*A New Outline of the Principle of Sociology*）中說：「社會運動可以視為目的在建立新生活秩序的共同企圖。社會運動開始於不安之狀況中，其動機發生，一方面係由於不滿意當時的生活，另一方面則期待希望有一新的生活秩序，社會運動的發生，即預示一新生活秩序亦將出現。」再據卡瑪倫（Wm. Bruce Cameron）所著《近代社會運動》（*Modern Social Movement: a Sociological Outline*）中說：「社會運動跟我們的生活有相當重要的關係，社會運動是實現更為高貴目標的一種手段。當相當數量的人團結在一起，以求改變或攫取已存在的文化秩序，或社會秩序中的某部分時，就發生社會運動。」並說「凡是社會的事，都跟社會運動有關，社會運動的主要特性是它要求改變社會結構，或把社會之內的控制權重新分配。」[5]

%8B%95〉。

[4]　Charles Tilly著，胡位鈞譯，《社會運動，1768-2004》（上海：人民出版社，2009年）。

[5]　卡瑪倫（Wm. Bruce Cameron）著，孟祥森譯，《近代社會運動》（臺北：牧童出版社，民國67年）。

西德尼・塔羅（Sidney Tarrow）著《運動中的力量：社會運動與鬥爭政治》（*Power Movetinl: Social Movements and Contentious Politics*）認為社會運動是群眾與社會菁英、對立者和當局的不斷相互作用中以共同的目標和社會團結為基礎發動的集體挑戰。它具有四個特性：集體挑戰、共同目標、社會團和持續互動[6]。義大利政治社會學家多娜泰拉・德拉波爾塔和馬里奧・迪亞尼（Donatella della Porta & Mario Diani）合著《社會運動概論》（*Introduction to Social Movement*）一書中指出何謂社會運動或許各家說法不一，惟至少有四個社會運動特徵是受各家共同承認的：一是非正式的互動網絡。社會運動可以是視為是一群人、團體和組織之間的非正式互動網絡。二是共享的信念和凝聚力。內部具有互動特徵的集體若要被視為社會運動，必須具備一組共享的信念和一定程度的歸屬感。三是突顯衝突的集體行動。社會運動投入政治和文化的衝突，以期促使或阻礙體制內或體制外的變遷。四是抗爭手段的運用。在西方民主國家裡，各種形式的抗爭事實已成為集體行動中常見的戲碼與文化的一部分[7]。

社會運動可謂是一種促成或阻止社會變遷的集體力量，是由一群有組織的人，有意識、有計畫、有行動意圖改變或重建社會秩序或文化的一種功能。因此，社會運動是社會文化變遷的一種功能，它涉及一般所謂社會關係及群眾共同思想，以及集體行為等問題，是改變社會力量的一種巨大動力。但組織結構鬆散乃是社會運動的特徵之一。社會運動被

---

[6] Sidney Tarrow著，吳慶宏譯，《運動中的力量：社會運動與鬥爭政治》（南京：譯林出版社，2005年），頁6。

[7] Donatella della Porta & Mario Diani合著，苗延威譯，2002。《社會運動概論》（臺北：巨流圖書公司印行，2002年），頁16-18。

認為在結構上是去中心化的，Gerlach指出社會運動模式有幾個特點：一、分區化。一個社會運動包含了許多不同的團體或小單位，不斷的此消彼長。二、多重領導。運動中有許多領袖，分別領導數量有限的追隨著。三、網狀的。自主小單位之間存在著多重連結，構成一個界線不明確的網絡。

其次，社會運動強調參與。由於強調直接民主，社會運動試圖將權力的分配廣及個人，只容許小幅度的權力代表制，並主張共識決。第三，堅實的內部凝聚力。社會運動所能取得的資源非常有限，因此更依賴符號資源。第四是領導。根據馬克思・韋伯（Max Weber）所說的魅力型領袖（Charismatic authority）為典型，端視領導者是否有能力化身為整個運動的代言人，並有助於集體認同的塑造[8]。如莫罕達斯・卡拉姆昌德・甘地、馬丁・路德，金恩、納爾遜・羅利拉拉・曼德拉（Nelson Rolihlahla Mandela）、瓦茨拉夫・哈維爾（Václav Havel）等人是。

20世紀中期社會運動在西方民主國家的發展趨勢使社會運動的作者開始重視社會運動與制度化治政參與形式的關係。其發展趨勢從六〇年代最被廣泛運用的靜坐、示威、遊行的形式，到讓政府視非暴力社會運動合法化，到傳統利益集團和具有社會運動組織功能的組織出現，使得社會運動成為社會大眾向權力者爭取權益的一種運作模式[9]。德國社會學家勞倫茲・馮・斯坦（Lorenz von Stein）在1848年出版的《法國社會運動史1789-1850》（*The History of the Social*

8　Donatella della Porta & Mario Diani合著，苗延威譯，《社會運動概論》（臺北：巨流圖書公司印行，2002年），頁161-164。

9　楊悅著，《美國社會運動的政治過程》（北京：社會文獻出版社，2014年），頁11。

Movement in France, 1789-1850）一書將社會運動定義為爭取社會權利即福利所進行的政治運動[10]。

法國社會心理學家古斯搭夫·勒龐（Gustave Le Bon）1895年出版的《烏合之眾：大眾心理研究》（*The Crowd: A Study Of The Popular Mind*）研究指出，人類的聚集是出於一種本能，其所以發生群體情緒則是相互傳染的作用，並藉由此作用產生集體的行為，這個行為並非是個體或非群體的理性行為，勒龐認為這個群體中的個人行為表現會有四個特性：第一是自我人格的消失；第二是無意識人格發揮決定性的作用；第三是情感與思想在暗示與傳染的作用下轉向一個方向；第四是暗示的觀念具有即刻轉化為行動的衝動[11]。他認為決定群體中的人的行為的相關要素是原始人的熱情和英雄主義，因為有群體的地方，就有領袖；他幫助群體形成意見，再將其匯集，他是群體的核心，在群體中產生影響，將它有效地轉變成實踐的力量[12]。

綜論，所謂社會運動係指有許多個體參加、高度組織化、尋求或反對特定社會變革的體制外政治行為[13]。它是公民們為了解決特定的社會問題而集合起來主動發起的社會政治活動，如「環境保護運動」、「和平和核裁軍運動」、「禁止地雷運動」等，這種社會運動具有倡導特定政治議

---

[10] Lorenz von Stein, "The History of the Social Movement in France, 1789-1850", Translated by Kaethe Mengelberg, The American Journal of Sociology, Vol.71, No.6, pp.746-747。

[11] Gustave Le Bon著，戴光年譯，《烏合之眾：大眾心理研究》（臺北：五南圖書出版公司，2015年），頁38-48。

[12] 同前註，頁50-202。

[13] 趙鼎新著，《社會運動與革命——理論更新和中國經驗》（臺北：巨流圖書公司印行，2007年），頁3。

題推動社會政治改造的重要作用，是公民首開精神的重要體現[14]。

　　「社會運動」這個全球流行的術語如同「全球化」及「公民社會」一樣，對臺灣而言都是外來的術語，與臺灣慣常的用語如戒嚴時期為「違常活動」、「聚眾抗爭活動」、「陳情抗議」，或解嚴後的「集會遊行」等名詞，臺灣與西方國家在政治意義上、性質上與實質上略有差異。

二、集會遊行的定義

　　社會運動與集會遊行其實係一體兩面。誠如西班牙社會學家，亦是左翼思想大師曼威・柯司特所言，社會運動是社會變遷的起源，也是社會構成的起源，社會運動係一種情緒轉變的過程，社會運動後總是會帶來新的價值與目標。以宏觀論，在臺灣為實踐社會運動的目的，必然會有集會遊行活動的形式與外觀條件；若以微觀論，每一場集會遊行不必然係一起社會運動。以政治性集會遊行活動為例，其在官方對集會遊行類型所佔比率最高，惟主要還是與政治選舉活動中政黨與候選人的造勢活動為最，若窺其背後目的，還是政黨與候選人為贏得選舉的手段與方法，本質上不全然係社會運動。

　　有關「集會遊行」或「聚眾活動」的定義。根據《集會遊行法》第2條就集會遊行所下的定義為：「本法所稱集會，係指於公共場所或公眾得出入之場所舉行會議、演說或其他聚眾活動。本法所稱遊行，係指於市街、道路、巷弄或

---

[14] 何增科著，《公民社會與民主治理》（北京：中央編譯出版社，2007年），頁86。

其他公共場所或公眾得出入之場所之集體行進。」

　　從集會遊行法的對集會遊行的定義觀之，集會遊行與社會運動在定義上似乎有差異，「社會運動」是一個全球化的概念，其涵蓋的範圍顯然較臺灣的「集會遊行」更為廣泛與流行。隨著全球化社會運動的風潮，在臺灣無論在社運界、學術研究、民間組織或媒體報導，幾乎都使用「社會運動」或「抗爭事件」、「街頭抗爭」、「非暴力抗爭」，或其他適當名詞等，即便是警察機關在內亦以「陳抗」或「抗爭」及「陳情訴願」等名稱替代集會遊行一詞。只有官方仍依據《集會遊行法》之法定用語使用在內部相關文件和統計資料外，包括社運界、學界在批判與檢討《集會遊行法》仍留有威權時代的思維，認為該法是一部惡法時，或是修法時才使用「集會遊行」這個概念。說明「社會運動」這一全球化的流行術語在臺灣亦是主流趨勢，且深植臺灣人民心中，符合時代潮流。

　　在臺灣社會運動與集會遊行最大的差異，在於社會運動係有組織、有意識、有目的、有計劃、有策略和有行動的集體行動行為模式，其結構較為嚴謹；集會遊行雖然亦有上述集體行動行為，其結構相對寬鬆。如政治選舉活動的造勢是。

　　根據國內學者朱金池教授將「聚眾活動」定義為：「多數人基於相當一致性的動機與目的，經由動員的過程而共同參與具有集體性、目的性及衝突性的室外公開的行動，直接或間接影響到社會其他人之權益或公共秩序之維持，引起政府的重視而應予以介入處理的緊急事件而言。」[15]，亦有學

---

[15] 朱金池著，《聚眾活動處理的政策管理》（臺北：獨立出版社，2016年），頁25-26。

者認為「聚眾活動」，係指不特定人基於特定或不特定之目的，共同聚集於一定之場所，不論室內或室外，舉行「靜態」之集會聚會或「動態」之集體進行而言。

作者認為政府保留或使用「集會遊行」這個概念，顯然除受制於《集會遊行法》的規範及政治思維的考量外，應係根據集會遊行的實質內涵與官方統計分析結果所做出的定論，認為無論係從質與量的角度言，臺灣的「集會遊行」活動高峰期，皆發生於政治選舉活動及政黨辦理選舉造勢活動有關，該活動的運作模式與內涵，與以社會運動為出發點的運作模式與內涵，有顯著的差異性。是以，在官方認知上，與社會運動內涵相近的所謂「陳抗事件」，無論係質與量均遠低政治選舉活動時頻繁而密集的集會遊行。換言之，從政府與企業治理的角度，並不樂見社會運動成為一種社會常態，畢竟任何社會運動對政府或市場而言，並不是件值得弦耀的事，反而視人民動輒走上街頭抗爭的行動，不啻突顯政府失靈與市場失靈的事實，亦會對執政者與企業主帶來巨大的壓力，乃至構成政治危機與企業危機，造成執政黨輸掉政治選舉與工人罷工等，從而成為一個政治社會的重大課題。

第二節　社會運動理論

一、國外社會運動理論文獻檢閱

有關研究西方社會運動理論發展與個案探討之專書、學術論文及期刊等等，著述甚多，作者將從西方社會運動發展理論中引述其中較被學界支持與推崇的專著來介紹。

20世紀六〇年代有兩個主流西方社會運動指的是西歐和美國等兩大傳統資本主義發達國家的社會運動理論模型。其中一個是馬克思主義模型；另一個是結構功能模型。美國係以集體行為和社會運動為主，是源自法國社會心理學家古斯搭夫・勒龐1895年出版的《烏合之眾：大眾心理研究》之研究，西歐則是新社會運動，乃源自卡爾・馬克思關於無產階級革命之研究。這兩個西方傳統社會運動代表性的國家的發展範式，深深影響全球化的社會運動發展逾百年之久，歷久不衰。美國傳統社會運動大致歷經四個階段：史前階段（1897年至1921年）、創新階段（1921年至1965年）、變革階段（1965年至1977年）、確立階段（1977年迄今）。而西歐社會運動則分三個階段：1968年以前為勞工運動理論階段、1968年至1980年為範式調整和醞釀階段、1980年迄今為新社會運動階段[16]。

　　蘇黎世大學比較政治學教授漢斯比特・克里艾斯（Hanspeter Kriesi）將社會運動爆發的根源歸結為社會、政治與文化的分裂和矛盾[17]。英國社會學家安東尼・紀登斯（Anthony Giddens）認為：社會運動常常是就某一個公共議題推動變遷，法律或政策常常因為社會運動的行動結果而發生改變，這些變化可能產生深遠的結果，社會運動是集體運動最強而有力的形式，若持之以恆，可能會產生巨大的效果[18]。瓦茨拉夫・哈維爾在《無權力者的權力》（*The Power of*

---

[16] 馮仕政著，《西方社會運動理論研究》（北京：中國人民大學出版社，2013年），頁2-11。

[17] 楊悅著，《美國社會運動的政治過程》（北京：社會科學文獻出版社，2014年），頁1。

[18] 安東尼・紀登斯（Anthony Giddens）著，李康譯，《社會學》（北京：北京

the Powerless）指出無權力者的權力在於以真實的生活去對抗以謊言建構的意識形態，無權力者要使自己有權，首先就是不接受謊言，拒絕謊言，這就是抗議運動的開始[19]。

曼瑟爾·奧爾森（Mancur Olson）著《集體行動的邏輯》（The Logic of Collective Action）指出當存在共同或集團利益時，組織就能一顯身手，而且儘管組織經常也能服務於純粹的私人、個人利益，它們特有的和主要的功能是增進由個人組成的集團的共同利益，就會採取集體行動，以求其共同利益的實現[20]。美國非營利組織研究大師約翰霍普金斯大學教授萊斯特·M·薩拉蒙（Lester M. Salamon）認為主要原因是非政府機構和社會運動的興起[21]。根據他的研究發現這是諸多因素作用的產物，包括新的通訊技術，大眾對更多機會的大量需求，對市場及政府在處理日趨繁雜的社會與經濟問題不力的不滿、外部援助的出現等[22]。

對於社會運動的多樣化發展M. L. Andersene與H. F. Taylor二人合著《社會學》（Sociology）對多元化的定義，係源自社會結構差異而產生的各種多樣的團體經驗。多元化指涉廣泛，包括研究各團體在社會中的機會差異、不同社會因素對社會制度的作用、團體和個人認同的形成，以及社會變遷的過程等。而社會變遷指的是社會互動、習俗、階級體系及文

大學出版社，2009年），頁715-717。

[19] 瓦茨拉夫·哈維爾（Vaclav Havel）著，崔衛平等譯，《無權力者的權力》（臺北：左岸文化出版社，2003年）。

[20] 曼瑟爾·奧爾森（Mancur Olson）著，陳郁、郭宇峰、李崇新譯，《集體行動的邏輯》（上海：三聯書店，2008年），頁1-7。

[21] 趙可金著，《全球公民社會與民族國家》（上海：三聯書店，2008年），頁112-113。

[22] 萊斯特·M·薩拉蒙（Lester M. Salamon）等著，賈西津、魏玉等譯，《全球公民社會非營利部門視界》（北京：社會科學文獻出版社，2007年），頁3。

化元素隨著時間經過而產生的變化。至於社會運動的興起係為某一個公共議題推動變遷，例如改變政治制度，擴大公民參與；政府政策或修正法律[23]。羅伯特・A・達爾（Robert A. Dahl）在《多元主義民主的困境：自治與控制》（*Dilemmas of Pluralist Democracy*）闡述民主多元主義或多元主義民主時直言，若一個國家是多頭政體意義上的民主國，且重要的組織都相對自治，即謂多元主義民主國家[24]。而民主多元主義國家的特徵之一即是促進社會公眾的公共參與。社會運動的多樣化在民主轉型過程中扮演著重要角色，其影響程度可能直接改變社會制度，造成社會結構和文化的重大變遷[25]。

Sen, A.在〈社會運動為何發生：社會運動理論〉（Why Social Movements Occur: Theories of Social Movements）試圖理解社會運動起源的理論，包含，「剝奪理論」、「資源動員理論」、「政治過程理論、「結構應變理論」、和「新的社會運動理論」等，去理解社會運動的誕生及成長，以及與各種形式的成人學習密切相關[26]。

2014年月發生在香港爆發的「雨傘運動」即是典型的例子，1997年香港主權由英國回歸中國大陸後，不論政治、社會乃至經濟陸續被「中國大陸化」，中國大陸人大於2014年8月31日決定加強中國國家權力中心對香港選舉的控制，更

---

[23] M. L. Andersene、H. F. Taylor著，齊力審閱，《社會學》（臺北：新加坡商聖智學習亞洲私人有限公司臺灣分公司，2009年），頁588。

[24] Robert A. Dahl著，周軍華譯，《多元主義民主的困境：自治與控制》（吉林：人民出版社，2006年），頁4-5。

[25] M. L. Andersene、H. F. Taylor著，齊力審閱，《社會學》（臺北：新加坡商聖智學習亞洲私人有限公司臺灣分公司，2009年），頁588。

[26] Sen, A. 2016,〈社會運動為何發生：社會運動理論〉"Why Social Movements Occur: Theories of Social Movements," *The Journal of Knowledge Economy & Knowledge Management*. Vol. XI Spring, pp. 126-130.

引發港民對政治的不滿,而有香港主體意識與港獨的傾向與主張,終爆發此次的雨傘運動[27]。美國國際法學者理查德‧法爾克(Richard Falk)可謂是全球公民社會理論的代表,法氏認為當今全球化主要來自兩種的力量,一種是全球性的市場力量,他稱為「從上而下的全球化」;一種是對全球化提出異議的社會運動,他稱為「從下而上的全球化」而全球性公民社會即是這兩種全球化力量的表現。法氏將其定義為:「一個行動與思想的領域,由個別的與集體的公民行動組成,以志願與非營利性質的組織,在不同國家與跨國層面上進行。」各式各樣的非政府組織和社會運動,如民主運動、人權運動、環保運動、女權運動、和平運動和其他反對經濟全球化所造成的惡果[28]。

B‧蓋伊‧彼得斯(B. Guy Peters)在理性選擇理論與制度理論一文中指出,對大多數理性選擇理論而言,偏好和利益是外生的,但有些卻又是內在組織之中。這是理性選擇制度主義在理論上所表現出的自相矛盾之處在實踐中法獲得解決,因為在任何一種實現利益最大化的博弈活動中,個體都會認識到他的競爭對手同樣受到了制度規則的約束,而他的對手也會發現自己被深深地捲入制度之中[29]。

Beck, C. J. 〈社會運動理論與恐怖主義〉(Social Movement Theory and Terrorism)指出恐怖主義是一種有爭議

---

[27] 鄭煒、袁瑋熙編,《社運年代:香港抗爭政治的軌跡》(香港:中文大學出版社,2018年),頁60-61。

[28] 陳弘毅,〈市民社會的理念與中國的未來〉,「公民與國家」學術研討會。臺北:中央研究院中山人文社會科學研究所,民國90年11月,頁14-34。

[29] 何俊志、任軍鋒、朱德米編譯,《新制度主義政治學譯文精選》(天津:天津人民出版社,2007年),頁77。

的政治形式，社會運動理論可以為理解恐怖主義提供必要的概念框架，從而審查相關文獻並討論可能的應用。對恐怖主義的研究可能對社會運動理論有重要的擴展和影響[30]。美國社會學家查爾斯・蒂利係研究社會運動理論發展的國際知名學者，他在《集體暴力的政治》（*The Politics of Collective Violence*）認為，在集體暴力的過程中，社會互動在瞬間會變成人身傷害或者破壞，而其起因部分是由於那些參與集體暴力的人之間的平等關系。他認為，只有準確地找到集體暴力的原因，才能有助於解釋集體暴力及其變種，同時也有助於緩解暴力，並通過將對人身和財產的傷害減小到最低限度來創建民主[31]。

查爾斯・蒂利對歐洲的民主化進程提出一個新的解釋，同時把目光投向全球歷史的發展趨勢。其在《歐洲的抗爭與民主：1650－2000》（*Contention and Democracy in Europe:1650-2000*）書中提出與其他研究社會運動的經典著作有不同的看法，例如與他的老師摩爾・巴林頓（Barrington Moore Jr.）著《民主與專制的社會起源》（*Social Origins of Dictatorship and Democracy*）的觀點就不同，他關注的在解釋民主為何能夠生根時，對其起源而非結果的考察[32]。

社會運動的發生，基本上是對政治制度或政府政策不當剝奪或影響人們的生活與生存空間，導致人民不滿所引發對

---

[30] Beck, C. J. 2008,〈社會運動理論與恐怖主義〉 "The Contribution of Social Movement Theory to Understanding Terrorism", *Sociology Compass*, 2/5, pp. 1565-1581.

[31] Charles Tilly著，謝岳譯，《集體暴力的政治》（上海：上海人民出版社，2011年）。

[32] Charles Tilly著，謝岳譯，《歐洲的抗爭與民主：1650－2000》（上海：上海人民出版社，2011年）。

政府或私人企業的一種行動。這種現象在民主國家尤其特別顯著，亞當‧普熱沃斯基（Adam Przeworski）著《民主與自治的局限》（*Democracy and the Limits of Self-Government*）指出「民主」在其不停變化的涵義下，經常遭遇四種挑戰，一是不能夠帶來社會經濟領域的平等；二是不能夠令人們感到他們的政治參與是有效的；三是不能夠確保政府做他們應該做的、不做他們未被授權做的；四是不能夠平衡秩序與不干涉之間的關係[33]。易言之，社會運動係同時並存於威權體制與民主政治體制之中。

查爾斯‧蒂利在《社會運動，1768-2004》（*Social Movements 1768-2004*）中撰寫18世紀，西方人開創了社會運動；隨後社會運動成為影響全世界的大眾政治手段。他認為通過定位歷史中的社會運動，對當代社會運動實踐的起源、社會運動與民主化的關系、社會運動可能呈現的未來等問題，提出了豐富的洞見。對社會運動能否生存於威權主義國家進行思考[34]。美國康奈爾大學政府學教授西德尼‧塔羅著有《運動中的力量：社會運動與鬥爭政治》一書，考察了社會運動的歷史，提出了一種集體行動理論，以闡釋社會運動的興衰，為影響個人生活、政策改革和政治制度的運動力量提供了解讀。它綜合了社會運動與革命研究方面的各種文獻，從法國革命、美國革命到19世紀的民主運動和工人運動，直到今日的民族和宗教運動，社會運動對政治和社會產生了有力的影響。其涉略層面不僅論及文化、組織和個人方

---

[33] 亞當‧普熱沃斯基（Adam Przeworski）著，郭芬與田飛龍譯，《民主與自治的局限》（香港：商務印書館有限公司，2017年），頁2。

[34] Charles Tilly著，胡位鈞譯，《社會運動，1768-2004》（上海：上海人民出版社，2009年）。

面的運動力量源頭，還特別強調了社會運動作為政治鬥爭的一部分，作為政治機遇結構、國家戰略和跨國擴散的變遷結果所經歷的興衰起伏[35]。

克雷格・卡爾霍恩（Crago Calhoun）《激進主義探源：傳統、公共領域與19世紀的社會運動》（*The Roots of Radicalism tradition, the Pubilc Sphere, and Ninetee Century Social Movements*）一書廣泛地探討分析19世紀初的抗議運動，由此對於集體行動的爭論形成一種重要的貢獻，在這之前，社會運動一直是被個人理性行動者的意象支配著。克雷格・卡爾霍恩將「實踐」而非「意義形態」放在前沿和中心位置，使以往西方革命者的嘗試為當今世界其他地方發生的激變作證。該書的五個核心論題為，一、進步的觀點鼓蕩起傳統與抵制社會變遷之間關係的誤解。二、弱勢者通常在地方層次上組織得更好，卻被更大的範圍內從事鬥爭的需要削奪了力量。三、意識形態在哲學上的激進程度，與社會運動對社會秩序構成的實質性挑戰上的激進程度，二者沒有必然關聯。四、許多思想、綱領和運動通常在指引社會變遷路線的種種嘗試的場域裡爭奪支持。五、社會運動場域之內，以及社會運動與更為組織化的行動者之間的爭論，不僅關係到權力和財富的分配，也關係到公共領域中的發言權、承認和參與能力[36]。社會運動的發展也有可能因其他因素而呈現衰退的現象，Christiansen在〈社會運動的四個階段〉（Four Stages of Social Movements）指出社會運動發展的四個階段包括「出現，融

---

[35] Sidney Tarrow著，吳慶宏譯，《運動中的力量：社會運動與鬥爭政治》（南京：譯林出版社，2005年）。

[36] Craig Calhoun著，陳雲龍譯，《激進主義探源：傳統、公共領域與19世紀的社會運動》（北京：北京大學出版社，2016年），頁47。

合，官僚化和衰退」，社會運動衰退可能來自幾個不同的原因，如壓抑，合作，成功，失敗和主流[37]。

　　美國芝加哥學者趙鼎新所著《社會運動和革命：理論更新與中國經驗》當前中國正在經歷急遽的社會變遷，關於社會運動革命的社會學研究因此具有極為重要的意義。本書係針對美國及西方社會運動和革命理論的發展作一個批判性的介紹，指出西方社會學和社會科學研究中的一些基本認識論和方法論問題，作者還提出影響和決定社會運動因素：變遷、結構和話語等來回應蒂利等人對社會運動運發生的不同視角。不但對社會學關於集體行動、社會運動和革命的研究作一個總結，而且試圖在理論解析中介紹有關的社會科學研究方法，以期讀者能夠據此建立自己的研究或旨趣，並與中國大陸的社會運動經驗作為探討[38]。而趙氏的另一本著作《合法性的政治：當代中國的國家與社會關係》一書中亦提到中國大陸的合法性和社會運動探討中國大陸「八九學運」與中國駐南非大使館被炸後北京學生的抗議等案例，是一本認識中國大陸國家與社會關係的重要經典著作[39]。

　　拉塞爾‧哈丁（Russell Hardin）所著《群體衝突的邏輯》（*One for All: The Logic of Group Conflict*）運用理性行動理論，通過對組織認同的形成機制之分析，為讀者理解集體行動和組織衝突現象的發生提供了一個新的視角。他說集體行

---

[37] Christiansen, J. 2009，〈社會運動的四個階段〉，*EBSCO Research Starters*, pp.1-7.

[38] 趙鼎新著，《社會運動和革命：理論更新與中國經驗》（臺北：巨流圖書公司，2007年），頁28。

[39] 趙鼎新著，《合法性的政治：當代中國的國家與社會關係》（臺北：國立臺灣大學出版中心，2017年），頁201-237。

動至少通過兩種方式產生權力：一是集體行動提供了能夠以多種方式來強制或者影響他人行動的資源。二是它們圍繞著領袖協作起來，賦予領袖以行動能力。但欲形成一個集體行動，群眾認同非常重要，哈丁認為，人們對自我利益和理性選擇看成是當下和未來導向，在認識意義上這兩種行為偏好能夠建構出一種強大的義務感，以支持其做出行動的抉擇[40]。

社會運動歷經環境的變遷與全球化後已逐漸發展出新的模式，此一模式即所謂的「民粹主義」，民粹主義在世界各地的崛起被認為係「對自由主義政治秩序的挑戰」，或是「會使民主的存續暴露於危機當中」。有關民粹主義的定義，日本民粹權威研究學者水島治郎著《民粹時代：是邪惡的存在，還是改革的希望？》提出兩種定義：第一是將民粹主義視為突破固定的支持基礎，直接訴諸廣泛國民的政治型態。第二是將民粹主義視為站在「人民」的立場，批判舊有政治與菁英的政治運動。如前有日本的中曾根康弘政權、英國的柴契爾政權、法國的薩科吉政權及義大利的貝魯斯柯尼政權等，近年有英國的脫歐公投及2016年美國總統大選等，皆屬藉由民粹主義取得政權的實例[41]。

Lim Hy-Sop的〈韓國民間社會運動的歷史發展：軌跡與問題〉（Historical Development of Civil Social Movements in Korea: Trajectories and Issues）文中提及，根據查爾斯・蒂利的說法，社會運動尋求以合法和有組織的方式分散權力和公民參與決策，而不是以革命或使用暴力手段的起義形式現代

---

[40] 拉塞爾・哈丁（Russell Hardin）著，劉春榮、湯艷文譯，《群體衝突的邏輯》（上海：上海人民出版社，2013年），頁23-38。

[41] 水島治郎著，林詠純譯，《民粹時代：是邪惡的存在，還是改革的希望？》（臺北：先覺出版社，2018年），頁15-16。

社會運動通過擴大形成公眾輿論的「公共空間」，並為民間社會帶來「權力轉移」，促進了民主的發展。所有現代社會運動都可以稱為公民社會運動[42]。

　　大陸學者馮仕政著《西方社會運動理論研究》本書將西方社會運動理論劃分為集體行為論、資源動員論、政治過程論、框架建構論和新社會運動論等五個主要流派，仔細梳理每個流派的發展脈絡和基本理念，以及由此而來的分析思路、理論假設和概念框架，揭示每個流派的優長、侷限以及彼此間的批判和繼承關係。本書既是對西方社會運動研究成果的全景式檢閱，對研究中國當前和歷史上的運動、革命、群體性事件、政治秩序和社會穩定。亦具有重要的參考價值[43]。

　　大陸學者張順洪著《西方新社會運動》從世界歷史發展的角度，考察西方國家新社會運動，包括考察北美的新社會運動與工人運動；當代西方和平運動；新社會運動範疇下的黑人爭取平等權利運動；歐美環保運動；西方新女權運動；西方國家民族分離主義運動；當代西方「反全球化」運動；英美共產黨與新社會運動的關係等[44]。對各種形態的社會運動逐一介紹與分析，甚具學術和實務研究參考價值。

　　王鴻志在〈當前臺灣新社會運動的現狀、背景及影響探析〉，分析自2013年以來臺灣發生的多起社會運動，與全

---

[42] Lim, Hy-Sop, 2000,〈韓國民間社會運動的歷史發展：軌跡與問題〉"Historical Development of Civil Social Movements in Korea: Trajectories and Issues", *Korea Journal*, pp. 5-25.

[43] 馮仕政著，《西方社會運動理論研究》（北京：中國人民大學出版社，2013年）。

[44] 張洪順著，《西方新社會運動》（北京：中國社會科學出版社，2015年）。

球性的新社會運動關係密切，其特徵、興起背景、影響等既有全球共性，又具臺灣特色。一是運動發生的頻率和規模上升，有向暴力反體制方向發展的趨勢。二是參與主體更加多元。三是大學生群體成為社會運動的「先鋒隊」。四是運動開放性強動員效率高[45]。對臺灣社會運動進行剖析，其中關於社會運動發生的頻率和規模上升，有向暴力反體制方向發展的趨勢，應係作者對「非暴力抗爭」方法的誤解。

揆諸解嚴後臺灣的社會運動雖然有發生「暴力抗爭」的事實，惟相較於歐美國家的「暴力抗爭」程度，臺灣的暴力抗爭程度，尚屬輕微暴力或暴力邊緣而已；相對的，反而是對「非暴力抗爭」方法的運動方式有愈來愈成熟與普遍的趨勢。

二、臺灣社會運動文獻檢閱

社會運動是社會的常態，亦是社會轉型過程的必要展現，它是對傳統或舊體制不再能符合人民或社會變遷的需要，而僵化的制度無法回應時，社會運動於焉而生。臺灣社會在戒嚴時期集會遊行係被視為對威權政府的一種挑戰，是被高度嚴格限制與禁止的政治活動。儘管如此，仍有兩起影響日後臺灣社會政治體制解構與民主化的社會抗爭事件，兩起社會抗爭事件發生的時間相隔不到二年，第一起是發生於1977年在桃園的「中壢事件」及另一起是發生於1979年在高雄的「美麗島事件」。這兩起社會抗爭事件都是在戒嚴時期的政治禁忌，卻是開啟和埋下日後臺灣社會從威權體制轉型

---

[45] 王鴻志，〈當前台灣新社會運動的現狀、背景及影響探析〉，《中國評論月刊》，第199期，2014年7月。〈http://www.CRNTT.com〉。

為民主體制的種子，亦是啟動臺灣社會運動的開端。

　　值得一提的是，在解嚴前夕的1986年（1987年解嚴），一群黨外人士成功的選擇在具威權體制象徵的臺北市的圓山大飯店組成立第一個本土性的反對黨「民主進步黨」，則開啟臺灣社會抗爭運動以政黨組織發動集體行為模式運作的序幕（此事為時任總統蔣經國所知情，惟並未對此採取逮捕行動，頗有默許其成立的意味）。而1988年5月20日的台灣農民運動，則是繼1977年桃園「中壢事件」和1979年高雄「美麗島事件」，第三起激烈抗爭過程中引起大規模警民嚴重對峙衝突流血的事件。此後，臺灣社會運動即很少再發生類似上述這樣的軍、警與民眾激烈對立與衝突的群眾抗爭事件，逐漸轉型為和平非暴力抗爭模式。

　　有關國內撰寫臺灣社會運動的專書並不多，有徐正光、宋文里合編《台灣新興社會運動》（1989）；蕭新煌、林國明主編《台灣的社會福利運動》（2000）；何明修、蕭新煌著《臺灣全志・社會志社會運動篇》（2006）；蕭新煌、顧忠華主編《台灣社會運動再出發》（2010）；王金壽、江以文、杜文苓等著作，何明修、林秀幸/主編《社會運動的年代：晚近二十年來的台灣行動主義》（2011）；莊雅仲在《民主台灣：後威權時代的社會運動與文化政治》（2013）；何明修著《社會運動概論》（2017）等。

　　徐正光、宋文里等編《台灣新興社會運動》經濟成長為臺灣社會力的爆發提供了物質基礎，教育普及、新思想和資訊的流播則孕育了人民權利意識和社會自主性。相對於此的，是長久政治壓抑及經濟掛帥政策下所產生的各種結構性弊端和社會問題。1987年解嚴前後蔚為風潮的各種自力救濟

和社會抗議運動，可以看作是臺灣社會力與既存體制結構間之矛盾與衝突的展現。本書緣於1988年由清華大學社會人類學研究所主辦的「臺灣新興社會運動研討會」，國內的社會學學者把握了此一關鍵的社會轉型時刻，分別從個人專業的領域展開觀察，對於90年代的臺灣社會和關心社會的讀者而言，都是不可或缺的重要珍貴歷史文獻[46]。

王金壽、江以文、杜文苓等著作，何明修、林秀幸／主編《社會運動的年代：晚近二十年來的台灣行動主義》敘述臺灣社會運動不同階段的發展特色。並指出臺灣社會自解嚴後，民主化的腳步加速社會運動的普及，在主流媒體看不到的地方，社會運動的力量已無聲無息浮現在各個角落，越來越多的群體採用這種語言，這種深植於人心中，相當多元化的意見表達方式，一旦在社會運動的年代忽略了這股集體力量所帶來的種種挑戰，就無法清楚理解臺灣社會變遷的過程。就四大社會運動研究議題：組織與策略、法律與人權、日常生活，以及學界研究成果，就其關注的領域分工寫作，共同探索臺灣近20年來的社會運動歷程，引領讀者更全面性地理解臺灣的運動社會[47]。

蕭新煌、顧忠華主編《台灣社會運動再出發》（2010），網羅臺灣一群實際參與社會運動的學者針對當前臺灣十大社會運動，集結近百個社運團體代表，共同集思廣益所呈現的集體智慧和心聲，對2008年第二次政黨輪替後的社會分歧和政治不信任，發出了為另一波社會改革而再出發的行動宣

---

[46] 徐正光、宋文里等主編，《台灣新興社會運動》（台北：巨流圖書公司印行，1989年），頁11-22。

[47] 王金壽、江以文、杜文苓等著，何明修、林秀幸主編，《社會運動的年代：晚近二十年來的台灣行動主義》（臺北：群學出版有限公司，2011年）。

言。剖析社會運動的挑戰、突破和再出發的時代意義，透過公民社會新動力的宣言，揭櫫十大社會運動的未來訴求[48]。

解嚴後30年，民主已經融入且烙印在每個臺灣人民的心目中，成為日常生活一部分，臺灣已經從威權體制社會轉型為亞洲一個獨特的民主政治範式。國家體制和法律系統重構的同時，公民社會逐漸成型，政治文化日趨成熟。莊雅仲在《民主台灣：後威權時代的社會運動與文化政治》從社會運動團體和地方社群的角度出發，探討後威權時代臺灣的民主發展。他親身參與環保運動、社區保育等基層行動，近距離觀察勞工和女性組織的運作結構和少數族裔的身份抗爭。基於這些深入細緻的民族誌調查，他記錄一般民眾和社運人士的行動與反思，剖析「公共」、「本土」與「地方」三個構建臺灣民主論述與實踐的關鍵概念，深入了解這個不斷前行但仍矛盾重重的民主時代[49]。

何明修著《社會運動概論》一書詳細介紹國外有關社會運動相關理論，包括古典社會學理論、現代社會學理論，認同、生命歷程與社會運動的關係、組織與網絡對社會運動作用，政治環境社會運動與框架，以及社會運動的後果等，作者除和理論對話外，並以臺灣發生的社會運動和國外社會運動理論相互印證，以梳理臺灣社會運動與國外的異同，是國內第一本針對社會運動理論及實務探討的專書[50]。

王甫昌〈台灣反對運動的共識動員：1979至1989年兩次

---

[48] 蕭新煌、顧忠華主編，《台灣社會運動再出發》（臺北：巨流圖書公司印行，2010年）。

[49] 莊雅仲著，《民主台灣：後威權時代的社會運動與文化政治》（香港：中文大學出版社，2013年），頁11-22。

[50] 何明修著，《社會運動概論》（臺北：三民書局，2017年）。

挑戰高峰的比較〉係以臺灣解嚴前後的兩波反對運動第一波是1977年地方公職人選舉所引發的「中壢事件」及1979年「美麗島事件」及第二波1986年黨外人士成功的組成第一個本土性的反對黨「民主進步黨」開啟反對運動以組織化方式運作，並漸漸走向意識形態的邀進化[51]。張維容〈我國規範集會遊行活動之法政策研究──以1988年至2013年集會遊行法為例〉，該研究係就我國規範集會遊行之法政策之研究，係以1988年至2013年間我國《集會遊行法》為中心，聚焦於四個核心規範之探討：即管制模式、禁制區、命令解散權及法律責任[52]。王振寰〈台灣的政治轉型與反對運動〉討論臺灣的兩次重大政治轉型，一次是1972年以後蔣經國大量啟用臺籍人士進入政治權力核心，另一次是1986年以後中國國民黨政府的政治自由化對臺灣的政治發展有重大而深遠的影響[53]。

　　何明修在〈台灣環境運動的開端：專家學者、黨外、草根（1980-1986）〉一文認為環境運動在1987年解嚴之前的發展呈現了民間社會的主動性。作者認為專家學者與黨外人士們對於環境議題的關切並沒有形成完整的社會運動，只是片面而間接的。草根民眾以他們素樸的方式推動了環境運動的誕生，提醒我們應從更基層的角度來審視民間社會的興起過程[54]。徐世榮在〈試論科技在地方環保抗爭運動中所扮演的

---

[51] 王甫昌，〈台灣反對運動的共識動員：1979至1989年兩次挑戰高峰的比較〉，《臺灣政治學刊》，第1卷第1期，1996年7月，頁129-209。

[52] 張維容，《我國規範集會遊行活動之法政策研究－以1988年至2013年集會遊行法為例》（臺北：中央警察大學警察政策研究所博士論文，2014年）。

[53] 王振寰，〈台灣的政治轉型與反對運動〉，《台灣社會研究季刊》，第2卷1期，1989年7月，頁71-116。

[54] 何明修，〈台灣環境運動的開端：專家學者、黨外、草根1980-1986〉，

角色——以後勁反五輕抗爭為例〉一文指出，當政府面對著嚴峻的環保抗爭時，科技理性及經濟成長決定一切的論點已成為它強而有力的辯護武器。就政府而言，解決環境污染的根本辦法就是科技不斷的創新及改進。並以後勁反五輕抗爭運動為例，指出政府如何運用科技及其他辦法來阻擋或是消解後勁反五輕抗爭[55]。朱偉誠在〈台灣同志運動的後殖民思考：論「現身」問題〉一文以後殖民主義的觀點，把臺灣自九〇年代以來蓬勃發展的同志運動放在國際文化霸權的框架裡來思考；主要的目的，是企圖為困擾本土同運己久的"現身"問題探索一個可能的出路[56]。

林如森在〈社會運動過程中的認同、共識動員與傳播策略〉一文試圖從文化脈絡來檢視傳播過程，亦即不將傳播視為獨立的運作機制，而是和文化情境、公共領域緊密互動地進行著，所有傳播過程，也就是文化整體（holistic）形塑的過程。結論指出：成功的傳播策略，透過媒體建構議題，將爭議點誰升至公共領域層次論辯，足以影響政府公共政策的決策[57]。林佳龍在〈威權侍從政體下的台灣反對運動——民主進步黨社會基礎的政治解釋〉從政體（regimes）和反對（oppositions）的互動過程提出一個政治性的解釋：中國國民黨外來政權在臺灣施行的威權侍從主義（authoritarian clientelism）及非競爭性選舉（non-competitive election），不

《台灣社會學刊》，第2期，2001年12月，頁97-162。

[55] 徐世榮，〈試論科技在地方環保抗爭運動中所扮演的角色－以後勁反五輕抗爭為例〉，《台灣社會研究季刊》，第18期，1995年2月，頁125-152。

[56] 朱偉誠，〈台灣同志運動的後殖民思考：論「現身」問題〉，《台灣社會研究季利》，第30期，1998年6月，頁35-62。

[57] 林如森，〈社會運動過程中的認同、共識動員與傳播策略〉，《台灣社會研究季刊》，第64期，2006年12月，頁151-218。

但強化了本土反對運動的省籍屬性，且同時削弱它的階級特性[58]。

何明修在〈政治民主化與環境運動的制度化（1993-1999）〉一文探討臺灣環境運動在民主化階段（1993-1999）的發展。作者認為民主化導致了抗議處理的例行化、環境參與決策機制的不開放及舊政治聯盟者的轉型，這些因素的綜合促使了環境運動的制度化，而非衰退或轉型。社會運動不再是政體轉型週期中的突發或偶然現象，而新民主體制裏頭的一個常態元素[59]。何明修在〈為何民主進步黨政府的廢核政策失敗？社會動員、改革機會與政治策略的分析〉試圖回答，為何民主進步黨政府的廢核政策以失敗收場，研究發現，社會動員、改革機會、政治策略這三者是具有關鍵性的作用。易言之，在持續的社會動員之下，改革者精準地掌握重要的機會，採取適當的政治策略，才能達成改革的目標[60]。何明修在〈工廠內的階級團結：連結石化工人的工作現場與集體行動〉一文探討一個激進的工會運動，試圖證明工人的階級團結是來自於特定的勞動過程，研究發現，工人抵抗的結果是形成了一種草根的團結文化，使得他們更願意參與集體行動[61]。

莊雅仲在〈集體行動、社會福利與文化認同〉根據兩個

---

[58] 林佳龍，〈威權侍從政體下的台灣反對運動－民主進步黨社會基礎的政治解釋〉，《台灣社會研究季刊》，第2卷第1期，1989年7月，頁117-143。

[59] 何明修，〈政治民主化與環境運動的制度化（1993-1999）〉，《台灣社會研究季刊》，第50期，2003年6月，頁217-275。

[60] 何明修，〈為何民主進步黨政府的廢核政策失敗？社會動員、改革機會與政治策略的分析〉，《台灣政治學刊》，第6卷第1期：2002年12月，頁86-137。

[61] 何明修，〈工廠內的階級團結：連結石化工人的工作現場與集體行動〉，《台灣社會學刊》，第6期，2003年12月，頁1-59。

特定過程的交互關係，來檢視社會運動追求社會公平與獨立自主的決心。追溯認同政治在後解嚴臺灣的展現與意涵，討論這些過程如何提供社會運動與福利要求亟需的批判觀點，以重建一個文化的空間。最後我將從文化的重建過程，探索臺灣社會運動的未來[62]。蕭新煌在〈一九八〇年代末期台灣的農民運動：事實與解釋〉一文追溯和釐清八〇年代末期臺灣農民運動興起的背景及其特徵。針對戰後實施的土地改革及其對塑造新生的家庭小農階級性格的影響進行歷史與結構的分析。並對八〇年代末期所「突然」興起的大規模農民運動，本文企圖提出若干創析。農民運動的勃興是在解嚴成為事實的那一年（1987），因此它與臺灣整體社會政治轉型有著相當密切的關係[63]。

范雲在〈政治轉型過程中的婦女運動：以運動者及其生命傳記背景為核心的分析取向〉一文以運動者的調查訪談資料為主指出：組織劇碼、議題與策略皆不是中性的。不同生命傳記背景的運動者會傾向選擇不同的組織模式，這些選擇也會回過來影響運動者的組成，進而影響運動的議題與策略[64]。夏曉鵑在〈新移民運動的形成——差異政治、主體化與社會性運動〉一文企圖跨越理論的疆界，批判地結合社會運動、女性主義，以及性別與發展等相關研究和理論，以「圈內人」（insider）的角度，分析新移民運動在臺灣形成

---

[62] 莊雅仲，〈集體行動、社會福利與文化認同〉，《台灣社會研究季刊》，第47期，2002年9月，頁249-277。

[63] 蕭新煌，〈一九八〇年代末期台灣的農民運動：事實與解釋〉，《中央研究院民族學研究所集刊》，第70期，1991年3月，頁67-93。

[64] 范雲，〈政治轉型過程中的婦女運動：以運動者及其生命傳記背景為核心的分析取向〉，《台灣社會學刊》，第5期，2003年6月，頁133-193。

的過程。作者主張掌握較多資源的知識份子，必須以「有良心的狼人」而非「領導者」自居，投入基層培力工作，以斷決自己未來背叛時對運動造成致命傷害的可能[65]。

丁仁方在〈公民社會與民主政治的相互建構──日本與台灣近年組織性公民社會發展之比較〉檢視日本與臺灣兩國近年組織性公民社會的發展，發現兩國公民社會的發展呈現不同的路徑，與民主政治之間也有不同型態的相互建構關係。1990年代以前，日本組織性公民社會因為國家壟斷公共領域而發展受限，後因特定危機事件得以擴大結盟並改變國家壟斷優勢。臺灣公民社會的發展經由1980年代社會運動突破威權體制對結社的限制，之後逐漸朝向社會組織化的方向發展[66]。王金壽在〈台灣環境運動的法律動員：從三件環境相關判決談起〉指出，臺灣環境運動有從街頭走向法院的趨勢，但想要透過司法訴訟來促使社會變遷，則存在著侷限性。欲以司法訴訟作為有效的社會改革途徑，除了支援體系的存在、法律動員，與司法的支持外，亦須考量立法權與行政權等政治力。倘若行政權不予支持，或消極不履行判決的話，司法作為一種改革變遷的動力，將受到相當限縮[67]。

王振寰、方孝鼎在〈國家機器、勞工政策與勞工運動〉的問題是：中國國民黨政府以什麼方式規範勞資關係？這些規範模式經過解嚴後的勞工運動，產生了甚麼樣的變化？我

[65] 夏曉鵑，〈新移民運動的形成－差異政治、主體化與社會性運動〉，《台灣社會研究季刊》，第61期，2006年3月，頁1-71。

[66] 丁仁方，〈公民社會與民主政治的相互建構──日本與台灣近年組織性公民社會發展之比較〉，《台灣民主季刊》，第4卷第2期，2007年6月，頁1-31。

[67] 王金壽，〈台灣環境運動的法律動員：從三件環境相關判決談起〉，《台灣政治學刊》，第18卷第1期，2014年6月，頁1-72。

們以實在主義的觀點、歷史分析的方式，考察臺灣勞工法令的內容和政治運作，以及它們與新興勞工運動之間的關係，藉此分析臺灣的國家機器在勞資關係中扮演的角色[68]。何明修在〈工廠內的階級團結：連結石化工人的工作現場與集體行動〉探討一個激進的工會運動，試圖證明工人的階級團結是來自於特定的勞動過程。在這家國營石化企業中，工人在工作現場中培養出共同的分享文化與道德經濟。工人將原先用來進行勞動控制的生產組織進行文化轉化，使得基本的生產分工單位轉化成為一種草根的團結組織。工人抵抗的結果是形成了一種草根的團結文化，使得他們更願意參與集體行動[69]。

　　何明修在〈自主與依賴：比較反核四運動與反美濃水庫運動中的政治交換模式〉分析美濃反水庫運動與貢寮反核四運動之個案，試圖提出一套因果解釋的架構，分析自主與依賴的形成過程。（1）社會運動的起源，（2）社運組織所掌獲的資源，此兩項因素是具有關鍵性的。另一方面，不同政治交換關係也表現在動員框架的差異，藉以重新思考社會運動自主性的意義[70]。何明修在〈公民社會的限制——台灣環境政治中的結社藝術〉，一文指出社會資本的限制。透過一個環境爭議案的深入分析，強調社會資本的凝聚（bonding）與跨越（bridging）作用可能是相互衝突的，因

[68] 王振寰、方孝鼎，〈國家機器、勞工政策與勞工運動〉，《台灣社會研究季刊》，第13期，1992年11月，頁1-29。

[69] 何明修，〈工廠內的階級團結：連結石化工人的工作現場與集體行動〉，《台灣社會學刊》，第6卷，2003年12月，頁1-59。

[70] 何明修，〈自主與依賴：比較反核四運動與反美濃水庫運動中的政治交換模式〉，《台灣社會學刊》，第30期，2003年6月，頁1-49。

此中產階級保育人士的結社往往排除了地下階級成員的參與。某一群體的集體行動通常反映了其深植的偏好，有可能與另一個群體產生衝突。因此，良好的民主體制需要活躍的結社生活，但是反之並不亦然，結社藝術的後果並不一定總是有利於民主[71]。

何明修在〈誰的家園、哪一種願景？——發展主義陰影下的社區運動〉指出發展主義的意識型態是另一項社區運動遇到的障礙。儘管在共同的地方認同下，社區運動者仍很難說服居民接受這些的想法，經濟成長不是改善其生活的必要條件[72]。宋學文、黎寶文在〈台灣客家運動之政策分析〉藉由政策科學（policy science）與「治理」（governance）之探討，對於客家運動由社會運動演變為客家政策其背後的決策過程，作相關分析，為客家研究提供一個與政策制訂相關之研究途徑。為達到此研究目的，該研究主要透過政策科學中的「治理」概念與3i模型，建構一套動態的分析架構，來說明目前1988年迄今的客家政策形成過程[73]。

李丁讚、林文源於〈社會力的文化根源：論環境權感受在臺灣的歷史形成；1970-86〉以環境議題自七〇年代以來在民間部門的發展、變化過程，嘗試由文化面向的歷史考察，剖析八〇年初期開始出現環境抗爭的意義，藉此解答社會力的文化根源，以理解臺灣社會出現抗議風潮原因[74]。李

---

[71] 何明修，〈公民社會的限制－台灣環境政治中的結社藝術〉，《台灣民主季刊》，第4期第2卷，2007年6月，頁33-65。

[72] 何明修，〈誰的家園、哪一種願景？——發展主義陰影下的社區運動〉，《台灣民主季刊》，第7期第1卷，2010年3月，頁1-30。

[73] 宋學文、黎寶文，〈台灣客家運動之政策分析〉，《人文及社會科學集刊》，第18期第3卷，2006年9月，頁501-540。

[74] 李丁讚、林文源，〈社會力的文化根源：論環境權感受在台灣的歷史形成；

丁讚、林文源於〈社會力的轉化：台灣環保抗爭的組織技術〉一文以環境保護運動為例，認為臺灣社會力之所以產生轉化，與組織技術的動作息息相關。在這些分析之後，本文也嘗試為社會力做更清楚的定義，並嘗試討論社會力轉化的的倫理意涵。最後，並探討行動者、施為能力與與制度情境三者之間的理論關連[75]。

李明穎於〈網路潛水者的公民參與實踐之探索：以「野草莓運動」為例〉從網路潛水者的角度切入，以「野草莓運動」為個案，藉由深度訪談與次級資料分析，勾勒出潛水者參與社會運動的樣貌，思索其實踐公民參與的潛能或限制[76]。李建正、邱明斌於〈演化賽局在生態保育運動之應用——以湖山水庫興建為例〉主要透過演化賽局理論，分析湖山水庫生態保育抗爭運動中，公部門、保育團體與地方居民三者之行為互動模式，並探究不同的情境下，各參賽者的「最適反應策略」[77]。李淑珍於〈自由主義、新儒家與一九五〇年代臺灣自由民主運動：從徐復觀的視角出發〉從徐復觀的視角出發，引用文集、日記、信件、回憶錄等史料，透過思想史的脈絡化分析和敘事筆法，試圖重建白色恐怖時期的歷史現場。文中將徐復觀與《自由中國》作者群歷次論戰，說明新儒家與自由主義者的思想歧異。上承五四時期論戰，下啟臺灣黨外民主運動，也預示了一九九〇年代大陸新

1970-86〉，《台灣社會研究季刊》，第38期，2000年6月，頁163-206。

[75] 李丁讚、林文源，〈社會力的轉化：台灣環保抗爭的組織技術〉，《台灣社會研究季刊》，第52期，2003年12月，頁57-119。

[76] 李明穎，〈網路潛水者的公民參與實踐之探索：以「野草莓運動」為例〉，《新聞學研究》，第112期，2012年7月，頁77-116。

[77] 李建正、邱明斌，〈演化賽局在生態保育運動之應用——以湖山水庫興建為例〉，《政治學報》，第51期，2011年6月，頁105-142。

左派與自由主義者的爭議[78]。

李翰林於〈民間聯盟參與1,410億治水預算審查——政治機會結構的觀點〉一文以許多民間環保團體為監督治水預算成立的1410大禹治水聯盟為研究個案。藉由政治機會結構理論來說明支持與推動治水預算的「利益聯盟」（行政院、水利機關、立法委員與地方政府）是如何形成？為何結盟？如何相互合作讓本案順利通過？透過這些新增的政治機會，在後續政策執行階段中找出更多公共參與和監督的著力點[79]。

杜文苓、彭渰雯於〈社運團體的體制內參與及影響——以環評會與婦權會為例〉從民間角度出發，思考社運人士如何策略地利用此一決策平台，達到「有影響力的參與」。檢視第五屆行政院婦權會委員（2005/04-2007/03）及第六屆環評委員（2005/08-2007/07）兩個參與式決策的機制，透過深度訪談、焦點團體座談等質化研究方式，歸納分析在委員會中投入社運網絡運作委員的實戰經驗，反省民間組織與政府在政策議題上的互動模式[80]。

林靜伶〈網路時代社運行動者的界定與語藝選擇〉從相關理論文獻與個案的對話，提出網路時代四圈社會運動行動者的圖像，進一步建議與四圈行動者對應的語藝選擇與媒介使用[81]。林鶴玲、鄭陸霖〈台灣社會運動網路經驗：一個探

[78] 李淑珍，〈自由主義、新儒家與一九五〇年代臺灣自由民主運動：從徐復觀的視角出發〉，《思與言》，2011年6月，第49卷第2期：頁9-90。

[79] 李翰林，〈民間聯盟參與1,410億治水預算審查——政治機會結構的觀點〉，《台灣民主季刊》，2008年12月，第5卷第4期：頁87-128。

[80] 杜文苓、彭渰雯，〈社運團體的體制內參與及影響——以環評會與婦權會為例〉，《台灣民主季刊》，第5卷第1期，2008年3月，頁119-148。

[81] 林靜伶，〈網路時代社運行動者的界定與語藝選擇〉，《中華傳播學刊》，第26期，2014年12月，頁3-33。

索性的分析〉針對「社會資訊化下的臺灣社會運動的網路經驗」作初步的考察，我們強調它乃是社會差異、網路技術、與社會運動三者相互作用的結果以及這些社會差異對網路社運的影響[82]。夏林清於〈一個自主工會抗爭歷程的實例調查報告－結構性衝突與個人學習〉調查研究報告是針對於1988年中成立的一個自主工會所進行的。調查研究的焦點放在積極投身籌組工會之基層勞工對抗爭歷程的主體知覺經驗，以及建構抗爭歷程的系列衝突事件所發生的作用及彰顯的意義[83]。

夏林清、鄭村棋於〈站上罷工第一線──由行動主體的角度看1989年遠化5月罷工抗爭的發生及影響〉一文由個別工人做為行動主體的角度描述工人在罷工事件中，是如何在與其他工人、資方、官方及社會人士互動的過程中改變了他們的參與位置。以案例資料說明了在罷工事件中，由不同的社會行動者所互動建構出來的社會關係脈絡與工人集體認同意識發生的關連性。並於罷工失敗後，廠內被鎮壓經驗的認識可以協助我們重新思索工人集體力量的表現形式[84]。

夏鑄九等於〈朝向市民城市──台北大理街社區運動〉一文以台北萬華大理街的都市運動為個案，分析一個老市中心的舊鄰里，如何經由一連串社區動員過程，反對市政府的都市計劃與都市更新方案，結果不但改變了市政府的態度，而且經由社區參與過程，致力於推動改善社區公共空間的品

[82] 林鶴玲、鄭陸霖，〈台灣社會運動網路經驗：一個探索性的分析〉，《台灣社會學刊》，第25期，2001年6月，頁111-156。

[83] 夏林清，〈一個自主工會抗爭歷程的實例調查報告──結構性衝突與個人學習〉，《台灣社會研究季刊》，第2卷第2期，1990年10月，頁127-155。

[84] 夏林清、鄭村棋於〈站上罷工第一線──由行動主體的角度看1989年遠化5月罷工抗爭的發生及影響〉，《台灣社會研究季刊》，第13期，1992年11月，頁63-108。

質[85]。郭良文於〈蘭嶼的另類媒體與發聲：以核廢料與國家公園反對運動為例〉透過訪談資料與媒體內容之比較論述，呈現蘭嶼原住民在反核廢料與反對國家公園設置事件上的聲音與觀點及反對運動領袖如何運用主流媒體與另類媒體，透過結盟，創造有利於蘭嶼原住民的報導。將另類媒體的概念區分成另類媒體的使用者、另類媒體的運用方法、以及另類媒體的目的等三個層面，試圖勾勒出另類媒體的理論意涵[86]。陳竹上於〈他們在自己的土地上無家可歸？從「反亞泥還我土地運動」檢視臺灣原住民保留地政策的虛實〉述說歷經三十餘年的「反亞泥還我土地運動」，呈現出臺灣原住民族土地流失的場景、脈絡與軌跡，並藉此檢視原住民保留地政策[87]。

　　陳信行於〈全球化時代的國家、市民社會與跨國階級政治——從台灣支援中美洲工人運動的兩個案例談起〉援引2000年至2002年間臺灣工運團體支援中美洲工人運動的經驗，探討當代各國勞動管制體制的弱化與跨國化等變遷，並藉而檢視關於全球化時代所謂國家式微、市民社會興起等命題。本文詳述了年興紡織尼加拉瓜廠與台南企業薩爾瓦多廠的爭議事件背景與始末及其與臺灣、美國和中美洲三地的政經變遷、社會運動與地緣政治的牽連[88]。

---

[85] 夏鑄九等，〈朝向市民城市——台北大理街社區運動〉，《台灣社會研究季刊》，第46期，2002年6月，頁141-172。

[86] 郭良文，〈蘭嶼的另類媒體與發聲：以核廢料與國家公園反對運動為例〉，《中華傳播學刊》，第17期，2010年6月，頁43-74。

[87] 陳竹上，〈他們在自己的土地上無家可歸？從「反亞泥還我土地運動」檢視台灣原住民保留地政策的虛實〉，《台灣社會研究季刊》，第77期，2010年3月，頁97-134。

[88] 陳信行，〈全球化時代的國家、市民社會與跨國階級政治——從台灣支援中美洲工人運動的兩個案例談起〉，《台灣社會研究季刊》，第60期，2005年

陳素秋於〈邊緣公民的公民主體建構：臺灣妓權運動中性工作者的公民操演〉分析臺灣妓權運動中，作為邊緣公民之性工作者的參與歷程，以及探索他們如何透過其行動建立公民主體性。藉由與參與者以及與社運組織者的深度訪談，以及運動歷程的參與觀察，性工作者透過參與運動所建立的公民主體性，主要表現在提升了自身的公共性、重思公民與國家的應有關係，以及建立公民效能三方面[89]。

陳清河於〈還原媒體的時代形貌──台灣地下電台運動史流變的再論述〉敘述1987年臺灣結束戒嚴，緊接著報禁在1988年解除，唯獨電子媒體一直掌握在黨政軍手中，不見開放，地下電臺運動趁勢而起，爭占社會中異議抗爭的正當位置。到了1993年地下電臺在臺灣的發展進入規模化，理想性與影響力隨著社會政治勢力的激烈角逐更加穩固，而政府缺乏正當性的電波頻道管制政策與選舉活動的保護傘效果，儼然成為推波助瀾的結構因素[90]。

曾華璧於〈環境思想與政治：1990年代南瀛地區保育運動的初步察考〉以歷史研究的方式，分析1990年代南瀛保育運動的發展與特色。研究結果顯示：南瀛反濱南保濕地運動相較於我國自1980年代以來各種鄉土環境保護運動，其涉及的國內外環境政治之運作最為複雜；且其成果有待更多的歷史紀錄，方能定論[91]。湯京平、呂季蓉於〈全球保育運動與

12月，頁35-110。

[89] 陳素秋，〈邊緣公民的公民主體建構：臺灣妓權運動中性工作者的公民操演〉，《台灣社會研究季刊》，第93期，2014年12月，頁87-129。

[90] 陳清河，〈還原媒體的時代形貌──臺灣地下電台運動史流變的再論述〉，《台灣民主季刊》，第1卷第3期，2004年9月，頁165-201。

[91] 曾華璧，〈環境思想與政治：1990年代南瀛地區保育運動的初步察考〉，《思與言》，第44卷第2期，2006年6月，頁89-131。

地方派系：鰲鼓濕地開發案的政治經濟分析〉一文觀察生態保育與地方經濟，如何可能從零合的衝突情境，轉變成正合情境下的協調發展。此間，研究發現環保團體的倡議功能與上級政府的把關工作固然重要，但地方傳統派系政治的利益如何能與保育的利益結合，讓地方政府朝保育的方向做土地利用規劃，實扮演著關鍵的角色[92]。

　　湯京平、邱崇原於〈多元民主、政治吸納與政策回應：從台鹼污染案檢視臺灣環保公益團體的政策角色〉檢視我國臺南安南區一個污染廠址復原政策之發展，管窺民主體制能夠矯正社會不公義的珍貴特質。以菁英為主體的市民團體在缺乏地方居民支持的情境下，透過資訊的優勢，切入議題論述的利基，募集足夠外部資源，並成功地周旋在各政策行動者之間，提供其誘因與環保團體結盟，成立了新的「倡議聯盟」，進而得以穿透既有的政策制訂結構，迫使政府積極回應其訴求[93]。湯京平、陳冠吾，〈民主化、派系政治與公民社會——以嘉義縣的社區營造與「終結派系」為例〉以嘉義縣為例，透過田野調查，檢視派系競爭在引進政黨政治元素後將如何演變，並探討公民社會如何能夠在派系盤據之下，藉由社區營造而興起，悄悄地為地方政治，注入更多公益的性質[94]。

---

[92] 湯京平、呂季蓉，〈全球保育運動與地方派系：鰲鼓濕地開發案的政治經濟分析〉，《政治學報》，第42期，2006年12月，頁1-35。

[93] 湯京平、邱崇原，〈多元民主、政治吸納與政策回應：從台鹼污染案檢視台灣環保公益團體的政策角色〉，《人文及社會科學集刊》，第19卷第1期，2007年3月，頁93-127。

[94] 湯京平、陳冠吾，〈民主化、派系政治與公民社會——以嘉義縣的社區營造與「終結派系」為例〉，《台灣民主季刊》，第10卷第2期，2013年6月，頁105-137。

黃應貴於〈東埔社布農人的新宗教運動——兼論當前臺灣社會運動的研究〉透過東埔社布農人的社會、經濟、文化等歷史條件的研究分析，不但使我們瞭解其新宗教運動的發生，實是長期的社經結構所發展出聚落內富者與貧者的兩極化、漢人與布農人的對立衝突、國家及臺灣基督長老教會總會的「超地方主義」趨勢與布農人聚落的「地方化」傳統特性間的衝突等，而產生社會不安與失序的結果[95]。

楊祖珺於〈我用身體寫政治：2004年320到520抗爭事件〉從中華民國第十一屆總統選舉後持續兩整個月的「2004年320到520抗爭事件」的行動脈絡中，辨識出四種曾經浮現在抗爭場域的抗爭主體的身體樣態「逃離國家規馴的身體樣態」、「眾聲喧嘩的嘉年華身體樣態」、「父親扮演的身體樣態」、及「執著強求的身體樣態」等解析至少有五十萬臺灣人民如何記述這段歷史的過程[96]。

靳菱菱於〈族群認同的建構與挑戰：台灣原住民族正名運動的反思〉一文指出臺灣原住民運動自1980年代發展至今經歷數個演變階段，其中族群正名（或復名）最引人注意。自2000年起先後有五個民族申請正名成功：邵族、噶瑪蘭族、太魯閣族、撒奇萊雅族與賽德克族。這些新興族群除了建構自我認同外，更致力區隔其與原來族群間的細微差異，讓原住民議題開始走向部落化與地方化。此一波正名風潮對原住民族內部政治的影響值得進一步觀察[97]。趙中麒於〈民

---

[95] 黃應貴，〈東埔社布農人的新宗教運動——兼論當前台灣社會運動的研究〉，《台灣社會研究季刊》，第3卷第2&3期，1991年12月，頁1-31。

[96] 楊祖珺，〈我用身體寫政治：2004年320到520抗爭事件〉，《台灣社會季刊》，第67期2007年，9月，頁39-104。

[97] 靳菱菱，〈族群認同的建構與挑戰：台灣原住民族正名運動的反思〉，《思

族想像與或民族復振：太魯閣（族）分離正名運動的意義與困境〉指出近年來，太魯閣族，一個在官方原住民分類中不曾出現的陌生民族要求政府正視該族的分離正名運動。因為過去的分類政策，他們一直被劃歸為泰雅族。隨著原住民自治政策的推動，太魯閣族分離正名運動也日益積極，雖然正名已經成功，但有關名稱使用的爭議，仍持續至今。此爭議或將影響該族日後政治發展[98]。

簡佳欣於〈九○年代台灣女同志的認同建構與運動集結：在刊物網絡上形成的女同志新社群〉一文指出在1994年12月到1996年6月之間，透過對臺灣同志運動長期參與觀察的方式，對臺灣女同志們的身份認同思考與運動實踐過程所作的紀錄與詮釋[99]。趙剛於〈工運與民主──對遠化工會組織過程的反思〉藉著對遠化工人在1980年代後半抗爭過程的分析，我發現主要行動基礎是長時期形成於工作場所的勞工非正式網絡，而非任何正式社會組織。個案中的非正式網絡很少展現直接民主，反而是藉傳統權威與習慣作為中介，發展出抗爭行動。對於工會運動而言，某種正式組織合理性是必要，但如何民主化非正式網絡或團體，使它成為社會文化變遷主體，才是最重要實踐問題[100]。

趙雅麗於〈民主進步黨社會運動的「語藝」批評〉以「語藝批評」的觀點，探討民主進步黨自1986年創黨至1994

與言》，第48卷第2期，2010年6月，頁119-157。

[98] 趙中麒，〈民族想像與／或民族復振：太魯閣（族）分離／正名運動的意義與困境〉，《思與言》，第42卷第4期，2004年12月，頁161-200。

[99] 簡佳欣，〈九○年代台灣女同志的認同建構與運動集結：在刊物網絡上形成的女同志新社群〉，《臺灣社會研究季刊》，第30期，1998年6月，頁63-115

[100] 趙剛，〈工運與民主──對遠化工會組織過程的反思〉，《臺灣社會研究季刊》，第24期，1996年11月，頁1-39。

年間所發動之共十三次社會運動的語藝意涵與策略。分析資料顯示，民主進步黨社會運動的訴求，雖然隨著國內社會情勢的變遷而略有不同，但其運動的語藝策略卻始終依循著「反壓迫與抗爭」的主軸發展，主要採取「突破政治禁忌、追討政治債權、尋求光明願景」的語藝策略，在進行政治說服時，不分階段之最主要的語藝論述主體[101]。

劉華真於〈重新思考「運動軌跡」：臺灣、南韓的勞工與環境運動〉將運動軌跡視為「開展特有的運動實力」與「克服伴隨運動擴張而來的內外阻礙」的雙重過程，以「運動實力」這個概念為出發點，主張運動實力由「制衡力」與「理念力」構成，勞工與環境運動的不同運動軌跡，主要源於兩種運動企圖極大化的運動實力類型不同[102]。

劉華真於〈台灣一九七〇年代的勞動抗爭初探〉本文藉由描繪台灣早期工業化的勞動抗爭（1971-1980），來增加我們對於1970年代的理解，從這些勞動抗爭所觀察到的特性，也可以成為進一步追問的研究問題。根據《中國時報》的報導內容，本文蒐集了209則勞動抗爭事件，並對其特性、趨勢進行分析，引導我們去探究臺灣、亞洲工人是否有其抗議資本主義的特殊形式[103]。劉華真，〈消失的農漁民：重探台灣早期環境抗爭〉從臺灣1970年代的環境抗爭來看，戰後第一波環境衝突源於農工部門爭奪自然資源使用權與配置權，

---

[101] 趙雅麗，〈民主進步黨社會運動的「語藝」批評〉，《新聞學研究》，第68期，2001年7月，頁151-192。

[102] 劉華真，〈重新思考「運動軌跡」：台灣、南韓的勞工與環境運動〉，《台灣社會學刊》，第16期，2008年12月，頁1-47。

[103] 劉華真，〈台灣一九七〇年代的勞動抗爭初探〉，《臺灣民主季刊》，第7卷第1期，2010年3月，頁31-63。

農漁民的訴求明確反映了高度商品化的農業部門利益，其行動亦代表了小農階級在工業資本擴張、不利環境之下所做的垂死掙扎。然而隨著知識分子的論述介入，1980與1990年代的臺灣環境運動由「當地居民」取代「農民」，「普世利益」取代「經濟利益」，開始了一種「普世運動」的建造工程。然而在環境運動中，農漁民以環境抗爭來保衛經濟利益並沒有獲得重視，反而強化了環境運動重「普世利益」、輕「階級利益」的傾向[104]。

　　劉嘉薇於〈民眾政黨認同、媒介選擇與紅衫軍政治運動參與〉指出紅衫軍反貪腐倒扁運動是臺灣近年來最大規模的政治運動，在過程中，百萬人走上街頭，民眾的政黨認同以及媒介選擇代表了民眾的政治認同以及政治資訊來源，兩者對參與政治運動有何影響是本文關注的焦點。研究發現，不論是民眾的政黨認同或媒介選擇，對於促成參與反貪腐倒扁運動皆有推波助瀾的效果，因此政治認同與政治資訊對於政治運動的參與缺一不可，也說明政治行動是政治資訊與政治預存傾向的結合[105]。蔡佳泓於〈反貪倒扁運動的支持度之多層次貝式定理分析〉以一種巨視的角度，來觀察該運動所反映出的民意。過去的研究指出，南部民眾對於民主進步黨的支持較為穩定，而且此次反貪倒扁運動在台北地區反應熱烈，在南部地區則是出現民眾與該運動成員衝突的現象。因此，反貪倒扁似乎是一個侷限在北部地區的訴求。由於貝式估計允許作者使用各種資訊以改善估計，本研究發現，不同

---

[104] 劉華真，〈消失的農漁民：重探台灣早期環境抗爭〉，《台灣社會學刊》，第21期，2011年6月，頁1-49。

[105] 劉嘉薇，〈民眾政黨認同、媒介選擇與紅衫軍政治運動參與〉，《政治學報》，第58期，2014年12月，頁101-126。

區域對於支持倒扁運動的確有不同程度的差異[106]。

鄭陸霖、林鶴玲於〈社運在網際網路上的展現：臺灣社會運動網站的聯網分析〉指出社會運動在網際網路上互連關係的展現，我們就八個社運類型蒐集了相關的網站，根據網站之間超連結的資料，分析社會運動在網際網路上的關連及差異。透過訪談資料，作者發現網際網路匿名、去中心與快速複製傳遞的多重特性，一旦與社會運動勾連，可以展現作為資源動員（募款、徵集義工等）的工具、凝聚社群認同的空間、以及自主控制的另類傳媒的多元潛能[107]。蕭遠於〈網際網路如何影響社會運動中的動員結構與組織型態？──以台北野草莓學運為個案研究〉以野草莓學運為例，試圖探討網路媒介興起對社會運動動員結構所造成的影響，以及此影響又如何改變了社會運動組織型態。野草莓學運跳脫傳統網絡，在短時間內爆發動員強度，但同時產生人際網絡枝節斷裂（segmented）的參與者，進而造成「無領導的民主行動群」的扁平式組織。本研究呈現了科技媒介、動員結構與組織型態三者如何相互影響的過程[108]。

蕭新煌於〈台灣的非政府組織、民主轉型與民主治理〉探討民間社會非政府組織在臺灣民主化過程中的雙重角色，分析非政府組織在當前臺灣民主治理脈絡下，所享有的自主性、倡導性和影響力。最後，以三種社會運動（勞工、社會

---

[106] 蔡佳泓，〈反貪倒扁運動的支持度之多層次貝式定理分析〉，《政治學報》，第45期，2008年6月，頁67-93。

[107] 鄭陸霖、林鶴玲，〈社運在網際網路上的展現：台灣社會運動網站的聯網分析〉，《台灣社會學刊》，第2期，2001年12月，頁55-96。

[108] 蕭遠，〈網際網路如何影響社會運動中的動員結構與組織型態？──以台北野草莓學運為個案研究〉，《台灣民主季刊》，第8卷第3期，2011年9月，頁45-85。

福利和環保）組織在2000年民主進步黨執政後，與新政府之間關係所發生的變化來說明倡導型非政府組織在「後民主化」時期民主治理的新課題和新挑戰[109]。

寇謐將著，李明、陳雅馨、劉燕玉等譯，《黑色島嶼：一個外籍資深記者對台灣公民運動的調查性報導》（*Black Island: Two Years of Activism in Taiwan*）本書是作者從2012年年底到2014年秋天、這十八個月間陸續發表過的文章集結。書中多種角度探討了臺灣社會力量的興起，以及這種多元蓬勃的力量，能否成為一直以來對立而分裂的臺灣，醞釀出新型態的「公民民族主義」（civic nationalism）。對公民運動人士來說，願意為共同的價值觀、生活方式、和國家的民主制度而戰的意願，不管後來出什麼差錯，就是成為「自己人」的主要標準[110]。

鑑於資訊科技發達與普及，使得網際網路已經成為人類日常生活中不可或缺的工具，這種技術近一、二十年來也被運用在各種場合，其中社會運動更透它的傳播技術，進行動員與參與行動的模式越來越普遍，特別是民國103年3月18日發生在立法院的「318太陽花學運」可謂將網路傳播、動員與參與等操作模式發揮得淋漓盡致，國內許多的研究亦相繼出爐。

何明修〈香港民主運動的台灣觀察〉係針對香港與臺灣的民主化運動的比較，在香港，是社會力主導了民主運動的進程，而不是反對黨。香港的反對黨早就四分五裂成為所謂的「泛民黨派」；相對臺灣而言，從臺灣的黨外到民主進步

---

[109] 蕭新煌，〈臺灣的非政府組織、民主轉型與民主治理〉，《台灣民主季刊》，第1卷第1期，2004年3月，頁65-84。

[110] 寇謐將著，李明、陳雅馨、劉燕玉等譯，《黑色島嶼：一個外籍資深記者對台灣公民運動的調查性報導》（臺北：商周出版，2012年）。

黨，反對運動始終有一個堅固的領導陣營，並陸續從中分離自組政黨[111]。

　　有關國內外研究社會運動的專書、論文、期刊、論文等早已引起學術界的研究熱潮，甚至對於非暴力抗爭方面的研究更成為一門顯學，特別是在國際方面以歐美學術掛帥的研究，在學術上更是獨領風騷，成為各國研究社會運動領域競相仿效的目標。而從上述臺灣研究社會運動領域上，學術界亦不乏其人；在論文部分，以個案研究居多，大部分係碩士論文，博士論文則尚未發現有類似的論文題目出現，期刊論文倒是不少，但也都是圍繞在社會運動「個案探討」為主，較少看到有探討臺灣社會運動轉型的核心價值，尤其是有關非暴力抗爭方面的專著、期刊文獻等，臺灣在這方面的專書與學術研究相較於西方歐美國家，以及中國大陸對非暴力抗爭的研究文獻資料相對匱乏，這即是作者選擇以此議題為由的初衷，希望能對國內研究社會運動學術領域，特別係對非暴力抗爭方面，作出棉薄的貢獻與啟發。

第三節　非暴力抗爭理論與文獻

一、國外非暴力抗爭文獻檢閱

　　「非暴力」的對面即是「暴力」。有關暴力的種類繁多，包括政治暴力、殖民暴力、結構暴力、符號暴力、法定暴力及宗教暴力等。政治學家與哲學家漢娜・鄂蘭（Hannah

---

[111] 何明修，2014。〈香港民主運動的台灣觀察〉。臺北：天下雜誌獨立評論。〈https://opinion.cw.com.tw/.〉。

Arendt）在《共和的危機》（*Crisis of the Republic*）書中剖析「論暴力」時提出，無論是左派或右派對暴力的一致共識，即「暴力只是權力最明顯的表現形式。」當統治者的合法性或統治權逐漸衰落時，統治者對抗爭群眾採取暴力鎮壓，以鞏固統治者的權力。他從權力、強力、武力、權威和暴力等語境中梳理暴力與權力的關係。認為權力是一切政府的本質，暴力本質上是工具性的[112]。

理查德・J・伯恩斯坦（Richard J. Bernstein）著《暴力思無所限》（*Violence: Thinking without Banisters*）一書中提到楊・阿斯曼（Jan Assmann）在《埃及人摩西：西方一神論中的埃及記憶》（*Moses the Egyptian: The Memory of Egypt in Western Monotheism*）書中論及摩西區分與宗教暴力時提出五種暴力形式。第一種暴力形式是原始暴力或情感性暴力。原始暴力起因於憤怒、貪婪和恐懼，這三類原始暴力分別在證明、表達自己和強權即公理的形式；第二種暴力形式是法定暴力，它要區分正義與非正義，以做為創造一種法律與正義的領域；第三種暴力形式是政治暴力。在緊急狀態下它不僅轉而反對制度化的法律，且閒置較大部分或較小部分的公民權利；第四種暴力形式是儀式暴力。它認為所有以宗教之名來實施的暴力都是儀式暴力；第五種暴力形式是宗教暴力根據阿斯曼的論點，這種暴力形式只發生在一神教中，在現今時代已經被聖雄甘地所證實，聖雄甘地把他非暴力卻極為有力的行動的基礎，建立在宗教的真理觀念之上[113]。楊・阿斯曼

---

[112] 漢娜・鄂蘭（Hannah Arendt）著，鄭闢瑞譯，《共和的危機》（上海：上海世紀出版，2013年），頁79-137。

[113] 理查德・J・伯恩斯坦（Richard Bernstein）著，李元來譯，《暴力思無所限》（南京：譯林出版社，2019年），頁180-182。

可謂將暴力形式推向更廣泛和更廣域的層次。

　　除政治暴力外，在社會運動的相關文獻裡，有一種社會運動的理論方式亦在全球國際間成為一股主流勢趨，並普遍被使用，即「非暴力」抗爭運動方式。多娜泰拉‧德拉波爾塔（Donatella della Porta）〈社會運動研究與政治暴力〉（Social Movement Studies and Political Violence）一文指出，現在社會運動和政治暴力似乎是兩個非常接近的概念，彼此相關。但是，過去某些形式的政治暴力在社會運動研究的視角中很少得到解決。相反，它們主要是在另一個角度處理，即所謂的恐怖主義研究視角，它已作為國際關係的一個分支在安全研究中出現。社會運動研究與恐怖主義研究之間的關係幾乎不存在[114]。

　　美國非暴力抗爭理論大師吉恩‧夏普（Gene Sharp）[115]教授認為「非暴力」雖然有許多的詞彙，包括「非暴力抵抗」、「消極抵抗」、「非暴力」、「人民力量」、「政治反抗」與「積極的行動」等，但他認為對「非暴力」的詞彙，應審慎使用，以免造成混淆，影響人們對非暴力的誤解與使用。馬克‧恩格勒（Mark Engler）與保羅‧恩格勒（Paul Engler）在《革命時代：公民抗爭如何改寫二十一

[114] Porta, Donatella della, 2009,〈社會運動研究與政治暴力〉"Social Movement Studies and Political Violence", Published by Centre for Studies in Islamism and Radicalisation（CIR）, pp.5-30.

[115] 吉恩‧夏普出生美國，是一位哲學、政治學和社會學學者，畢業於英國牛津大學，博士論文即是撰寫《非暴力行動的政治學》。他於1983年他創立阿爾伯特‧愛因斯坦研究所，目的是研究和宣傳用非暴力手段推進自由主義的民主過程。對非暴力的研究影響深遠，是一位備受公認的非暴力抗爭運動理論家，以對權力和非暴力運動的著述著名，廣泛流傳於世界各地的社運界別，被譽為「非暴力的馬基維利」、「獨裁者殺手」，在西方國家享有「非暴力抵抗的教父」之譽。

世紀》（*This in an Uprising: How Nonviolent Revolt is Shaping The Twenty-First Century*）一書引用吉恩·夏普的一段話說：如果抗爭對手是強暴極權，鎮壓就會非常嚴重，非暴力行動只是抗爭手段的一種，亦不能保證勝利，特別是在短期內，相反的但非暴力行動卻會讓這些政權措手不及[116]。他在所撰寫的《啟動非暴力抗爭》（*Waging Nonviolent Struggle*）書中建議採「非暴力行動」或「非暴力抗爭」較能代表這個意義[117]。吉恩·夏普在《從獨裁走向民主》（*From Dictatorship to Democracy*）書中提出非暴力行動的方法分為三大類198種非暴力抗爭方法，一、非暴力抗議與說服：如象徵性示威、遊行；二、非暴力不合作：如社會性的不合作、經濟性的不合作（經濟抵制、罷工）及政治性的不合作；三、非暴力干預：如用心理的、物理的、社會的、經濟的或政治的手段等。其他方法如遊行、公開簽名的聲明、唱歌、公開演說、燭光守夜、就地坐下、口號、消費抵制、罷課、漫畫和象徵符號、沉默、傳單、小冊子和書、罷工、罷稅、絕食等等[118]。吉恩·夏普的非暴力抗爭理論與實例，已成為全球各地領袖、政黨與團體等從事社會運動時奉行的守則。

喬納森·平克尼（Jonathan Pinckney）著《在非暴力運動中非暴力紀律的保持與破壞》（*Undermines Nonviolent Discipline in Civil Resistance Movements*）指出近代非暴力抵抗運動的先

---

[116] 馬克·恩格勒和保羅·恩格勒（Mark Engler & Paul Engier）合著，鍾宏安譯，《革命時代：公民抗爭如何改寫21世紀》（臺北：秀威資訊，2021年），頁53-54。

[117] Gene Sharp著，蔡丁貴譯，《啟動非暴力抗爭》（臺北：台灣基督教長老教會出版，2013年），頁63。

[118] Gene Sharp著，蔡丁貴譯，《從獨裁走向民主》（臺北：台灣基督教長老教會出版，2013年），頁109-222。

驅，印度聖雄甘地在闡述關於「消極」和「積極」的非暴力主義的概念時指出，非暴力一方面是指不傷害他人，另一方面是指由於愛而採取積極行動，亦即愛與非暴力之意。馬丁‧路德‧金恩在描述非暴力鬥爭時指出：「不僅要避免使用外在的身體暴力，也要避免使用內在的精神的暴力，非暴力鬥爭的天然目的是尋求和解。」而非暴力抗爭理論大師吉恩‧夏普對非暴力行動的定義係一種鬥爭中不使用暴力而行使權利的社會政治行動戰略[119]。

　　印度聖雄莫罕達斯‧卡拉姆昌德莫‧甘地著《甘地自傳：我追求真理的歷程》（*Gandhi's Autobiography: My Journey to the Truth*）書中提到係發生於在南非約翰尼斯堡發生的事情將他淨化成非暴力抵抗的實踐者，在耶羅弗達監獄服役中和出獄後寫下和完成《非暴力抵抗的誕生：南非非暴力抵抗運動史》，將這些經驗帶回印度，提出「不合作」理念，並充分運用在爭取印度獨立的過程中，以非暴力抗爭對抗英國殖民地政府，最終讓印度獨立，為非暴力抵抗運動開啟先河[120]。甘地在該書宣揚參與者要始終奉行非暴力抵抗的理念，堅信自己的力量是強大的，隨著自身的力量與日俱增，非暴力抵抗也會更為有效，絕不會伺機半途而廢，無論遭受多大罪，非暴力抵抗絕不動武，就算有武力也不會動武。甘地進一步指出，非暴力抵抗乃是無價之神效利器，凡持此神

---

[119] 喬納森‧平克尼（Jonathan Pinckney）著，中國權利行動翻譯，《在非暴力運動中非暴力紀律的保持與破壞》（美國：國際非暴力衝突中心（ICNC）出版社，2016年），頁12-13。

[120] 莫罕達斯‧卡拉姆昌德莫‧甘地（Mohandas Karamchand Gandhi）著，啟蒙編譯所，《甘地自傳：我追求真理的歷程》（上海：社會科學院出版社，2017年）。

器之士，斷無失落，無往不利[121]。從理論上的分析及實際的行動裡證明非暴力是正面、戰無不勝而能成功地應用的力量[122]，甘地是第一人。

詹姆斯・勞森（James Lawson）是將甘地的非暴力理論與行動的邏輯傳播到美國民權運動中的重要人物，他認為：寬恕是非暴力的核心[123]。後世眾多民權運動人士，如南非納爾遜・曼德拉、緬甸翁山蘇姬（Aung Sang Suu Kyi）、戴斯蒙・屠圖（Desmond Mpilo Tutu）大主教、美國馬丁・路德・金恩、西藏達賴喇嘛十四世（Dalai Lama）等人依照莫罕達斯・卡拉姆昌德・甘地非暴力抵抗的理念，學習他的人生哲學，跟著他的故事實踐理想，成為20世紀國際社會間人民對抗極權專制或民主國家的抗爭的方式。

彼得・艾克曼（Peter Ackerman）和傑克・杜瓦（Jack Duvall）合著《非暴力抗爭：一種更強大的力量》（*A Force More Powerful: A Century of Nonviolent Conflict*）闡述了20世紀西方國家如東歐、俄羅斯、印度、波蘭、阿根廷及亞洲國家、中國大陸、蒙古、菲律賓等如何發展出不需憑藉暴力即可取得權力的能力，亦即這些國家的人民以非暴力方式對抗掌握權力政府，並成功讓政府交出政權或妥協讓步的過程。在人類進入21世紀的今天，儘管暴力抗爭事件或有在世界各個

---

[121] 莫罕達斯・卡拉姆昌德莫・甘地（Mohandas Karamchand Gandhi）著，宋曉堃、尚勸余等譯，《非暴力抵抗的誕生：南非非暴力抵抗運動史》（北京：中國書籍出版社，2019），頁111-113。

[122] Grazina Miniotaite著，林哲夫譯，《立陶宛的非暴力抗爭：和平解放的故事》（臺北：前衛出版社，1997年），頁8。

[123] 喬納森・平克尼（Jonathan Pinckney）著，中國權利行動翻譯，《在非暴力運動中非暴力紀律的保持與破壞》（美國：國際非暴力衝突中心（ICNC）出版社，2016年），頁13。

角落發生，惟國際間倡導非暴力抗爭的聲浪顯然凌駕且深入政府與人民的心中，與20世紀的暴力抗爭事件的嚴重性與程度相較，非暴力抗爭已躍居為主流趨勢。彼得・艾克曼和傑克・杜瓦的這部巨著為可謂繼甘地和馬丁・路德・金恩之後為全球社會運動方式提供一個具時代意義的啟發性思考與行動[124]。彼得・艾克曼和傑克・杜瓦二人於2002年創立國際非暴力衝突中心（International Centre for Non-Violence Conflict），致力於促進民間運動研究和利用非軍事戰略，以建立和捍衛人權，社會正義和民主為宗旨[125]。

美國哈佛大學政治學家埃里卡・切諾韋思與瑪麗亞・斯蒂芬（Erica Chenoweth &Maria Stephen）合著《為什麼公民運動能夠取得成功：非暴力抗爭的戰略邏輯》（*Why Civil Resistance Works: The Strategic Logic of Nonviolent Conflict*），大多數的人們主觀上都認為暴力是處理政治衝突的多數手段中，被認為最有效率。但作者分析從1900年至2006年間323場非暴力及暴力政治抗爭運動的成敗因素，所有重要的抵抗運動的數據，發現有53%的非暴力運動取得成功，而只有26%的暴力運動達到目的。理由係因為使用非暴力方式更容易獲得國內與國外的支持；而使用暴力運動將使政府的武裝鎮壓合理化。通過對20世紀數百場運動的研究發現，非暴力運動達

---

[124] 彼得・艾克曼和傑克・杜瓦（Peter Ackerman，Jack Duvall）著，陳信宏譯，《非暴力抗爭：一種更強大的力量》（臺北：究竟出版公司，2003年）。

[125] 國際非暴力衝突中心（International Centre for Non-Violence Conflict，簡稱ICNC），是一個獨立的非營利性教育基金會，由Jack DuVall和Peter Ackerman於2002年創立。總部設在華盛頓特區，與美國和世界各地的教育機構和非政府組織合作，教育全球公眾，並影響政策和媒體報導對不斷增長的戰略性非暴力行為現象的影響。它促進民間運動研究和利用非軍事戰略，以建立和捍衛人權，社會正義和民主。〈https://www.nonviolent-conflict.org/〉。

到目標的可能性是暴力運動的兩倍。研究發現當有超過人口3.5%的民眾參與抗議時，就能帶來重大的政治變革[126]。

　　威廉・道布森（William J. Dobson）在《獨裁者的進化：收編、分化、假民主》（*The Dictator's Learning Curve: Inside the Global Battle for Democracy*）是記述在20世紀中極權主義國家的獨裁者如何以武力鎮壓抗爭者的暴行，讓人民不敢輕舉妄動，但在網路流行和蘇聯解體之前，自1974年葡萄牙政變成功後接下來的數十年間，人民以非暴力策略與技巧成功的推翻暴政，導致獨裁者紛紛垮台，在獨裁者開始走下坡後，獨裁者開始思考如何面對非暴力抗爭者的行動，從過去的武力鎮壓方式加入收編、分化及假民主的進化模式，以維持政權的合法性和完整性[127]。

　　大陸學者李方著《非暴力鬥爭》介紹人類非暴力鬥爭的發展簡史和西方非暴力鬥爭理論框架、組織、戰術與戰略。作者指出人類社會是一個既有互助合作，亦有明爭暗鬥的社會，而鬥爭的方式可分為「暴力鬥爭」和「非暴力鬥爭」兩類。他認為非暴力是一種不使用軍事火力武器的新的戰爭，是人類鬥爭的最高形式。非暴力手段不僅具有強大的力量，而且如果運用得好，它是不可戰勝或所向無敵的[128]。

　　大衛・格雷伯（David Graeber）著《為什麼上街頭？新公民運動的歷史、危機和進程》（*Why go to the streets?The*

瑪麗亞・斯蒂芬、埃里卡・切諾韋思（Maria Stephen Erica Chernoves）合著，趙然諾譯，《為什麼公民運動能夠取得成功：非暴力抗爭的戰略邏輯》（紐約：哥倫比亞大學出版社，2011年）。

威廉・道布森（William J. Dobson）著，謝惟敏譯，《獨裁者的進化：收編、分化、假民主》（臺北：左岸文化事業有限公司，2017年）。

李方著，《非暴力鬥爭》（臺北：揚智文化公司，1997年）。

Democracy Project: A History, A Crisis, A Movement），，作者在本書詳實觀察了占領行動的始末，分析了行動的原因與獲致成功的諸多因素，何以只是一則雜誌上的廣告，邀請大家上街頭，單純占領華爾街運動，最後卻演變成一場全球矚目的公民運動，且影響力延燒至今？作者認為民主的形式不是只有用投票來界定，民主應該是植基於每個人在根本上的平等，亦即允許人們以充分且平等參與的方式，運用各種有利的手段，決定集體的事務[129]。

李立峯〈網絡媒體和連結型行動的力量與挑戰：以2014香港雨傘運動為例〉撰文指出2014年底港的「雨傘運動」，具備新社運模式網絡社會運動（networked social movement）和連結型行動（connective action）的特徵，包括以網路媒體作為溝通協調的科技基礎。網路媒體和連結型行動得以容許更多人以自己喜歡的方式參與，但亦因其非中心化的傾向而增加運動組織者跟當權者進行策略性博弈的難度。惟即便如此，網路媒體及連結型行動對社會運動而言都是一項助力和挑戰，亦會在未來的社會運動普遍使用[130]。

2011年這場占領華爾街運動亦是一種以非暴力抗爭方式獲致成功的最佳案例，影響隨後在世界各地發生的非暴力抗爭社會運動甚鉅，如太陽花學運、香港占中運動，茉莉花革命等是。

茱蒂斯・巴特勒（Judith Butler）著《非暴力的力量：

[129] 大衛・格雷伯（David Graeber）著，湯淑君、李尚遠、陳雅馨等譯，《為什麼上街頭？新公民運動的歷史、危機和進程》（臺北：商周出版，2014年）。

[130] 李立峯，〈網絡媒體和連結型行動的力量與挑戰：以2014香港雨傘運動為例〉，《傳播研究與實踐》，第6卷第1期，2016年1月，頁11-44。

政治場域中的倫理》（*The Force of Nonviolence: The Ethical in the Political*）一書中對「暴力與非暴力」有獨到與深入的剖析，認為「暴力」與「非暴力」本身就是具有爭議的詞彙。作者發現「暴力」一詞是不穩定的，其語意本身在不同立場或角色上能挑起各種爭端。但將物理攻擊視為是一種暴力則無爭議。並主張社會結構或系統是「暴力的」，要理解社會結構或系統間的關係，必須找到一個更全面的論述框架，而不是固守在二元的框架內去剖析。

茱蒂斯・巴特勒對「非暴力」部分，提出四種極具啟發性的詮釋，所謂的「非暴力」。第一，非暴力如今不應被理解成個人在可能的行動場域中所採取的一種道德取向，而應被視為社會與政治實踐的雙軌並進，最終形成了對系統性破壞的反抗形式，並致力於打造一個能體現經濟、社會和政治自由與平等理想的全球相互依存關係的世界。第二，非暴力不一定從靈魂中和平或平靜的部分產生。很多時候，非暴力是種憤怒、憤慨和攻擊性的表達。第三，非暴力是一種理想，並不總是能透過實踐兌現。第四，任何一種非暴力實踐，都需要協調倫理與政治間根本性的曖昧之處，亦即是「非暴力」不是一個絕對的鐵律，而是持續鬥爭的代名詞[131]。係從不同的角度對「非暴力」詮釋。

托德・哈薩克—洛威（Todd Hasak-Lowy）著《非暴力抗爭：修復支離破碎的世界，這是唯一的方式！》（*We Are Power: How Nonviolent Activism Changes the World*）耙梳20世紀及21世紀六個舉足輕重，影響全球的非暴力抗爭經典案例，包

---

[131] 茱蒂斯・巴特勒（Judith Butler）著，蕭永群譯，《非暴力的力量：政治場域中的倫理》（臺北：商周出版，2020年）。

括：甘地與印度獨立運動；爭取美國婦女參政權的愛麗斯・保羅（Alice Paul）、美國黑人民權運動領袖馬丁・路德・金恩、凱薩・查維斯（Cesar Chavez）與農工運動、瓦茨拉夫・哈維爾與絲絨革命、格蕾塔・通貝里（Greta Thunberg）與反氣候變遷運動等。皆是非暴力抗爭人士選擇對抗不公不義，拯救遭受壓迫的受害者。作者相信非暴力手段，愈不和平愈好是比較理想的抗爭方式，甚至可能是修復支離破碎世界的唯一方式[132]。

　　從西方國家六個經典的非暴力抗爭案例中，可以獲得明確的結論。一是非暴力抗爭皆係有組織、系統、策略的集合體，且參與非暴力抗爭的人士，必須經過嚴格、專業與堅定信念的非暴力抗爭行動訓練，並始終不渝地貫徹與執行非暴力抗爭的行動理念與策略；二是有些非暴力抗爭係歷經數十年鍥而不捨的努力後才達到訴求的目的；三是非暴力抗爭的過程必須講求創新的標語、符號和慎選參與者，以尋求媒體的關注和社會大眾的支持，才會有利於社會運動目的達成；四是在非暴力抗爭過程中，不保證參與者的身心不會被軍人或警察施暴與傷害，乃至換來牢獄之災，甚至可能會失去寶貴的生命，迫使非暴力抗爭陷入遲緩，停滯不前，甚或信心動搖；五是只要奉行不悖，持之以恆，貫徹執行非暴力抗爭行動策略，即可審慎樂觀地臆測，無論係獨裁者或民主的政府所構築的高牆，終有被撼動與摧毀的一天。

---

[132] 托德・哈薩克―洛威（Todd Hasak-Lowy）著，劉名揚譯，《非暴力抗爭：修復支離破碎的世界，這是唯一的方式！》（臺北：本事出版，2020年）。

二、臺灣非暴力抗爭文獻檢閱

有關臺灣非暴力抗爭的文獻大部分係來自國外非暴力抗爭理論與實例，即便有少數專著或譯著，內容並非係臺灣非暴力抗爭的實例，主要原因是：西方社會運動理論與非暴力抗爭理論與實例的發展逾一世紀，相關理論皆已臻成熟，而臺灣民主轉型的時間尚短，在西方非暴力抗爭理論發展成熟的環境下不易發展出屬於本土化非暴力抗爭的研究。像臺灣社會運動領袖林義雄著《心的錘鍊——淺談非武力抗爭》即在書中表示他奉行非武力抗爭，係受印度甘地的言行和哈佛大學吉恩·夏普教授的影響，他將其參與臺灣社會運動的豐富經驗著書出版，希望期待臺灣人民和後代子孫，能熟練非武力抗爭的戰鬥方式，而不必再生存於暴力壓制的陰影下，也不再需要用武力來解決任何形式的紛爭。[133]

臺灣社運界出身的江蓋世在1991年《非暴力的理論與實踐》的著作亦提及非暴力的核心價值即是倡導無論是在極權主義、共產主義或民主國家，非暴力抗爭方式都是堅強的反抗行動哲學，它是一種反對與抗爭最佳的行動策略[134]。王康陸1991年《非暴力的方法與實例》一書係教導非暴力的方法與技術方面的著作，內容係依據吉恩·夏普的非暴力手冊的指導策略，包括非暴力抗議及說服的方法、不合作主義及非暴力干預的方法，期能在臺灣社會運動中加以推廣與運用[135]。《非暴力的理論與實踐》與《非暴力的方法與實例》

---

[133] 林義雄著，《心的錘鍊：淺談非武力抗爭》（臺北：前衛出版社，1991年）。

[134] 江蓋世著，《非暴力的理論與實踐》（臺北：前衛出版社，2001年）。

[135] 王康陸著，《非暴力的方法與實例》（臺北：前衛出版社，2001年）。

二書最早係1991年由江蓋世與王康陸二人合著，書名為《展現民力——非暴力的理論和實踐》。臺灣社會運動菁英簡錫堦著《弱者的力量：台灣反併吞的和平想像》（2015）即指出印度甘地、波蘭三小國、東歐等國均以非暴力抗爭的方式對抗握有公權力的政府，並獲得成功為例，來倡導臺灣的社會運動也應該採取非暴力抗爭方法，希望能將非暴力抗爭理論深植在每個從事社會運動者的心中[136]。

Grazina Miniotaite著，林哲夫譯，《立陶宛的非暴力抗爭：和平解放的故事》立陶宛成功脫離前蘇聯的統治，在1991年9月17日成為聯合國的會員國之一，提供東歐國家以非暴力的方法從極權主義帝國的掌握中自救解放的典範[137]。立陶宛在獲得國際承認後，和愛沙尼亞及拉脫維亞，迅速地轉向與西歐國家的整合，包括加入「歐洲議會」（European Parliament）、「歐洲安全與合作組織」（Organization for Security and Cooperation in Europe，簡稱：OSCE或歐安組織）、「國家阿爾茨海默病協調中心」（National Alzheimer's Coordinating Center，簡稱：NACC），並於1995年6月與歐洲聯盟簽署「歐洲聯盟條約」（Treaty on European Union，簡稱TEU）[138]。立陶宛的非暴力抗爭故事隨後掀起東歐民族自決運動的開端和公民社會運動的浪潮，這股民主浪潮隨後從東歐瀰漫至全世界。Olgerts Eglitis著，林哲夫譯，《拉脫維

---

[136] 簡錫堦著，《弱者的力量：臺灣反併吞的和平想像》（臺北：我們出版，2015年）。

[137] Grazina Miniotaite著，林哲夫譯，《立陶宛的非暴力抗爭：和平解放的故事》（臺北：前衛出版社，1997年），頁7-8。

[138] Grazina Miniotaite著，林哲夫譯，《立陶宛的非暴力抗爭：和平解放的故事》（臺北：前衛出版社，1997年），頁150。

亞的非暴力抗爭》書中一語道破：任何暴力的手段，在與蘇
聯沒希望的不對等衝突中，是會注定失敗的，而且暴力會導
致損害慘重的後果。因此，拉脫維亞解放運動的非暴力特
色，是其必然性的結果。拉脫維亞在爭取民族獨立的過程中
採取非暴力抗爭的思維邏輯主要係來自對甘地與金恩的理念
與行動的認同，以及對現行西方政治模式「民主」的高度信
心[139]。

　　吉恩・夏普教授是美國阿爾伯特・愛因斯坦研究所
（Albert Einstein Institution）創始人[140]，他對非暴力抗爭理論
研究一生貢獻卓著，國內學者蔡丁貴教授亦自2010年至2013
年間前後翻譯吉恩・夏普的著作，由臺灣基督教長老教會
發行，包括：吉恩・夏普著，蔡丁貴譯《自我解放：終結
獨裁政權或其它壓迫的行動戰略規劃指南》（*Self-Liberation:
A Guide to Strategic Planning for Action to End a Dictatorship or Other
Oppression*）該書提到使用非暴力要先自我解放，然後依據過
去的經驗來獲取新的知識，包括瞭解衝突情勢、對手與這個
社會的知識、瞭解非暴力行動技術之本質與運用的深度知識
與戰略性思考與規劃的能力，是認識非暴力抗爭與戰略的一
本入門書[141]。吉恩・夏普著，蔡丁貴譯《自我解放戰略規劃
指南：終結獨裁政權或其他壓迫之行動》指出非暴力行動是

---

[139] Olgerts Eglitis著，林哲夫譯，《拉脫維亞的非暴力抗爭》（臺北：前衛出版
　　社，1997年），頁75-77。

[140] 阿爾伯特・愛因斯坦研究所（Albert Einstein Institution）位於美國麻薩諸塞
　　州波士頓的一個非營利組織，該機構以「通過使用非暴力行動致力於捍衛自
　　由，民主，減少暴力政治」為主旨。主要從事非暴力抵抗的相關研究，並探
　　討其政策的影響與潛力，並將研究結果通過印刷、翻譯、研討會等途徑進行
　　傳播。創始人為吉恩・夏普。

[141] Gene Sharp著，蔡丁貴譯，《自我解放：終結獨裁政權或其它壓迫的行動戰
　　略規劃指南》（臺北：台灣基督教長老教會發行，2010年）。

抗爭的一種技術，在抗爭中之參與者能夠推動他們的理念，隨著對手維持不良政策之願望與能力被削弱的程度而有進展。而非暴力陣營能夠產生意志與力量帶來影響這項改變的內部力量[142]。

　　吉恩・夏普著，蔡丁貴譯《自我解放戰略規劃指南：終結獨裁政權或其他壓迫之行動──啟動非暴力抗爭》（*Self-Liberation: A Guide to Strategic Planning for Action to End a Dictatorship or Other Oppression*）書中提到在尖銳的衝突中，至少有一方認為對具有敵意之對手啟動衝突是有必要而且是好的，然而為了和平解決尖銳的衝突，妥協或是屈服卻往往被認為是必要的，要解決爭議，必須運用非暴力行動或非暴力抗爭這個替代的技術[143]。吉恩・夏普著，蔡丁貴譯《自我解放戰略規劃指南：終結獨裁政權或其他壓迫之行動－戰略性的非暴力衝突》在本書中提出政治權力是工具、影響力與壓力的總和，包括權威性、獎賞與制裁，提供當權者實現目標，特別是針對反對陣營。

　　吉恩，夏普提出一個架構，在反抗國家暴政時，鼓勵對戰略性非暴力的基本原則作有條理次序的思考，包括啟動戰略性非暴力抗爭理論、戰略規劃與操作的資訊[144]。吉恩・夏普著，蔡丁貴譯《自我解放戰略規劃指南：終結獨裁政權

---

[142] Gene Sharp著，蔡丁貴譯，《自我解放戰略規劃指南：終結獨裁政權或其他壓迫之行動》（臺北：台灣基督教長老教會發行，2012年）。

[143] Gene Sharp著，蔡丁貴譯，《自我解放戰略規劃指南：終結獨裁政權或其他壓迫之行動──啟動非暴力抗爭》（臺北：台灣基督教長老教會發行，2013年）。

[144] Gene Sharp著，蔡丁貴譯，《自我解放戰略規劃指南：終結獨裁政權或其他壓迫之行動──戰略性的非暴力衝突》（臺北：台灣基督教長老教會發行，2013年）。

或其他壓迫之行動——社會權力與政治自由》係探討統治者的權力來源，認為政治權力的控制是內部力量的結果，行動者若以非暴力對抗統治者，將會對統治者構成巨大的壓力，且有助於整個社會中之有效權力的擴散及訴求目的達成[145]。吉恩·夏普著，蔡丁貴譯《自我解放戰略規劃指南：終結獨裁政權或其他壓迫之行動——從獨裁走向民主》（*Self-Liberation: A Guide to Strategic Planning for Action to End a Dictatorship or Other Oppression From Dictatorship to Democracy*），吉恩·夏普認為改變獨裁政權要更有科學根據的社會行動。按照他對政治權力的分析，獨裁者的權力基礎有六方面，即政治權威、人力資源、施政技巧和知識、統治者可操控的資源、誘使人民認同政權的思想因素和鎮壓異見的力量。因此，政治權力不能只靠暴力，還須建基於社會上無數人和組織的合作，人民若不接受政權，不聽從其指揮，根本就難以管治。吉恩·夏普認為，由納粹侵略挪威期間的反抗者行動到東歐共產統治期間的民間抗爭，都清楚顯示非暴力行動的龐大力量，足可推翻極權[146]。

謝易宏翻譯，於2015年出版吉恩·夏普的《第一次非暴力抗爭就上手》（*How Nonviolent Struggle Works*）是關於非暴力專書巨書《非暴力行動的政治》的精髓，提供有志之士學習非暴力抗爭如何運作，啟發抗爭人民如何在抗爭衝突中運

---

[145] Gene Sharp著，蔡丁貴譯，《自我解放戰略規劃指南：終結獨裁政權或其他壓迫之行動——社會權力與政治自由》（臺北：台灣基督教長老教會發行，2013年）。

[146] Gene Sharp著，蔡丁貴譯，《自我解放戰略規劃指南：終結獨裁政權或其他壓迫之行動——從獨裁走向民主》（臺北：台灣基督教長老教會發行，2013年）。

用非暴力技術面對政府的鎮壓[147]。

　　元貞法律事務所，為教導人民在從事非暴力抗爭時如何在法律上保護自己，甚至挑戰國家違法的干擾和迫害，特別引入介紹美國阿爾伯特・愛因斯坦研究所發行一本教導非暴力抗爭的小冊，內容係介紹吉恩・夏普的198種非暴力抗爭手法，編製《啟動非暴力抗爭：非暴力抗爭小手冊》（其中亦加入本土的案例），目的在於聯合各社運與公民團體，開始籌備非暴力抗爭的研究、教育、訓練及傳播，以充分利用上述人類的共同遺產，亦相信人民非暴力抗爭的能量是鞏固與深化民主、建立平等公義社會不可或缺的基礎。同時也讓政府瞭解人民非暴力抗爭的強度將取決於政府是否善盡民主政府的責任程度[148]。

　　陳韻如、沈幼蓀、陳雅蓁〈街頭抗爭的暴力邏輯〉一文指出由抗議活動中的主要參與者——抗議民眾、警察、抗議目標——的特性、作為、與互動所共同構成的「抗議情境」是導致抗議活動中集體暴力發生的主要因素。研究發現，人數中等的群眾指100-999人、以集會為主要方式的街頭抗議行動，增加了集體暴力發生的可能性；高組織程度與以勞資關係為訴求的抗議行動則較不容易產生暴力；若將現場作為納入觀察，則發現，抗議群眾對媒體發言的安排、警察的舉牌行為，兩者與是否發生暴力事件也有著高度的相關[149]。

　　何明修〈公民運動與公民不服從：兩條晚近台灣社會運

---

[147] Gene Sharp著，謝易宏譯，《第一次非暴力抗爭就上手》（臺北：前衛出版社，2015年）。

[148] 台灣農村陣線編製2013年8月〈http://www.taiwanruralfront.org/〉。

[149] 陳韻如、沈幼蓀、陳雅蓁，〈街頭抗爭的暴力邏輯〉，《臺灣社會學刊》，第46期，2011年6月，頁167-205。

動的路線〉係以2013年發生在臺灣一位下士洪仲丘在陸軍禁閉室發生死亡事件及發生在苗栗縣竹南鎮大埔人民因拒絕區段徵收，引發全國輿論關注及一連串的社會抗爭風潮為例，來印證以臺灣目前的政治格局而言，公民不服從與公民運動相互合作、彼此聲援有助於扭轉臺灣畸型的政治文化和粗糙的政府決策[150]。

日本學者港千尋著，林暉鈞譯《革命的做法：從318太陽花看公民運動的創造性》（革命のつくり方：台湾ひまわり運動──対抗運動の創造性）日本學者港千尋長期走訪各國運動現場，2014年，他在臺灣的太陽花運動發現了「革命的做法」。非暴力，不奪權，這場革命很特別。在各國民運紛紛遭到政府武裝驅離時，太陽花運動卻以和平的訴求成功扭轉輿情。它是如何辦到的？港千尋見證了學生們如何透過都市與議會空間的另類使用，傳達出民主的理念與現實。除了呈現作者穿梭各公民運動現場的紀錄與分析，更拆解了太陽花運動的元素：黑箱、議會、向日葵、生動地呈現了一場時代洪流中的創意革命[151]。

小結

西方社會運動指的是西歐和美國等兩大傳統資本主義發達國家的社會運動。美國係以集體行為和社會運動為主，是

---

[150] 何明修，〈公民運動與公民不服從：兩條晚近台灣社會運動的路線〉，《新社會政策雙月刊》，第30期，2013年10月，頁19-22。
[151] 港千尋著，林暉鈞譯《革命的做法：從318太陽花看公民運動的創造性》（革命のつくり方：台湾ひまわり運動──対抗運動の創造性）（臺北：心靈工坊，2015年）。

源自法國社會心理學家勒龐的《烏合之眾》之研究，西歐則是新社會運動，乃源自卡爾・馬克思關於無產階級革命之研究。這兩個西方傳統社會運動代表性的國家的發展範式，深深影響全球化的社會運動發展逾百年之久，歷久不衰。知名學者如布魯莫與阿佛烈德合著的《社會學原理》（*Principles of Sociology*）、卡瑪倫著《近代社會運動》（*Modern Social Movement: a Sociological Outline*）、西德尼・塔羅著《運動中的力量：社會運動與鬥爭政治》、義大利政治社會學家多娜泰拉・德拉波爾塔和馬里奧・迪亞尼著《社會運動概論》、卡爾・馬克思、馬克斯・韋伯、阿歷克西・德・托克維爾（Alexis de Tocqueville）、羅伯特・D・普特南、德國社會學家勞倫茲・馮・斯坦在1848年出版的《法國社會運動史1789-1850》、法國社會心理學家古斯搭夫・勒龐在1895年出版的《烏合之眾：大眾心理研究》、英國社會學家安東尼・紀登斯、瓦茨拉夫・哈維爾著《無權力者的權力》、巴林頓・摩爾的《民主與專制的社會起源》、查爾斯・蒂利在《社會運動，1768-2004》、克雷格・卡爾霍恩《激進主義探源：傳統、公共領域與19世紀的社會運動》、拉塞爾・哈丁著《群體衝突的邏輯》等等，可謂為社會運動的理論提出非常清晰的邏輯與脈絡，歷久彌新。

相較於臺灣社會運動相關文獻析之，有關臺灣社會運動文獻大多數係以民主轉型、社會運動的發展或個案研究為主；至於非暴力抗爭的文獻相對稀少，其中雖有少數幾篇與非暴力有關，惟前提仍係以個案研究為主軸，僅在文獻探討介紹非暴力的相關文獻，並無針對非暴力的議題的相關研究，而期刊論上亦非常少見真正去探討臺灣社會運動非暴力

抗爭的專論文章。所幸尚有林哲夫、林義雄、江蓋世、王康陸、蔡丁貴與簡錫堦等人，以及臺灣基督教長老教會、前衛出版社、台灣農村陣線及元貞法律事務所等等熱心非暴力抗爭理論與實務的教育與訓練，在臺灣社會運動方興未艾的當下，教育臺灣人民對社會運動非暴力抗爭的一個學習、認知與行動的理念，降低耗費過多的社會資源、成本與代價。

第三章
研究設計

第一節　研究方法

　　本研究採規範性的研究，包含文獻分析法及深度訪談法進行梳理臺灣社會運動轉型趨勢之研究。文獻分析法包含官方統計及民間媒體資料，並深入訪談臺灣社會運動的關鍵人物。在官方資料方面：舉凡與臺灣社會運動或集會遊行有關的資料都包含在文獻資料的範疇內。

一、文獻分析法

　　文獻分析法係從文獻或以前的調查中蒐集現成的資訊進行分析，其來源包羅萬象，如政府部門的公文書、統計數據、出版品、研究報告、民間工商業界的研究成果、文件紀錄資料庫、企業組織資料、圖書館藏書、專書、論文與期刊、報章雜誌、網站資料等等。

　　本研究之官方文獻資料。首先是行政院內政部警政署自1987年至2019年間集會遊行逾19萬3千餘次統計資料。主要係該統計資料為彙整臺灣各縣市集會遊行活動，包括室外及室內集會遊行活動件數、集會遊行活動申請（准、不准與未申請）資料、集會遊行活動的屬性（政治性、社會性、經濟

性、涉外性及其他）等；集會遊行使用警力及集會遊行實際
參加人數等資料，藉由上述資料進行分析，有助於對臺灣集
會遊行的特徵進行梳理。

其次是內政部自1977年至2019年間人民團體統計資料。
包括社會團體、職業團體（農會、漁會、工會、工業團體、
商業團體、教育團體及專門職業及技術人團體）等之發展趨
勢，主要是有些人民團體設立的目的係從事社會運動、或是
政黨另外成立的附隨組織，或與政黨利益結盟成為政黨的側
翼組織等，藉由這些現象與事實，可以瞭解公民社會在社會
運動中的角色與作用。

再次是內政部自1989年至2019年間政黨統計資料。政黨
最大的目的即是取得政治機會及政治權力，而從事社會運動
則是政黨除參與政治選舉以外最常見的手段與工具之一，
在臺灣的社會運動常見政黨發動或在背後支持社會運動的
事實。

第四是中央選舉委員會自1989年至2020年間歷屆公職選
舉資料。包含總統、副總統、立法委員及直轄市暨縣、市
長等政治選舉活動。民間團體常藉社會運動搭政治選舉活動
的便車爭取利益，根據內政部警政署研究分析結果，政治選
舉活動與社會運動是呈現正相關。換言之，每逢政治選舉活
動，臺灣該年的社會運動活動率即呈現較平常為高。

第五是司法院大法官解釋。對於集會遊行與言論自由，
司法院釋字第445號解釋及司法院釋字第718號解釋對《集會
遊行法》部分條文違憲的解釋，以及司法院釋字第644號解
釋對《人民團體法》第2條違反言論自由的解釋，對政府管
理社會運動的策略提供一個具體的行政指導，對人民從事社

會運動的權益增加保障，對促進臺灣社會運動的發展具有指標性意義與影響。

第六是法規制度建置文獻資料。政府的法規制度設計決定社會運動的發展範式甚鉅。包括《集會遊行法》、《人民團體法》及《國家安全法》等相關法規文獻資料，可以理解臺灣社會運動的發展的法制環境。

民間文獻資料。首先是廣泛查詢與閱讀社會運動與非暴力抗爭相關的專書、譯著、學術論文、期刊論文，以瞭解國內外社會運動理論及非暴力抗爭理論的歷史發展，以及學術研究趨勢。其次是蒐集國內媒體報導社會運動個案，以剖析臺灣社會運動的發展過程及態樣。再次是網路評論文章，可以即時快速瞭解社會運動與非暴力抗爭的發展趨勢，特別是社群網路的崛起對社會運動帶來的啟發、作用與影響力。

二、深度訪談法

深度訪談是社會科學中最廣為使用的研究工具之一，為彌補文獻資料分析上的不足，縮小理論與實務的偏差與印證，使本研究更有系統與有邏輯，以增加論文內容的研究價值。筆者設計訪題大綱，對長期在臺灣從事社會運動深具代表性的菁英領袖與專家學者等進行非結構性訪談，藉由與社會運動的關鍵性人物的訪談，可以更深入的瞭解臺灣社會運動的政治意涵。

藉由上述官方資料與民間資料的探討，以構成本研究的重要資料來源。

第二節 研究架構

　　本研究架構經筆者從第二章臺灣社會運動相關文獻篩選分析、官方集會遊行統計資料及媒體報導和非結構性深度訪談後，歸納出「環境因素」、「政府治理」及「群眾認知」等三個面向可作為探討臺灣社會運動轉型趨勢的假設性因素。本研究重心將以臺灣社會運動的非暴力化現象做為主要論述，社會運動的頻繁化及多樣化做為次要論述。研究架構如下：如圖3-1。

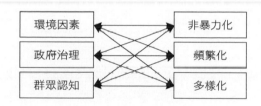

圖3-1　解嚴後臺灣社會運動轉型之研究架構（筆者繪製）

第三節 概念化與操作化

一、非暴力化、頻繁化及多樣化概念

（一）非暴力化：對於非暴力的定義，首先提出「非暴力」
　　　這一偉大名詞的推估印度聖雄莫罕達斯・卡拉姆昌
　　　德・甘地之著作《甘地自傳：我追求真理的歷程》
　　　書中提到他對非暴力抵抗運動的開啟於發生在南非約
　　　翰尼斯堡的事件，此事將他淨化成非暴力抵抗的實踐

者，其在南非耶羅弗達監獄服役中和出獄後寫下和完成《非暴力抵抗的誕生：南非非暴力抵抗運動史》。並將這些經驗帶回印度，提出「不合作」理念，並充分運用在爭取印度獨立的過程中，以非暴力抗爭對抗英國殖民地政府，最後終讓印度獨立，為非暴力抵抗運動開啟先河。根據多娜泰拉‧德拉波爾塔著《社會運動、政治暴力和國家──對義大利和德國的比較分析》（*Social Movements, Political Violence,and the state:Acomparative analysis of ITALY and Germany*）對政治暴力界定：襲擊財產、暴力、暴力對抗、和警察衝突、對人身的暴力襲擊、對場所武裝奪取或對人武裝劫持等行動形式的主要目標等。吉恩‧夏普著《從獨裁走向民主》提出非暴力行動的方法分為三大類198種非暴力抗爭方法：非暴力抗議與說服：如象徵性的示威、遊行非暴力不合作：如社會性的不合作、經濟性的不合作（經濟抵制、罷工）及政治性的不合作非暴力干預：如用心理的、物理的、社會的、經濟的或政治的手段等。

（二）頻繁化：國民政府於1945年頒布《臺灣省行政長官公署組織條例》規定行政長官於其職權範圍內發署令，並得制定臺灣省單行條例及規程。」同年11月17日，臺灣省行政長官陳儀公布《人民團體組織臨時辦法》，命令人民團體停止活動。1949年5月20日陳誠發布臺灣省戒嚴令，5月27日即頒布《臺灣省戒嚴時期防止非法集會、結社、遊行、請願、罷課、罷工、罷市、罷業等規定實施辦法》。

民國48年6月6日臺灣省政府四十八府社二字第33853號令公布。《臺灣省各級人民團體組織實施辦法》明定同一區域同級同性質之人民團體經主管官署核准組織後，他人不得再行申請組織該團體。人民團體在籌備成立及改選、改組整理期間，均應接受主管官署所派指導員之指導。第12條規定各團體召集例行會議，應於七日前將會議種類、名稱、地點連同議程等填具開會申請書向主管官署備案，人民團體違反前項規定擅自集會者，視其情節輕重分別予以警告、停止活動或依法調整。倘有觸犯臺灣省戒嚴時期防止非法集會、結社、遊行、請願、罷課、罷工、罷市、罷業等規定實施辦法之情事者，依該辦法第八條之規定懲處之。是以，臺灣地區在戒嚴時期人民的集會遊行被嚴格限制[1]。

本研究對於頻繁化的概念主要係從臺灣在戒嚴時期與解嚴後逾30年間內政部警政署統計自1987年至2019年底止逾19萬3千餘次集會遊行數統計資料，每年平均逾六千次餘次，每月平均約五百餘次的集會遊行活動案件做為定義頻繁化的概念。

（三）多樣化：根據內政部警政署對於集會遊行的活動性質分析，區分為政治性、社會性、經濟性、涉外性及其他等五類，其中屬政治性的集會遊行高達八成，惟這樣的分類無法表現臺灣民主、自由、開放及多元發展的社會環境，經作者蒐集媒體報導臺灣社會運動事件

---

[1] 文化部國家文化資料庫，〈http://nrch.culture.tw/twpedia.aspx?id=100351〉。

第三章　研究設計

123

後發現，伴隨頻繁的社會運動背後亦衍生出臺灣的社會運動呈現多樣化的態樣。為定義臺灣社會運動多樣化概念，本研究採用「相互評分者信度」（inter coder reliability）分析，根據內政部警政署自1987年至2019年集會遊行逾19萬3千餘次的統計資料及媒體報導的案件定義多樣化概念。

二、影響臺灣社會運動態樣之因素分析

為瞭解形成臺灣社會運動態樣因素。本研究將以「環境因素」、「政府治理」及「群眾認知」等因素作為分析的基礎。

（一）環境因素：

係指影響臺灣社會運動的內外環境。塞繆爾・P・杭廷頓著《第三波：二十世紀末的民主化浪潮》（*THE THERD WAVE: Democratization in the Last Twentieth Century*）指出20世紀受第三波民主化與全球化浪潮的衝擊與影響，為全球公民社會運動與非暴力抗爭的興起創造了有利的政治和法律環境[2]。臺灣社會在全球化民主化、公民結社運動及社會運動的浪潮下，亦深受其影響。政治民主自由與社會風氣開放亦是影響臺灣社會運動的因素之一。約瑟夫・阿洛伊斯・熊彼特（Joseph Alois Schumpete）在《資本主義、社會主義與民主》（*Capitalism, Socialism and Democracy*）一書中提出「民主的方法是為了達成政治決定所作出的一種制度安排，在這種

---

[2] 塞繆爾・P・杭廷頓（Samuel P. Huntington）著，劉軍寧譯《第三波：二十世紀末的民主化浪潮》（臺北：五南圖書出版公司，2000年），頁，19-22。

制度安排中，個人藉由激烈的競逐獲取人民手中的選票而得到做決定的權利。」[3]，臺灣在1987年政府宣布解嚴，政治體制由威權政體轉型為民主政體，對臺灣的社會運動發展具有關鍵性的影響。

社群網路的崛起。社群網路係指在全球資訊網裡，機構、公司、團體與個人均可以創造自己的「網址」，讓每個能夠連上網址的人，都可以利用拼貼各種文本和圖像來製作自己的「首頁」。全球資訊網讓各種利益興趣與計畫能夠聚集在一起，並在這個基礎上，個人與組織能夠在一個名副其實的個人化、互動式溝通的全球資訊網裡，從事有意義的互動[4]。

臺灣係亞洲地區資訊科技最為先進、發達與普及的國家，社會運動運用社群網路的技術，使其在傳播社會運動訊息及人力動員上更為快速，有效與擴大影響力，並將運動過程藉由網際網路迅速與外界連結，乃至即時將活動訴求訊息傳送至國外社群，再由社群將訊息提供國外媒體報導，以引起國際輿論的關注，俾增加社會運動的傳染力與影響力，對政府造成極大的壓力，甚至讓政府在承受國際輿論的巨大壓力下，被迫妥做出協或讓步，化解政府與抗爭者僵持不下的局面。如「茉莉花革命」、「太陽花學運」及「雨傘革命」等是。

---

[3] 約瑟夫・阿洛伊斯・熊彼特（Joseph Alois Schumpete）著，吳良健譯，《資本主義、社會主義與民主》（臺北：左岸文化，2003年），頁250。

[4] 曼威・柯司特（Manuel Castells）著，夏鑄九、黃麗玲等譯，「資訊時代：經濟、社會與文化第一卷」，《網絡社會之崛起》（臺北：唐山出版社，2000年），頁399。

（二）政府治理：

　　係指政府對臺灣社會運動發展過程中的政策與態度。
B・蓋伊・彼得斯著《政府未來的治理模式》（*The Future of Governing: Four Emerging Models*）對傳統的政府治理的六個主要特徵，政治中立的公務員制度；層級制和規則；永久性和穩定性；制度化的公務員制度；內部管制；平等。四個新治理模式的主要特徵：市場式政府、參與式政府、彈性化政府、解制式政府[5]。他認為在法治國家裡人民的一切活動均須有政府的支持、法律規範與保護始能依法從事各項經濟與社會活動。政府以完備的行政及立法統一和規範整個國家的行政管理系統，以完整齊備的行政管理法規調整和控制國家行政管理的所有活動。

　　為因應全球化公民結社與社會運動的浪潮，民國77年1月20日政府制定公布《動員戡亂時期集會遊行法》全文35條，將集會遊行活動的規範導入法制化，讓政府得據以「依法行政」與保障人民合法進行集會遊行活動。其後於民國81年刪除「動員戡亂時期」文字，修正為《集會遊行法》，依據該法第1條第1項規定：「為保護人民集會、遊行之自由，維持社會秩序，特制定本法。」足見政府對人民之集會遊行的基本態度及保障人民「集會及遊行」之自由，以維持社會安寧秩序。如民國76年7月1日公布，同年6月23日施行的《動員戡亂時期國家安全法》第2條第1項「人民集會、結社，不得違背憲法或主張共產主義，或主張分裂國

---

[5]　B・蓋伊・彼得斯（B. Guy Peters）著，吳愛明、夏宏圖等譯，《政府未來的治理模式》（北京：中國人民大學出版社，2014年），頁3-20。

土。」[6]。其後於民國81年刪除「動員戡亂時期」文字，修正為《國家安全法》。

　　無論社會運動或集會遊行都少不了公民社會組織的公共參與。配合政治解嚴，民國78年將《非常時期人民團體組織法》，修正為《動員戡亂時期人民團體法》，隨後民國81年又修正《動員戡亂時期人民團體法》，將「動員戡亂時期」文字刪除，修正為《人民團體法》，並將原第8條規定，人民團體在同一區域內，除法令另有規定外，其同性質同級者以一個為限。修正為第7條規定人民團體在同一組織區域內，除法律另有限制外，得組織兩個以上同級同類之團體。但其名稱不得相同。此同一區域以一個為限的規定解除，開啟臺灣社會團體蓬勃發展之門，形形色色規模大小不一的社會團體如雨後春筍般林立。

　　警察機關處理聚眾活動，係依據《憲法》第14條、第22條及第23條、司法院釋字第445號解釋[7]，及司法院釋字第718號解釋[8]、依據《集會遊行法》、「警察機關辦理人民申請集會遊行作業規定」、《公民與政治權利國際公約》第

---

[6]　民國76年公布施行之《動員勘亂時期國家安全法》，於民國81年修正為《國家安全法》；而有關第2條規定人民集會結社限制於100年始刪除。

[7]　1998年1月23日司法院釋字第445號解釋文：「憲法第十四條規定人民有集會之自由，此與憲法第十一條規定之言論、講學、著作及出版之自由，同屬表現自由之範疇，為實施民主政治最重要的基本人權。國家為保障人民之集會自由，應提供適當集會場所，並保護集會、遊行之安全，使其得以順利進行。以法律限制集會、遊行之權利，必須符合明確性原則與憲法第二十三條之規定。」司法院全球資訊網。〈https://www.judicial.gov.tw/〉。

[8]　2014年3月21日司法院釋字第718號解釋文：「集會遊行法第八條第一項規定，室外集會、遊行應向主管機關申請許可，未排除緊急性及偶發性集會、遊行部分，及同法第九條第一項但書與第十二條第二項關於緊急性集會、遊行之申請許可規定，違反憲法第二十三條比例原則，不符憲法第十四條保障集會自由之意旨，均應自中華民國104年1月1日起失其效力。本院釋字第445號解釋應予補充。」，司法院全球資訊網，〈https://www.judicial.gov.tw/〉。

21條規定，和平集會之權利，應予確認。除依法律之規定，且為民主社會維護國家安全或公共安寧、公共秩序、維持公共衛生或風化、或保障他人權利自由所必要者外，不得限制此種權利之行使。警察機關秉持「依法行政」，貫徹「保障合法、取締非法、防制暴力」原則，積極落實以達到保障和平集會遊行之目的。依據《警察職權行使法》第1條立法目的：「為規範警察依法行使職權，以保障人民權益，維持公共秩序，保護社會安全，特制定本法。」在在顯示政府依據憲法賦予人民的集會與結社自由權利的尊重與政策方向。

（三）群眾認知：

群眾認知係指人民從事社會運動的動機、目的意義與認同程度，以利社會運動的持續發展。在社會運動中意識形態的影響非常重要，它是促使社會運動成功與否的關鍵要素。意識形態在後現代主義裡係統指有待解構的、束縛人、壓制人的傳統思維方式、習慣或特權。安德魯・海伍德（Andrew Heywood）認為意識形態即是一組內部理路連貫的理念，它可以用來導引政治行動，無論這行動是要保存、修正或是推翻現行的權力結構[9]。曼瑟爾・奧爾森著《集體行動的邏輯》指出當存在共同或集團利益時，組織就能一顯身手，而且儘管組織經常也能服務於純粹的私人、個人利益，它們特有的和主要的功能是增進由個人組成的集團的共同利益，就會採取集體行動，以求其共同利益的實現[10]。

---

[9] Andrew Heywood著，陳思賢譯，《政治的意識形態》（臺北：五南圖書出版公司，2013年），頁11。

[10] 曼瑟爾・奧爾森（Mancur Olson）著，陳郁、郭宇峰、李崇新譯，《集體行動的邏輯》（上海：三聯書店，2008年），頁1-7。

隨著知識與資訊科技日新月異，從事社會運動亦需要不斷的學習與成長。威廉‧馬克西米利安‧馮特（Wilhelm Maximilian Wundt）把心理學從哲學中獨立出來成為一門實證科學，學習理論所涵蓋的幾個問題：學習過程的本質、學習過程的主體、知識建構的過程、和學習活動的成果。達菲和喬納森（Duffy & Jonassen）合編的《建構主義與教學技術》（*Constructivism and Instructional Technology*）（1991）一書中喬納森提出了從「過程取向」著眼設計建構主義學習環境的一組啟發式，稱為3C，即情境（context）、協作（collaboration）和建構（construction）。首先，建構主義學習環境設計應關注知識的建構；其次，應創設有意義、真憑實據的學習情境並運用他們已建構的知識；第三，學習者之間、師生之間應協同努力，教師應擔負起指導與督促的作用，而不是一個知識供應商[11]。

　　社會運動的動員與持續需要透過集體認同始能形成巨大力量，它是集體行動不可或缺的要素之一，它足以決定一個社會運動得否持續下去，隨時可從潛伏期進入顯現期。義大利政治家多娜泰拉‧德拉波爾塔指出所謂「認同」並不是一種自然而然出現的東西，也不是社會行動的本質，而是一種過程，透過這樣的過程，行動者開始認識自己，也認識其他行動者，都屬於較大團體的一分子[12]。認同是人們意義與經驗的來源，亦是行動者經由個別化的過程所建構的。集體認同的建構者及其建構的目的，大致上便決定了這個認同的

---

11 〈https://pedia.cloud.edu.tw/Entry/Detail/?title〉。

12 Donatella della Porta & Mario Diani合著，苗延威譯，《社會運動概論》（臺北：巨流圖書公司印行，2002年），頁100。

象徵性內容，以及它對接受或拒絕這個認同的人的意義。認同的形式區分為正當性認同、抵抗性認同及計畫性認同[13]。法國社會心理學家古斯搭夫・勒龐在1895年出版的《烏合之眾：大眾心理研究》詳見第二章文獻回顧與理論探討（第一節概念的界定，一、社會運動的定義）。

　　參與社會運動的群眾經由對「環境因素」與「政府治理」的認知，瞭解從事社會運動時應謹守的行為模式與分際，避免僭越遊戲規則，誤踩政府的紅線，導致合法的社會運動被汙名化或扭曲，影響抗爭運動目的的達成。

　　證諸上述「環境因素」、「政府治理」及「群眾認知」的自變項與「非暴力化」、「頻繁化」及「多樣化」的依變項之間的關係在在相互影響與關聯。如環境因素包含全球化非暴力抗爭、政治民主及社群網路；政府治理包含集會遊行法制化、政府決策及警察執法；群眾認知包含意識形態、學習過程及集體認同等，除三項自變項彼此間具有密切關聯與相互影響外，每一項皆與非暴力化、頻繁化及多樣化的發展具有直接關係，而三項依變項的發展，如缺乏自變項的影響因素亦無發展的可能性；三項依變項在自變項的影響因素下，即在自然而然的相互作用中發展出其特徵。是以，本研究即以「環境因素」、「政府治理」及「群眾認知」解釋臺灣社會運動呈現「非暴力化」、「頻繁化」及「多樣化」的發展特徵，作為研究架構。

---

[13] 曼威・柯司特（Manuel Castells）著，夏鑄九、黃麗玲等譯，「資訊時代：經濟、社會與文化第二卷」，《認同的力量》（臺北：唐山出版社，2002年），頁6-8。

第四章
臺灣社會運動的特徵

　　根據作者將各項官方統計資料、文獻探討與分析、媒體報導及非結構性深度訪談等綜合因素進行剖析後發現，臺灣社會運動轉型「非暴力化」、「頻繁化」與「多樣化」，與「環境因素」、「政府治理」及「群眾認知」等有密切關係。茲分述如下：

　　戒嚴時期，臺灣社會的人民集會遊行在當時是被視為一項禁忌，人民一旦違反，即被官方視為係一種「違常活動」，不啻被威權政府認為是對統治者的挑戰，亦是擾亂社會治安的根源，對於參與的民眾，尤其是領導者、煽動者與破壞者往往被移送軍法機關審判，其中幾起較具代表性的聚眾抗爭事件備受當時的政治社會環境，乃至被國際社會輿論的高度關注，包括1977年的桃園「中壢事件」；1979年高雄「美麗島事件」；1986年桃園「中正機場事件」；1986年鹿港居民反杜邦設廠事件（第一起在總統府前的示威抗爭），以及解嚴後1988年5月20日臺北「台灣農民運動」（解嚴翌年）；2010年大埔事件等，這幾起政治性社會運動係開啟臺灣社會運動的先河，亦讓積怨已久的人民針對政府及企業主的不滿找到一個宣洩的出口與抗爭行動的模式，為日後臺灣將從威權政體轉型為民主政體播下種子，並於1987年終結近40年的威權政體，成功轉型為民主政體，且歷經30年的民主

轉型過程中,在2000年首度政權輪替。由在野的民主進步黨擊敗執政逾半世紀的中國國民黨,首次贏得總統大選;2008年政權第二次輪替。由中國國民黨從民主進步黨手中贏回總統大選;2016年政權三度輪替,由民主進步黨擊敗中國國民黨,再度贏得第十四任總統大選,並於2020年順利連任第十五任總統。其中由民主進步黨贏得總統大選容有衍生相關爭議,惟政權總是在和平過程中順利轉移,讓臺灣成為第三波民主化浪潮中新興民主國家的典範。

第一節　社會運動非暴力化

　　吉恩‧夏普對非暴力的定義,係指非暴力行動為意義深遠、有目的導向的人類行為的改變。是一個依情況採用不作為或作為的混合靈活策略,以利目標的達成[1]。

　　從警察對集會遊行的警力的布署與處理聚眾活動的策進作為觀之,預防聚眾抗爭運動發展為暴力抗爭,亦是警察處理聚眾的最高原則。根據官方集會遊行統計資料顯示,自1988年至2019年臺灣的社會運動非暴力指數(受傷人數)有緩和下降的趨勢。換言之,臺灣的集會遊行原本即存在暴力抗爭的事實,只是暴力抗爭的事實,因受非暴力抗爭理念與行動的影響,使得受傷人數呈現逐年下降趨勢。如圖4-1。有關社會運動非暴力抗爭將於第二節詳細論述。

　　為剖析臺灣社會運動轉型非暴力抗爭發展過程,若僅根據政府官方自1988年至2019年間集會遊行逾4.2萬餘次,參

---

[1] Gene Sharp著,蔡丁貴譯,《群眾性防衛》(臺北:前衛出版社,1990年),頁40。

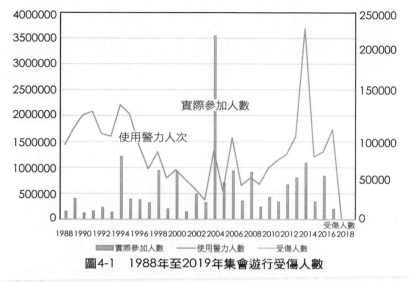

圖4-1　1988年至2019年集會遊行受傷人數

資料來源：作者整理自內政部警政署1988年至2019年集會遊行受傷人數統計資料

加人數計1890餘萬人次，使用警力人次計278萬餘人次，集會遊行受傷人數1109人等資料進行綜合分析，將會受各項資料數據差異太大，不易呈現非暴力指數的分析樣貌。因此，作者必須將相關數據進行加乘計算，以求出一組「非暴力指數公式」做為分析基礎，再依據此公式進行分析統計。方法為將每年社會運動「受傷人數」除以「實際參加人數」，乘「2」後再加「使用警力人次」除以「實際參加人數」，即得出「非暴力指數」分析結果。

　　依據受傷人數資料顯示，臺灣的社會運動受傷人數最多是發生在1988年，受傷人數為439人，為歷來受傷人數最多的一次。經依受傷人數、使用警力人次及實際參加人數分析後，非暴力指數係0.58。1990年受傷人數為101人，較1988年降低逾3倍。惟經依受傷人數、使用警力人次及實際參加人

數分析後，非暴力指數係1，非暴力指數為歷來最高。兩者之間的差距關鍵在於實際參加人數，1988年實際參加人數為15萬4千餘人；1990年實際參加人數為40萬5千餘人。因此，作者即以「1」為非暴力指數的最高值，而非暴力指數則以「0」為最低值，並在「1」與「0」之間進行分析臺灣社會運動非暴力指數的變化趨勢，推論臺灣非暴力抗爭轉捩的時間點。

　　作者根據官方集會遊行統計資料中擷取其中部分資料，以個人的思維邏輯和推論，分析非暴力指數變化趨勢，作者依據1990年至2016年間以集會遊行活動「受傷人數」、「使用警力人次」及「實際參加人數」分析後得出1990年的最大數字係「1」，以及在1996年、1997年、2000年、2002年至2005年、2007年、2008年及2010年等共計10次受傷人數均為「0」。從「1」與「0」的最高值與最低值的變化中去分析非暴力指數，以檢證臺灣非暴力抗爭的轉型。依據此非暴力指數基礎分析後發現，臺灣的社會運動自1988年後集會遊行非暴力抗爭發展過程從最高峰期的非暴力指數1逐年呈下降趨勢，且自1993年後非暴力指數為0.71，1995年後0.32後，非暴力指數未曾再高過0.32，甚至從1996年至2019年此20年間，非暴力指數出現10次「0」，在逾30年期間佔近3成比例，特別是2000年政權輪替後非暴力指數受傷人數相對偏低，顯示臺灣在政治民主化後，政府與人民之間的衝突有下降的趨勢。如圖4-2。

　　此外，自1988年至2019年間因集會遊行而被移送法辦人數亦呈現明顯下降趨勢。主要亦是參與集會遊行的民眾除逐漸熟悉與認知採取非暴力抗爭方式的優勢外，熟諳《集會遊

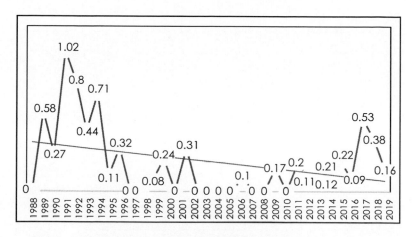

圖4-2 1988年至2019年非暴力指數變化趨勢分析（受傷人數）

資料來源：作者整理自內政部警政署1988年至2019年集會遊行受傷人數統計資料

行法》等相關法規，或藉由參與集會遊行所累積的經驗，瞭解如何在集會遊行過程中巧妙地遊走在法律緣或法律的灰色地帶，不致誤觸法令，以免衍生社會大眾或社會輿論對參與集會遊行民眾造成暴力抗爭負面觀感，甚或給予政府對集會遊行民眾施以暴力鎮壓的合法性，都是造成集會遊行移送法辦人數下降的因素。惟此處並未呈現移送法辦後，司法判決結果，包括有期徒刑、緩刑、易科罰金、不起訴或無罪等。如圖4-3。

第二節　社會運動頻繁化

　　1987年政府宣布解嚴後，隨著政府治理政策、法規制度的設立與鬆綁，以及政治民主過程的影響，臺灣的集會遊行

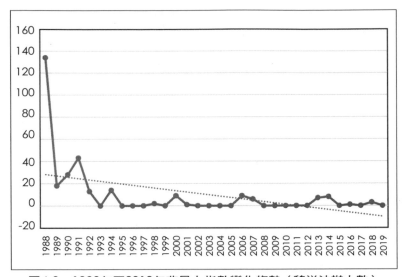

圖4-3　1988年至2019年非暴力指數變化趨勢（移送法辦人數）

資料來源：作者整理自內政部警政署1988年至2019年集會遊行統計資料

發生率相較於解嚴前有非常顯著的增加。

　　根據政府官方從1987年至2019年底止集會遊行統計資料顯示，臺灣的集會遊行發生數逾19萬3千餘次統計資料。如圖4-4。逾30年間平均每年的集會遊行逾六千次，平均每月逾五百次，平均每日約17次的集會遊行次數，可謂臺灣22個縣市中超過一半以上的縣市每天至少發生一場集會遊行活動，如係以最少的1987年集會遊行1233次數計算，每月平均約一百次，每日逾3次；次年1988年為1433次計算，每月平均約119次，每日逾3.5次；到1989年即躍升至5431次計算，每月平均約452次，每日逾15次，成長逾3倍，1990年為7775次計算，每月平均約648次，每日逾21.6次，1991年為3846次計算，每月平均約116次，每日逾3.6次等，則呈現略降等以此類推。從以上的數據足以說明集會遊行活動頻繁化的程度。

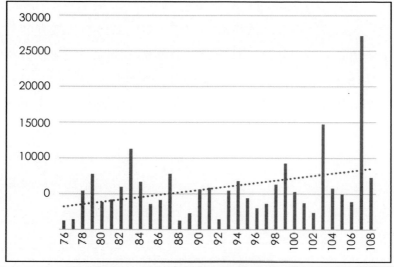

圖4-4　1987年至2019年集會遊行數

資料來源：作者整理自內政部警政署1987年至2019年集會遊行統計資料

　　為突顯集會遊行頻繁化的現象，作者比較解嚴前及解嚴後臺灣集會遊行活動發生數僅數十餘件，證實解嚴後的集會遊行活動明顯高於解嚴前近40年來在嚴格禁止人民集會遊行活動的管控下，所發生過的所有聚眾活動抗爭事件高很多，甚至以歷年來集會遊行發生次數最少的民國76年一整年所發生的1233次，都比近40年的戒嚴時期的聚眾抗爭活動事件多得多。顯見解嚴後臺灣民主轉型及其過程對集會遊行活動呈現頻繁發生具有直接關係。反之，如以次多的民國103年集會遊行14751次計算，平均每月高達1229.3次，平均每日計41次，及最多次的民國107年27134次計算，平均每月高達2261次，平均每日75.4次，集會遊行的頻繁程度更為明顯。顯示解嚴後人民對參與集會遊行的熱衷程度非常高，在30年間集會遊行的發展過程中，呈現高低起伏的發展趨勢。

九〇年代起臺灣社會變遷的腳步逐漸增溫加速，政治民主化及社會多元化的發展，抗議活動方式成為代議制度下人民直接向政府表達不滿的另一種思維與選擇，抗議的普及化，增加人民對公共事務的參與機會亦成為社會運動新興的現象。其中較被社會輿論關注的事件，有1990年臺北的「野百合運動」；2004年「228百萬人手牽手護臺灣活動」；2004年臺北「新野百合學運」；2006年臺北「百萬人民倒扁行動」；2008年臺北「野草莓運動」；2010年至2014年苗栗「大埔事件」；2012年臺北「文林苑都市更新爭議」；2013年臺北「洪仲丘事件」；2014年臺北「太陽花學運」；2016年及2018年臺北「反年金改革抗議」等等社會運動。

　　研究分析發現只要遇當年政府辦理政治選舉活動，集會遊行即呈現成長趨勢（將於後面論述），其中又以2018年的27134次及民國2014年的14751次分居前兩名，主要是受中華民國地方自治史上第一次與第二次辦理地方九項公職人員選舉活動有關（在此之前直轄市與縣、市長的選舉活動係分開辦理），由於選舉競爭非常激烈，兩個主要政黨的中國國民黨與民主進步黨，一個係為保衛執政權，另一個係為攻略地方政權而造勢連連。依據以往選舉結果的經驗，政黨更將該次選舉結果視為總統大選的前哨戰，無形中為頻繁的集會遊行活動提供一個非常有利的發展環境；其次是1994年亦是中華民國地方自治史上首次辦理臺灣省省長、臺北市市長及高雄市市長選舉有關，特別是臺灣省省長選舉，其選區除臺北市及高雄市外，範圍涵蓋全臺灣各縣市，更是政府播遷臺灣後，政治史上頭一回辦理這麼大範圍的選區。連同臺北市及高雄市市長選舉，其選舉活動規模等無異於總統直選的規

模，此亦為頻繁的集會遊行活動營造一個有利的發展環境。（在此之前，臺灣省省主席及臺北市市長、高雄市市長皆由中央政府直接派任，非經人民藉由民主政治選舉程序直接行使投票產生。）

　　自1988年政府制定公布《動員戡亂時期集會遊行法》後，人民申請集會遊行案件持續上升，從內政部警政署自1987至2019年集會遊行申請總件數逾19萬3千餘次析之，申請准否與未申請統計料中顯示，申請准占71%，逾七成；申請不准占不到1%；未申請占22%，逾兩成，呈現申請獲准或未申請集會遊行案件數均呈現上升趨勢，如圖4-5。顯示人民只要依法向警察機關提出集會遊行申請，原則上政府都會准許；至未申請集會遊行案件占有兩成部分，一是政治菁英或社運領袖認為集會結社乃係憲法賦予人民的基本權利，人民集會遊行何以還需經過政府的許可才可以，故而不願意向政府提出申請；二是集會遊行可能係突發性或偶發性，故而被歸列於未申請。

　　依據《動員戡亂時期集會遊行法》的制度設計係採准則主義的「許可制」，惟經民國87年1月23日司法院釋字第445號解釋及民國103年3月21日司法院釋字第718號解釋對《集會遊行法》部分條文不符合法律「明確性原則」與室外集會遊行應向主管機關申請許可制，未排除緊急性及偶發生有違憲法第23條「比例原則」。檢察官與法官對人民集會遊行的權利保障，認定上更加從寬，對於未申請集會遊行者大多傾向不予起訴、緩起訴或無罪判決等析之。人民藉由政治活動、法院的判決結果及輿論對集會遊行的報導，以及民眾對維權意識的提高，皆是助長集會遊行領導者不向警察機關申

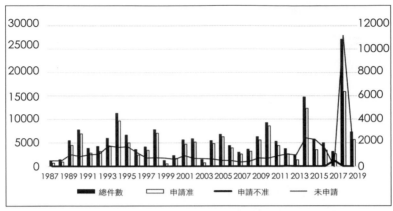

圖4-5　1987年至2019年集會遊行申請准否與未申請統計

資料來源：作者整理自內政部警政署1987年至2019年集會遊行統計資料

請集會遊行許可即直接走上街頭抗爭的事實，更導致集會遊行發生率呈現上升及未申請集會遊行案件上升的現象。

　　集會遊行的高發生率似乎都集中在都會區及農漁業大縣。從集會遊行統計資料中發現，僅六個都會區即佔所有集會遊行的66.34%，而六都人口合計高達一千六百萬，佔臺灣總人口數二千三百多萬近七成，若再加上人口排名第七的屏東縣集會遊行佔6%，排名第八的彰化縣集會遊行佔5%，佔全臺灣集會遊行的77.34%，顯示集會遊行活動大多數發生在人口稠密與工商業及農業較發達的都會區及農漁業大縣。其中又以臺北市20%佔最多，且集會遊行議題亦以政治性最為明顯，其次為縣市合併後的臺中市佔11%，第三係新北市及縣市合併後的臺南市各佔10%，第四係高雄市佔9%。如圖4-6。這與臺北市所處地理環境位置因係中央政府所在地，以及臺北市是一個政治、商業、文化、教育、人口密度較高且媒體普及與曝光率較高，交通與資訊發達的城市不無直接

關係。其他七個縣市大致上與工商、農漁業、雇主與勞工，以及環境保護的議題有關，至上述八個縣市以外的縣市集會遊行活動發生率相對低，與人口少，工、商業活動較不發達及秉性純樸的農漁村文化有關。

　　根據內政部警政署統計資料顯示，自1987年至2019年間集會遊行中參加人數估計約八千六百八十九萬多人，而因應集會遊行活動使用警力人次總計逾百萬人，其中2004年的集會遊行活動數為5464次，參與集會遊行人數卻高達一千一百萬人，使用警力人次約37萬人；最低為1987年的集會遊行活動數為1233次及2017年3908次，實際參加人數約60萬人上下，使用警力人次分別為1987年的18萬餘人次及2017年的16萬餘人次；警察機關在因應集會遊行活動的使用警力人次，以1994年近82萬人次最高，該年集會遊行活動數為5971次，

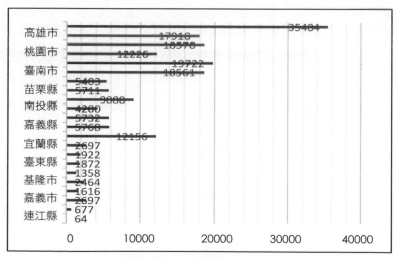

圖4-6　1987年至2018年各直轄市及縣、市集會遊行數

資料來源：作者整理自內政部警政署1987年至2018年集會遊行統計資料

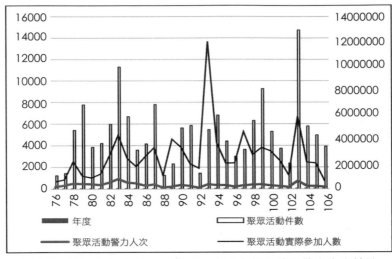

16000　　　　　　　　　　　　　　　　　　14000000

圖4-7　　1987年至2017年集會遊行參加人數與使用警力人次統計

資料來源：作者整理自內政部警政署1987年至2017年集會遊行統計資料

其次2014年約64萬人次，該年集會遊行活動數為14751次；
最低為2003年約16萬人次，該年集會遊行活動數為1448次。
如圖4-7。

　　上述數據顯示集會遊行發生數、實際參加人數與使用
警力人次之比例係相對，如2004年與2014年集會遊行活動次
數、實際參加人數與使用警力人次，即產生明顯的落差，集
會遊行活動次數與實際參加人數皆呈上升趨勢，特別是重大
政治選舉，集會遊行活動次數即有明顯上升趨勢，而使用警
力人次卻呈略降趨勢，顯示人民參與集會遊行活動的意願非
常熱絡，而集會遊行在政府治理、法制化、頻繁化及非暴力
化後，警察機關在使用警力人次因應集會遊行活動上則呈現
相反的略降。顯見人民與政府在面對集會遊行活動時的態度
已趨理性與成熟。

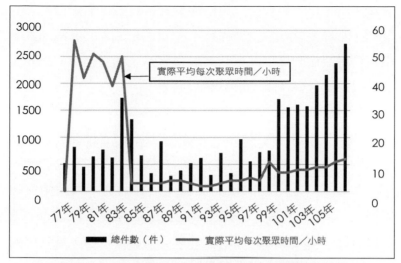

圖4-8　1987年至2017年集會遊行每次活動使用時間

資料來源：作者整理自內政部警政署1987年至2017年集會遊行統計資料

　　根據內政部警政署統計資料顯示，集會遊行每次聚眾時間自1989年至1994年底止，每次的聚眾集會遊行時間平均約的47.7小時，自1995年至2017年底止每次聚眾集會遊行則明顯呈下降至平均5.6小時，聚眾時間下降逾9倍，如圖4-8。顯示在解嚴後的初期前數年政府與參與聚眾活動者，乃至民社會大眾，大家彼此都在學習、體驗與適應這個在臺灣社會發生的新產物「集會遊行」；惟隨著時間拉長，政府與人民皆在集會遊行經驗中不斷學習的過程，以及政府與參與者或社會大眾逐漸體會與認知它是民主政治的正常現象，加上抗爭者的訴求可能獲得政府善意的回應後，集會遊行活動漸趨理性與和平，聚眾活動時間亦呈現明顯下降，以往動輒數日的集會遊行活動不再出現，1995年以後集會遊行活動的時間已縮短為5.6小時。顯見在政府對集會遊行的法制化及警察的

執法策略，以及集會遊行領袖與參加群眾對集會遊行目的的認知，均係臺灣社會運動趨和平和理性是最大的關鍵因素，讓集會遊行活動昇化成為臺灣社會日常生活文化的一部分，而非係造成社會秩序惶恐不安的亂源。

　　探討社會運動的發生原因，政黨的發展與社會運動具有關聯性與重要性，政黨組織的成立伊始有時是源自社會運動結果的結合，甚至有些政黨組織的發展係從社會運動發軔，到組織政黨，爭取增加政治機會，最後再從地方到中央取得政權[2]。如臺灣的「民主進步黨」。解嚴前除執政的中國國民黨外，臺灣並無其他政黨的成立與法源依據，直到民國78年將《非常時期人民團體組織法》修正為《動員戡亂時期人民團體法》並列入「政治團體」章以做為《政黨法》立法前之過渡後，於該法第45條相關規定始有政黨設立的法律依據，異於社會團體及職工團體的「許可制」的「備案制」，且只能在中央設立政黨，不能在地方設立政黨等相關規定。

　　從1987年7月15日開放黨禁後，在《政黨法》尚未完成立法之前，政黨的成立程序係置於《動員戡亂時期人民團體法》的政治團體章做為《政黨法》立法前的過渡。政府自2000年初即開始研擬《政黨法》草案，終於在解除戒嚴30週年後的民國106年11月10日經立法院三讀通過，民國106年12月6日總統華總一義字第10600146581號令制定公布施行，全文共計46條。前後歷時17年期間五進五出立法院，立法的重點包括：建立政黨公平競爭機制、財務公開透明接受監督、政黨組織運作符合民主原則等。深具跨時代的特殊意義，

---

[2]　Jack A. Goldstone著，章延杰譯，《國家、政黨與社會運動》（上海：人民出版社，2015），143頁。

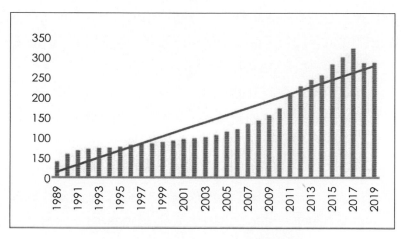

圖4-9　1989年至2019年政黨成長趨勢

資料來源：作者整理自內政部1989年至2019年政黨統計資料

可謂為政黨政治展開新的紀元。根據內政部政黨統計資料
顯示，政黨設立自1989年的40個發展至2019年的291個。如圖
4-9。政黨的成立主要目的在爭取政治參與，終極目的是取
得政權，而在政治參與的行動除了推派各項公職候選人外，
從事社會運動宣揚政治理念，爭取選民的支持與媒體曝光
率，增加政治機會，是政黨必要的策略與行動。是以在臺灣
的社會運動中由政黨發起的集會遊行活動亦屬常見，特別是
在政治選舉活動時間。

　　社會運動的發生除與政黨息息相關外，公民結社的蓬勃
發展與社會運動更具有直接關係，無論係社會運動或公民社
會，皆有一個共同的特徵，即是為社會帶來繁盛與變革，促
成結社的蓬勃發展[3]。冷戰後國際間僅發生區域性的戰爭，

---
[3]　Robert D Putnam and Shaylyn Romney Garrett合著，陳信宏譯，《國家如何反
　　彈回升》（臺北：春山出版有限公司，2021），頁146。

未再發生大規模世界級戰爭，特別是在20世紀八〇年代東歐民族運動的興起後，掀起全球結社風潮，並躍居國際社會舞臺，成為冷戰後的主角。

隨著全球公民結社的浪潮，民國31年2月10日公布施行的《非常時期人民團體組織法》第8條人民團體在同一區域內，除法令另有規定外，其同性質同級者以一個為限。換言之，憲法賦予人民的結社自由，在政府對社會控制的政策下，形同具文。直至民國76年政府宣布解嚴後，這部約制人民結社權利逾四十多年的法律，始於民國78年1月27日公布修正將《非常時期人民團體組織法》修正為《動員戡亂時期人民團體法》並將第7條人民團體在同一組織區域內，除法律另有限制外，得組織二個以上同級同類之團體。但其名稱不得相同。民國81年7月27日公布的《人民團體法》，更將「動員戡亂時期」文字予以刪除，開啟日後公民結社蓬勃發展的契機

在臺灣社會團體的成立皆係以推展文化、學術、醫療、衛生、宗教、慈善、體育、聯誼、社會服務或其他以公益為目的，由個人或團體組成之團體；惟亦有部分係為尋求集體共識和集體行動，從事倡議型的社會團體，例如農民團體、反核團體及政治團體等。根據內政部人民團體統計資料顯示，臺灣自1987年解嚴後至2019年底止，社會團體歷經30年的發展，從1987年的5794個發展至2019年底止的57302個，成長近10倍。如圖4-10。

世界多數國家法定成年年齡多為十八歲，法務部為符合現今國際社會潮流，於民國110年1月13日將《民法》第12條「滿二十歲為成年。」修正為「滿十八歲為成年」，訂於

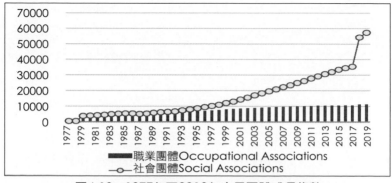

圖4-10　1977年至2019年人民團體成長趨勢

資料來源：作者整理自內政部1977年至2019年人民團體統計資料

民國112年1月1日施行。內政部為配合法務部將《民法》成年年齡修正為十八歲，爰於民國110年1月27修正《人民團體法》第8條，將人民團體之組織第2項發起人須年滿二十歲，修正為「成年」，此一結社年齡的降低，將是繼解嚴、《人民團體法》修正鬆綁，以及司法院第644號解釋謂人民團體法第2條對主張共產主義、分裂國土之團體不許可設立規定違憲並再度修法將該條文刪除後，讓人民結社再掀起一波結社潮。

　　若以全國性社會團體發展情況析之，解嚴後的1987年全國性社會團體數從734個發展至2019年底止的19439個，成長逾26倍，顯見解嚴前威權政府對社會的強烈控制，以及人民對自身權利遭威權統治者剝奪的無奈感，這股長期被壓抑的社會力在解嚴後紛紛展現在結社的高度行動與熱絡。但在解嚴之前，社會團體的成長非常緩慢，背後甚至是受到當時執政的中國國民黨與政府「黨國體制」的高度監控與嚴密管制。人民非經中國國民黨與政府的同意，結社權利有如緣木

求魚，人民如果未經許可而私下結社，一旦被發現，政府可依據《動員戡亂時期人民團體法》第60條及第61條規定以非法結社名義對人民施以行政處分，嚴重時首謀者還會依法被判處有期徒刑2年之罪。

除政黨與公民結社的發展與社會運動頻繁化有關外，另一個與社會運動發生更具密切關係的即是政治選舉活動。作者根據中央選舉委員會歷年公職人員選舉資料，統計分析自1987年解嚴後至2018年止，臺灣舉行縣、市長、直轄市長、省長[4]、立法委員及總統、副總統等重大政治選舉活動多達30次。

解嚴後，首場政治選舉活動即是從1989年起中華民國臺灣實行地方自治以來的第十一屆縣、市長選舉，與省市議員及第一屆第六次增額立法委員選舉同時於1989年12月2日舉行投票，選出當時臺灣省21個縣市的行政首長及130位增額立法委員。

其次為1992年為國會全面改選第二屆立法委員，為民國36年行憲後選出第一屆立法委員後，歷經四十餘載才於1992年才選出第二屆立法委員，在此之前第一屆立法委員共計辦理六次，分別為1969年（增額11位）、1972年（第一次增額51位）、1975年（第二次增額52位）、1980年（第三次增額97位）、1983年（第四次增額98位）、1986年（第五次增額100位）及1989年（第六次增額130位）（解嚴後）等前後共計七次，除第六次為解嚴後外，餘皆在戒嚴時期，而在每次

---

[4]　臺灣省首任民選首長係由原臺灣省省主席宋楚瑜當選，1998年省政府組織精簡後，未再辦理臺灣省長選舉，宋楚瑜成為第一任民選省長，亦是唯一的一任和最後一任的臺灣省省長。

的增額立法委員選舉中非屬中國國民黨人士每次都有逐漸增加的趨勢，其中在2000年政權首度輪替的陳水扁總統係在1989年第一屆第六次立法委員增額選舉結果中成為立法委員。

再次為1994年臺北市及高雄市直轄市長及臺灣省省長選舉，首次由人民直接行使選舉權，取代以往的官派市長與省主席，由於盛況空前，競選過程非常激烈，集會遊行活動在政治選舉氛圍的帶動下顯得異常熱絡，達11294次。選舉結果：臺灣省省長為宋楚瑜先生；臺北市市長為陳水扁先生；高雄市市長為吳敦義先生。而1996年則是舉行有史以來第一次總統、副總統人民直接選舉，取代過去由國民大會代表行使間接選舉，2000年為政權首度輪替，2008年政權再度輪替，2016年政權第三度輪替。而2014年是臺灣首次舉行地方九項公職人員選舉活動；2018年第二次舉辦地方九項公職人員選舉活動[5]，2020年第十五任總統、副總統選舉及第十屆立法委員選舉活動等。

綜合上述臺灣的政治選活動析之，解嚴後臺灣社會等同於是連年都有選舉，這在新興民主國家中並不多見，顯見解嚴後臺灣加速政治民主化轉型的急迫性，而人民在長期處於戒嚴的壓抑下，這股巨大的社會力所釋放出來的能量，讓臺灣的民主更趨成熟和鞏固。根據西方學者對一個成功的轉型國家只要經歷「兩次輪換規則」（two turn over rule），亦即只有通過自由公平的選舉後權力交換兩次，民主才算業已

---

[5] 中華民國地方九項公職人員選舉，於2014年11月29日舉行。本屆選舉由中華民國自由地區之直轄市（6都）選出新一屆的直轄市長、直轄市議員及里長，另加首屆山地原住民區長及區民代表。並由臺灣省（11縣3市）及福建省（2縣）中，選出新一屆的縣市長、縣市議員、鄉鎮市長、鄉鎮市民代表及村里長等。2018年11月24日舉辦地方九項公職人員選舉活動。

鞏固。對臺灣而言，歷經三次的政權輪替後，實則已經稱得上是一個成熟穩健的民主政治國家，而非是新興民主轉型國家。如表4-1。在1994年及2014年這兩個深具意義的重大政治選舉活動，當年的集會遊行活動次數皆逾一萬次以上，尤其是2014年這一年的集會遊行活動高達14751次，較1994年多了三千五百多次。顯示只要遇到重大政治選舉活動，特別是直轄市長暨縣、市長的選舉活動，臺灣的集會遊行即特別盛行與熱絡，至其他非屬政治選舉年的集會遊行活動，則係出於人民對自己權益的捍衛和對政府施政不滿所反應出民主政治的一種常態現象。

表4-1　1989年至2020年臺灣重大政治選舉活動

名稱／年度	總統、副總統	立法委員	直轄市、省長	縣、市長
1989		第一屆第六次增額立法委員		第十一屆縣、市長
1992		第二屆立法委員		
1993				第十二屆縣、市長
1994			第一屆直轄市長（臺北市、高雄市）第一屆省長	
1995		第三屆立法委員		
1996	第九任總統、副總統			
1997				第十三屆縣、市長
1998		第四屆立法委員	第二屆直轄市長	
2000	第十任總統、副總統			

名稱／年度	總統、副總統	立法委員	直轄市、省長	縣、市長
2001		第五屆立法委員		第十四屆縣、市長
2002			第三屆直轄市長	
2004	第十一任總統、副總統	第六屆立法委員		
2005				第十五屆縣、市長
2006			第四屆直轄市長	
2008	第十二任總統、副總統	第七屆立法委員		
2009				第十六屆縣、市長
2010			第五屆直轄市長	
2012	第十三任總統、副總統	第八屆立法委員		
2014			第六屆直轄市長	第十七屆縣、市長
2016	第十四任總統、副總統	第九屆立法委員		
2018			第七屆直轄市長	第十八屆縣、市長
2020	第十五任總統、副總統	第十屆立法委員		

資料來源：作者整理自中央選舉委員會資料1989年至2020年歷年公職選舉資料

　　中華民國總統、副總統選舉在1996年之前係由國民大會代表行使間接選舉；立法委員在1992年之前為第一屆，期間共辦理6次增額立法委員選舉；臺北市及高雄市直轄市長及臺灣省長選舉始於1994年，在此之前均為官派；2010年臺北縣、臺中縣市、臺南縣市及高雄市縣合併升格為直轄市合稱五都，除臺北市係選舉第五屆外，其他五都升格直轄市後均

為第一屆，及至2014年桃園縣亦升格為直轄市為第一屆，原五都合稱六都。2014年臺灣政治史上首次舉行地方九項公職人員選舉活動，2018年為第二次舉行地方九項公職人員選舉活動。

從表4-1各項重大政治選舉活動顯示，幾乎每兩年就有一次政治選舉活動，期間從1992年至1998年間連續7年都有辦理政治選舉活動，最多亦只間隔一年沒有辦理政治選活動，惟以臺灣的選舉活動模式，各項重大政治選舉活動造勢與媒體報導並非在選舉年才開始，而係選舉年之前各參選人即已經在進行選舉活動的暖身，其時間與該重大政治選舉活動有關，惟至少都在一年以上。

解嚴後自1989年迄2020年，臺灣的政治選舉活動可謂影響政治、經濟及社會發展至鉅。此外，若將集會遊行與政治選舉活動比對分析，選舉年的集會遊行活動的發生率較非選舉年增加與活躍。反之，非選舉年集會遊行發生率也隨之趨緩。意即只要遇上政治選舉活動年，人民除了隨政治選舉活動起舞外，主要還是人民從以往的政治學習經驗中體認到，無論係政黨或政治人物常常會在選舉活動時提出取悅和拉攏選民支持的政策，特別是各種社會福利，包括：老幼婦孺、殘障、弱勢族群、農漁民和勞工等權益有關的政策，由於這些族群人口眾多，有利於政黨及候選人贏得選舉的勝利，或是為突顯候選人的聲勢；選民或利益團體亦會藉由政治選舉活動的機會，尋求或期望達到個人或集體利益的機會，在多重利益因素交融下，使得在政治選舉年的集會遊行均較非選舉年為高。

惟這種現象亦僅發生在直轄市及縣、市長的選舉活動；

至總統、副總統及立法委員這類重大政治選舉活動，集會遊行的發生率反較地方選舉呈下降趨勢。原因在於直轄市長及縣市長的選舉是屬地方性公職人員選舉，其與人民的權益直接發生關係，選舉活動亦較為激烈，候選人各出奇招造勢，目的是為了贏得選舉的勝利，因此集會遊行的發生率會高於非選舉活動的年度；反觀，總統、副總統及立法委員選舉，因非屬地方行政首長及縣、市議員等的選舉，與人民的權益關係相對不若地方直轄市暨縣、市長直接，集會遊行發生率略低。總之，集會遊行活動的發動因素，除人民對政府施政的不滿，人民為捍衛自身的權益免受侵害，勞工對企業不合理的權益剝削等因素外，主要因素還是來自政府辦理重大政治選舉活動的效應。是以，政治選舉活動不止與集會遊行活動之間的關係正相關，而且是密不可分。

第三節　社會運動多樣化

　　戒嚴時期臺灣在威權統治下，禁止人民有集會結社自由。因此解嚴前或解嚴初期，集會遊行的樣態亦大抵上較偏重在政治性、環境保護、農民及勞工權益的類型的集會活動。解嚴後，威權政體轉型為民主政體，人民在憲法賦予的基本權利「集會及結社」的自由，仍須獲得政府的「許可」始得取得合法之集會及結社自由。然臺灣社會在受全球化的浪潮，政治民主、集會結社及言論自由等環境變遷的因素，從傳統社會走向開放社會，從工商社會到資訊科技社會，集會遊行的類型亦變得多樣化發展，作者為求取本分類的信度，本研究採用「相互評分者信度」分析30年來臺灣社會運

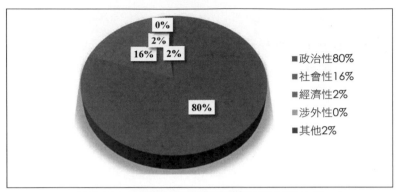

政治性80%
社會性16%
經濟性2%
涉外性0%
其他2%

80%
0%
2%
16% 2%

圖4-11　1987年至2017年聚眾活動屬性比例

資料來源：作者整理自內政部警政署1987年至2017年集會遊行統計資料

動個案，以評定臺灣社會運動的多樣性類別。

　　根據內政部警政署集會遊行統計資料分析，集會遊行活動從性質上大致可分為政治性、社會性、經濟性、涉外性及其他等性質。其中聚眾活動類型中又以政治性占的比率最高達80%；其次是社會性占16%；再次是經濟性及其他性各占2%，涉外性為零。顯示在聚眾活動以政治性的活動最高。如圖4-11。

　　此概念性的分類無法完整呈現解嚴後臺灣的社會運動多樣化發展的樣貌與內涵。為了剖析臺灣社會運動多樣化的發展，作者蒐集媒體報導暨網際網路有關臺灣社會運動的文獻研究分析後發現，臺灣在戒嚴時期及解嚴初期的民主轉型過程中，無論政府還是人民都在學習與適應環境的丕變，民主轉型初期由於仍係由原威權政體的中國國民黨執掌中央政府，民主轉型未臻成熟，與西方民主國家仍然有些差距，這種由保守勢力所維持的狀態在1987年解嚴後持續維持逾10年之久，直至2000年中央政權首度輪替，由主張改革的民主進步

黨從保守派的中國國民黨中取得政權後，才呈現新的樣貌。

　　是以，集會遊行亦以政治性占多數，包括政治選舉爭議事件及環境保護議題為主，如發生於戒嚴時期的「中壢事件」、「橋頭事件」、「鼓山事件」、「美麗島事件」、「鹿港居民反杜邦設廠事件」、「反核運動」及「輻射鋼筋事件」等均屬於政治選舉活動、環保議題、農民、勞工權益攸關的聚眾抗爭活動。隨著全球化結社與社會運動的浪潮，以及政治體制轉型、民主化、集會結社自由等影響，除政治、環保、農民及勞工議題有關的集會遊行仍然活躍外，包括社福、媒體、原住民、人權、漁工、文化、女權、性別、學運、和平、種族、宗教、新住民、軍公教等等呈現新型

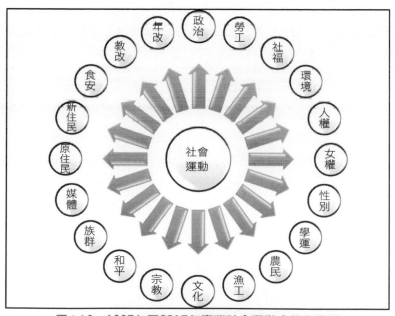

圖4-12　1987年至2017年臺灣社會運動多樣化態樣

資料來源：作者整理自媒體新聞報導1987年至2017年集會遊行態樣資料

態的社會運動，如圖4-12，可能還有其他屬性的集會遊行活動正在臺灣的社會發生，其多樣化的態樣可謂完全與國際接軌。

為求取本分類的信度，本研究採用「相互評分者信度」分析，透過五位研究所碩士班同學分別就此臺灣社會運動大事記評定其多樣性類別，得到88%的一致性，足見人民勇於對自身權益的捍衛與爭取更勝以往，甚且關心的議題不侷限於個人或群體，有時還跨越國際社會，與其接軌和串連，如人權、反核、反毒、和平、性別、婦女、環境保護與反恐等等，反映了人民在長期被威權體制壓抑與剝削下，不滿情緒的釋放與維權意識的抬頭，以及全球化社會運動風潮的影響。

第五章

社會運動非暴力化因素分析

　　西方國家的社會運動發展過程包含「暴力」與「非暴力」的抗爭範式，其中「非暴力」一詞在出現之前，社會運動有別於「暴力」抗爭的方法即以「和平與理性」的方法做為行動。直到「非暴力」一詞的出現，並被認為「非暴力」的抗爭理論與定義更為超凡，力量更為強大，才讓後來從事社會運動者有了一個更非凡的行動信仰和力量。而提出「非暴力」這個偉大的名稱，正是印度聖雄莫罕達斯・卡拉姆昌德・甘地。甘地在領導印度獨立過程不斷地以「非暴力抵抗」方法力抗英國。在他的心目中所謂「非暴力」（英語：Nonviolence，梵語：ahiṃsā，即不害，「不希望傷害或殺死」）是指一種在任何情況下都不能對自己或其他人造成傷害的個人行為。它源自於一種信仰：通過傷害人類、動物和環境來得到某種結果是不必要的，還指一種基於道德、宗教和精神法則而放棄暴力的哲學[1]。為推崇印度甘地對人類的貢獻，2007年聯合國大會通過決議以聖雄甘地的生日10月2日訂立為「國際非暴力日」，以紀念印度獨立運動領袖、非暴力哲學和策略的先驅聖雄甘地，希望各國反對任何暴力行

---

[1] 莫罕達斯・卡拉姆昌德莫・甘地（Mohandas Karamchand Gandhi）著，啟蒙編譯所，《甘地自傳：我追求真理的歷程》（上海：社會科學院出版社，2017年）。

為[2]。易言之，訴諸暴力解決問題，不但無法解決問題，相對地，只會讓國家的紛爭無止盡地持續下去，引發更激烈的暴力行動；反觀，藉由非暴力抗爭，規範自己的行動，既能為自己的信念增加道德的力量，亦會讓國家或政府產生畏怯和權力動搖，進而被人們質疑其合法性。

查爾斯·蒂利在《集體暴力的政治》即明確指出國家政治制度影響暴力與非暴力的特性和強度：一個是政府能力，另一個是民主。政府能力意味著在政府的管轄內，政府機關控制著資源、活動和人口的程度，亦即政府能力在幾乎零宰制與幾乎絕對控制之間發生變化。民主意味著，在政府權限內，社會成員與政府機關保持著廣泛而平等的關係的程度[3]。蒂利認為暴力與政治制度是息息相關的，集體暴力通常隨著民主而減少；民主制度中的集體暴力要比非民主制度中的集體暴力少。而政治參與的擴大、政治權利的擴張與平等化、用非暴力手段表達訴求的規範化，以及不斷增加的第三方反對以暴力解決訴求爭議的意願，都抑制了產生暴力抗爭的過程[4]。政府能力的提高和民主化的進步都深深改變了國內集體暴力的條件，抗爭的手法朝向政治潛力的非暴力方式[5]。

在對暴力強弱的水平研究中發現，高強度暴力在低能力的非民主制度國家發生率較高，而中強度暴力在高能力的非

---

[2]　〈https://zh.wikipedia.org/wiki/%E5%9C%8B%E9%9A%9B%E9%9D%9E%E6%9A%B4%E5%8A%9B%E6%97%A5〉。

[3]　Charles Tilly著，謝岳譯，《集體暴力的政治》（上海：上海人民出版社，2011年），頁45-46。

[4]　同前註，頁48。

[5]　同前註，頁65。

非暴力抗爭：1977—2019臺灣社會運動

158

民主制度和低能力的民主制度發生率較高，至低強度暴力則係發生在高能力的民主制度[6]——亦即集體暴力通常隨著民主而減少，民主制度中的集體暴力要比非民主制度中的集體暴力少[7]。

本研究發現影響臺灣社會運動非暴力化的因素包括「環境因素」、「政府治理」及「群眾認知」等三種因素，茲論述如下：

第一節　環境因素

環境因素係指影響臺灣社會運動非暴力化的內外環境因素。其中全球非暴力抗爭的風潮，對臺灣社會運動非暴力化具有啟發性的意義與影響。

一、全球非暴力抗爭運動

塞繆爾・P・杭廷頓著《第三波：二十世紀末的民主化浪潮》指出20世紀受第三波民主化與全球化浪潮的衝擊與影響，為全球公民社會運動與非暴力抗爭的興起創造了有利的政治和法律環境[8]。美國國際法學者理查德・法爾克（Richard Falcke）將全球化定義為「一個行動與思想的領域，由個別的與集體的公民行動組成，以志願與非營利性質的組織，在不同國家與跨國層面上進行。」各式各樣的非政府組織和社會運動，如民主運動、人權運動、環保運動、女

---

[6] 同前註，頁54-56。

[7] 同前註，頁48。

[8] 塞繆爾・P・杭廷頓（Samuel P. Huntington）著，劉軍寧譯《第三波：二十世紀末的民主化浪潮》（臺北：五南圖書出版公司，2000年），頁19-22。

權運動、和平運動和其他反對經濟全球化所造成的惡果[9]。

　　有關非暴力抗爭在全球各地普及發展,如在歐洲1905年俄羅斯人民罷工,大規模的非暴力動運動造成政治上的變革[10];1919年英國政府射殺集會人群,引發甘地發起非暴力不合作運動,是世界歷史上第三個全國性的非暴力抵抗運動[11];1989年波蘭團結工會持續10年的非暴力抗爭,終導致共產黨政權倒台,人民得以自由和公正的選舉[12];1990年立陶宛以非暴力抗爭掙脫蘇聯獨立[13];1990年拉脫維亞以非暴力抗掙脫離蘇聯獨立[14];1991年俄羅斯人民以非暴力運動的力量和軍方的拒絕配合的結果,最後導致蘇維埃社會主義共和國聯邦解體[15];1993年捷克與斯洛伐克解體成為兩個獨立國家[16]。在北美洲,1955年金恩博士的非裔美國人民權非暴力運動[17];1955年蒙哥馬利罷乘運動[18];1961年金恩參與奧爾

9　陳弘毅,〈市民社會的理念與中國的未來〉,「公民與國家」學術研討會。臺北:中央研究院中山人文社會科學研究所,民國90年11月,頁14-34。

10　彼得‧艾克曼和傑克‧杜瓦(Peter Ackerman,Jack Duvall)著,陳信宏譯,《非暴力抗爭:一種更強大的力量》(臺北:究竟出版公司,2003年),頁13。

11　同前註,頁53。

12　同前註,頁99。

13　Grazina Miniotaite著,林哲夫譯,《立陶宛的非暴力抗爭:和平解放的故事》(臺北:前衛出版社,1997年)。

14　Olgerts Eglitis著,林哲夫譯,《拉脫維亞的非暴力抗爭》(臺北:前衛出版社,1997年)。

15　〈https://zh.wikipedia.org/wiki/%E8%8B%8F%E8%81%94%E8%A7%A3%E4%BD%93〉。

16　〈https://zh.wikipedia.org/wiki/%E6%8D%B7%E5%85%8B%E6%96%AF%E6%B4%9B%E4%BC%90%E5%85%8B〉。

17　〈https://zh.wikipedia.org/wiki/%E9%9D%9E%E8%A3%94%E7%BE%8E%E5%9C%8B%E4%BA%BA%E6%B0%91%E6%AC%8A%E9%81%8B%E5%8B%95〉。

18　〈https://zh.wikipedia.org/wiki/%E8%81%AF%E5%90%88%E6%8A%B5%E5%88%B6%E8%92%99%E5%93%A5%E9%A6%AC%E5%88%A9%E5%85%A

巴尼種族隔離非暴力運動[19]；1960年美國南方民權運動[20]；2011年占領華爾街[21]。在南美洲1944年薩爾瓦多反對力量以非暴力運動推翻軍事獨裁者[22]；1977年阿根廷及1983年智利人民亦是以非暴力運動迫使政府妥協[23]。

在亞洲1947年印度獨立，係受甘地自1916年所領導的大規模不合作運動對抗殖民地英國政府的結果；1986年菲律賓人民力量運用非暴力抗爭導致總統斐迪南‧馬可仕（Ferdinand Marcos）垮台；1992年泰國人民通過非暴力抗爭，以罷工及抗議方式，結束軍事獨裁統治[24]；2014年香港「雨傘革命」（Umbrella Revolution），又稱雨傘運動（Umbrella Movement）或占領行動（Occupation Movement），以「讓愛與和平占領中環」非暴力抗爭方式[25]。歷經事件後讓中國大陸北京對此類運動未敢輕忽。

在非洲20世紀八〇年代南非種族隔制度的廢除，亦是由曼德拉長達10年的非暴力運動抗爭，迫使政府妥協；2010年突尼西亞的「茉莉花革命」人民以非暴力抗爭方式推翻政

C%E8%BB%8A%E9%81%8B%E5%8B%95〉。

[19] 〈https://zh.wikipedia.org/wiki/%E9%9D%9E%E8%A3%94%E7%BE%8E%E5%9C%8B%E4%BA%BA%E6%B0%91%E6%AC%8A%E9%81%8B%E5%8B%95〉。

[20] 〈https://zh.wikipedia.org/wiki/%E9%9D%9E%E8%A3%94%E7%BE%8E%E5%9C%8B%E4%BA%BA%E6%B0%91%E6%AC%8A%E9%81%8B%E5%8B%95〉。

[21] 〈https://zh.wikipedia.org/wiki/%E4%BD%94%E9%A0%98%E8%8F%AF%E7%88%BE%E8%A1%97〉。

[22] 彼得‧艾克曼和傑克‧杜瓦著，陳信宏譯，《非暴力抗爭：一種更強大的力量》（臺北：究竟出版公司，2003年），頁215。

[23] 同前註，頁239。

[24] 〈https://www.nonviolent-conflict.org/wp-content/uploads/2017/02/Nonviolent-Struggle-50-crucial-points-Chinese.pdf〉。

[25] 〈https://zh.wikipedia.org/wiki/%E9%9B%A8%E5%82%98%E9%9D%A9%E5%91%BD〉。

權，為阿拉伯國家中第一起推翻現任政權的革命[26]；2011年埃及革命，民眾以示威、遊行、集會及罷工等非暴力抗爭方式，導致總統穆罕默德‧胡斯尼‧穆巴拉克（Muhammed Hosni Mubarak）下台；2000年塞爾維亞；2003年喬治亞；2004年烏克蘭；2005年黎巴嫩等國家成功以非暴力運動結束獨裁政權或迫使外國軍隊撤離等[27]。

從上述各國對抗獨裁或威權政體的成功案例中，都不是以暴力抗爭方式得到成果，而是以非暴力抵抗方法擺脫殖民而獨立，或成功結束獨裁、取得政權，或改變社會制度的案例。這些成功的案例很快傳遍全球各地，且被各國從事社會運動的組織、領導者與群眾學習、複製與運用，在20世紀中葉產生所謂的「蝴蝶效應」傳送全球各地，成為一股學習與效法的浪潮。

二、全球非暴力抵抗變化趨勢

根據2004年至2018年全球非暴力抵抗變化趨力，自2004年以降，全球非暴力抵抗在世界各地反應非常熱絡。如圖5-1。圖中數字代表搜尋字詞在特定區域和時間範圍內的熱門程度變化趨勢，以圖表中的最高點做為比較基準。100分代表該字詞的熱門程度在該時間點達到最高峰。50分表示該字詞的熱門程度為最高點的一半，0分則表示該字詞熱門程度的資料不足。從圖中不難發現全球非暴力抵抗趨勢介於40至60之間，顯示全球對非暴力抵抗的變化趨勢始終與暴力抵

---

[26] 〈https://zh.wikipedia.org/wiki/〉。
[27] 〈https://www.nonviolent-conflict.org/wp-content/uploads/2017/02/Nonviolent-Struggle-50-crucial-points-Chinese.pdf〉。

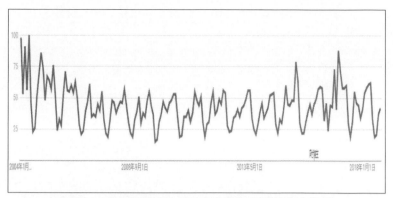

圖5-1　2004年至2018年全球非暴力抵抗變化趨勢

資料來源：作者整理

抗維持一定的比例，甚至在2010年後有略為上升趨勢。

　　從全球非暴力抵抗變化趨勢，作者蒐尋全球主要地區國家對非暴力抵抗變化趨勢，如表5-1。在這些國家中非暴力抵抗的變化趨勢與全球非暴力抵抗變化趨力非常趨近，顯示在這些國家中人民對社會運動非暴力抵抗的相關議題的關注度非常熱絡。

　　鑑於非暴力抵抗在全球各地普遍受到的重視和運用，而臺灣民主轉型過程和平順利，為新興民主國家的典範，國際化程度高，又因地緣政治關係，位處亞洲交通要衝，經濟發展高速，尤其是在資訊科技的展現更是傲人，完全與全球國際社會接軌。在資訊科技與傳播媒體發達及普遍的今天，只要世界各地發生的任何訊息，如政治、經濟、社會、人權、婦女、環境保護、文化或宗教等等相關議題，臺灣人民皆可以在極短時間內透過網際網路或大眾傳播媒體獲知最新訊息。是以，臺灣的社會運動發展非暴力抗爭方式，可以確定係深受全球非暴力抗爭的影響攸關。

表5-1　全球主要地區國家非暴力抵抗變化趨勢

區域	國家
美洲地區	美國、加拿大、墨西哥、阿根廷、委內瑞拉、智利、巴西等
歐洲地區	德國、法國、英國、義大利、西班牙、波蘭、俄羅斯、烏克蘭、捷克、愛爾蘭、羅馬尼亞、荷蘭等
亞洲地區	印度、日本、南韓、新加坡、泰國、菲律賓、馬來西亞、香港、越南、臺灣、中國大陸等
非洲地區	南非、埃及等。

資料來源：作者整理

第二節　政府治理

　　B・蓋伊・彼得斯提出傳統的政府治理的六個主要特徵，政治中立的公務員制度；層級制和規則；永久性和穩定性；制度化的公務員制度；內部管制；平等。四個新治理模式的主要特徵：市場式政府、參與式政府、彈性化政府、解制式政府[28]。

　　政治體系對社會運動特性的影響及發展至鉅與深遠。多娜泰拉・德拉波爾塔指出社會運動的暴力與非暴力，抗議者與警察的直接互動具有絕對的影響。政治體制會隨著時間的遞移而趨於穩定，而社會運動則具有循環演化的特性，政治體制的開放性對於社會運動成敗的影響，具有一種曖昧性[29]。政治戒嚴時期集會遊行係被政府「全面禁止，嚴格管控」，惟隨著環境變遷，政治制度由威權體制轉型為民主體制後，警察機關處在理集會、遊行之基本立場亦隨之調整為「依法行政、行政中立、安全第一」，貫徹「保障合法」、

---

[28] B・蓋伊・彼得斯（B. Guy Peters）著，吳愛明、夏宏圖等譯，《政府未來的治理模式》（北京：中國人民大學出版社，2014年），頁3-20。

[29] Donatella Della Porta & Mario Diani合著，苗延威譯，《社會運動概論》（臺北：巨流圖書有限公司，2002年），頁231-235。

非暴力抗爭：1977-2019臺灣社會運動

「取締非法」及「制裁暴力」原則，妥善處理各項抗爭活動，以達到和平保障集會遊行之目的[30]。

　　為維護國家行政管理的權威性，必須以完備的法制形式維護和鞏固加強其行政管理功能，以保障這種管理的穩定性和連續性，是現代的、科學的、高效的行政管理制度建立的前提和基礎[31]。1992年世界銀行在治理與發展報告中闡述治理的觀點。世界銀行是在兩個層次上使用這個念：一個是「技術領域」，強調治理即是建立「發展法律的框架」和「培養能力」，其中包括實現法治、改進政府管理，提高行政效率；二是支持和培養公民社會的發展[32]。有關政府對集會遊行活動的處理原則，隨著環境的變遷而調整，如表5-2。從戒嚴時期採鎮壓或鎮暴作為，到依法行政、行政中立、安全第一，保障人民合法集會遊行、對於暴力行為採取強勢作為，保護和平集會，歷經半個世紀之久。

表5-2　1949年至2016年政府對集會遊行活動的處理原則演進

時期	處理原則
1949年-1987年 「戒嚴時期」	初期採鎮壓或鎮暴 違常活動秉持溫和寬容之自制作為，採低姿態 不容許突破、不發生衝突、不刺激擴大、在任何狀況下不許發生流血事件
1987年「解嚴」	保障合法、約制非法
1988年-1990年	保障合法、取締非法、制裁暴力
1991年-1995年	剛柔並濟、堅定執法、疏導、化解
1995年	強勢處理

[30] 朱金池著，《聚眾活動處理的政策管理》（臺北：獨立出版社，2016年），頁68-72。

[31] 〈https://wiki.mbalib.com/zh-tw/〉。

[32] 唐娟著，《政府治理論》（北京：中國社會科學出版社，2006年），頁20。

時期	處理原則
1996年-2006年	保障合法、取締非法、制裁暴力、強勢作為對暴力行為，以打擊暴力代替柔性作為
2006年-2016年	依法行政、行政中立、安全第一 保護和平集會、制裁暴力行為、強力執法

資料來源：作者整理自朱金池著，《聚眾活動處理的政策管理》，頁66-71。

一、威權政體時期聚眾活動處理原則

　　B·蓋伊·彼得斯在《政府未來的治理模式》中提及公務員應該毫不遲疑的接受和服從其名義上的政治家發布的政策命令[33]。1987年臺灣處於戒嚴時期，社會在威權體制統治之下，受制於《戒嚴法》、「臺灣省戒嚴令」，其中《戒嚴法》第11條規定，戒嚴地域內，最高司令官得停止集會結社及遊行請願……，必要時並得解散之[34]。「臺灣省戒嚴令」[35]、「臺灣地區戒嚴令」[36]，以及「臺灣省戒嚴期間防止非法集會結社遊行請願罷工罷市罷業等規定實施辦法」等強制規定[37]。1984年臺灣警備總司令部訂頒「防處各種妨害治安之違常活動執行要點」，其處理原則係採「不容許突破、不發生衝突、不刺激擴大」之三不原則。此時期政府對集會遊行係「全面禁止，嚴格管控」，人民如有集會遊行均

---

[33] B·蓋伊·彼得斯（B. Guy Peters）著，吳愛明、夏宏圖等譯，《政府未來的治理模式》（北京：中國人民大學出版社，2014年），頁11。

[34] 戒嚴法，1934年11月29日公布施行，於1948年5月19日及1949年1月14日2次修正。

[35] 臺灣省戒嚴令，臺灣省政府及臺灣省警備總司令部1949年5月19日布告戒字第壹號令頒。

[36] 臺灣地區戒嚴令，政府行政部門1959年7月22日令頒，1962年8月31日及1968年9月14日第2次修正。

[37] 戒嚴期間防止非法集會結社遊行請願罷工罷市罷業等規定實施辦法係由臺灣省警備總司令部1949年5月20日訂頒。

被認為係「違常活動」而予以論處，由警備總司令部統籌負責，違常活動過程如被統治者視為係向其統治權的挑戰，處理方式即是移送軍事審判，如中壢事件、美麗島事件是。因此，戒嚴時期在臺灣極少發生「違常活動」。

解嚴前夕，內政部警政署為承接解嚴後原臺灣警備總司令部集會遊行相關業務，1986年警政署訂頒「主動打擊、消滅犯罪實施計畫—防處違常活動與群眾事件執行計畫」，律定「不容許突破、不發生衝突、不刺激擴大、在任何狀況下不容許發生流血事件」之四不原則。解嚴後由於聚眾抗爭活動方興未艾，鑑於解嚴前後的幾起聚眾抗爭活動過程中引發軍警與民眾激烈衝突，對社會秩序造成負面的影響，1990年時任內政部部長的許水德曾轉述李登輝總統指示他面對社會不斷抗爭的聚眾活動時的處理三原則，一是不可出動軍隊鎮壓聚眾活動；二是不發生流血；三是警察處理聚眾活動不可使用暴力[38]，以防止聚眾抗爭事態擴大，讓政府與社會付出代價，影響臺灣民主轉型發展。政府對處理聚眾活動的治理政策，亦影響後來《集會遊行法》的立法政策。

二、民主政體時期集會遊行處理原則

解嚴後，政治制度由威權政體轉型為民主政體後，警察機關在處理集會、遊行之基本立場亦隨之調整，在《集會遊行法》未公布施行前係採「保障合法、約制非法」原則。1988年《集會遊行法》公布施行後採「保障合法、取締非法、制裁暴力」原則。1991年後改採「剛柔並濟，堅定執法」原則。1995年因發生一場計程車集體暴力鬥毆事件，警

---

[38] 作者1990年至1991年間擔任內政部部長許水德先生隨扈時獲悉。

察機關處理群眾事件改採「強勢處理」原則；1997年警政署提出「保障合法、取締非法、防制暴力」原則；2006年以全面治安為基礎，警察機關在處理集會遊行時應秉持「依法行政、行政中立、安全第一」、「嚴正執法」立場，及「保護和平集會，制裁暴力行為」之原則。貫徹「保障合法」、「取締非法」及「制裁暴力」原則，妥善部署警力，嚴密蒐證，處理各項抗爭活動，貫徹公權力，以達到和平保障集會遊行之目的[39]，並調整警察於集會現場的角色定位，從以前「維持社會秩序」調整為「保障合法集會遊行，排除暴力違法」的策進作為。

從警察機關對集會遊行的治理政策的改弦易轍作為上，顯見政府對處理社會運動的政策及發展非暴力化、頻繁化及多樣化具有關鍵性的影響，特別是對非暴力抗爭的發展環境尤甚，此亦是何以臺灣的社會運動始終維持在非暴力抗爭的模式，未進一步造成社會的動盪不安和失序。張維容〈我國規範集會遊行活動之法政策研究──1988年至2013年集會遊行法為例〉係以1988年至2013年間我國《集會遊行法》為中心，聚焦於四個核心規範之探討：即管制模式、禁制區、命令解散權及法律責任[40]。陳雅蓁〈警方抗議處理街頭運動暴力變化的影響〉係從街頭運動暴力如何轉變與因何轉變，認為多數街頭運動的暴力行為是警方與群眾不良互動的結果，警方嚴厲的處理方式會增加街頭運動中暴力與衝突的機會。朱金池著《聚眾活動處理的政策管理》一書剖析警察機關在

[39] 朱金池著，《聚眾活動處理的政策管理》（臺北：獨立出版社，2016年），頁66-72。

[40] 張維容，2014。《我國規範集會遊行活動之法政策研究──以1988年至2013年集會遊行法為例》。臺北：國立臺灣大學國家發展研究所博士論文。

處理社會運動的政策規劃、政策執行與政策評估等，闡述警察機關面對臺灣頻繁與非暴力化社會運動的策略[41]。

第三節　群眾認知

　　基本上，政府所擁的公權力與行政資源，遠非任何一個非政府的組織所能及。在此基調下，人民在從事社會運動時，已先立於不利的處境，是以，從臺灣社會運動的發展過程中，處處可以目睹到人民與政府之間權利與資源的不對稱，使得社會運動的規模，相形見絀，限縮其對政府的影響力，況且在臺灣社會運動通常不是一次性的集體行動即可達到目的。惟隨著民主政治的覺醒與維權意識的提高，以及群眾積累社會運動的成敗經驗，對於社會運動的行動策略已朝有組織、有目標、有計畫，且藉由持續性、間歇性和反覆性的集體行動來表達訴求，以爭取社會大眾的認同和轉變。加諸群眾對社會運動以非暴力抗爭理論與戰略的認知，對社會運動採非暴力抗爭行動具有決定性的影響，亦讓政府在面對社會運動以非暴力抗爭方法時，降低使用暴力鎮壓民眾的合法性與處理策略。

　　甘地從南非非暴力抗爭的成功經驗中，深刻體認到採取非暴力抗爭行動的原因在於喚醒人民的認知；以暴力抗爭方式去對抗政府，無異提供政府一個實施暴力鎮壓抗爭的合法性與正當性，這對參與社會運動者而言，付出的代價遠比採非暴力抗爭方式來得高。因此，在向英國爭取印度獨立的過程中，甘地完全複製在南非的非暴力抗爭的經驗模式，相信

[41] 朱金池著，《聚眾活動處理的政策管理》（臺北：獨立出版社，2016年）。

非暴力抗爭是對抗殖民政府公權力最佳的行動策略。而事實證明，此一策略的運用，最終迫使英國政府退出印度，使印度獲得獨立。研究發現，促使臺灣社會運動朝非暴力抗爭的發展的因素除「環境因素」、「政府治理」外，另外一個重要的因素係來自「群眾認知」的直接影響。

一、非暴力抗爭理論的引進與實踐

非暴力理論的知識及文獻探討在西方國家非常熱絡，甚至成為學術研究領域的顯學，在臺灣相對稀少。有關臺灣「非暴力」一詞可能係從《甘地自傳》書中得知，至於非暴力理論與實務的引進，林哲夫教授可能係國內最早接觸與宣導非暴力相關理論的學者。對於社會運動的非暴力主張，國內多位實際長期參與社運菁英早在戒嚴時期的1980年之後，即有接受過相關非暴力抗爭理論與實例的組織訓練課程，例如由林哲夫於1983年解嚴前引進「台加草根社區組織者訓練班」（Taiwanese-Canadian Urban Training，簡稱TCUT）及1987年解嚴後將「城鄉宣教運動」（Urban Rural Mission，簡稱URM）的非暴力理念引進臺灣推動非暴力抗爭訓練等[42]。詳見第二章文獻回顧與理論探討（第三節臺灣社會運動文獻之二、非暴力抗爭文獻檢閱）。

台灣農村陣線於2013年將其編印「非暴力抗爭手冊」[43]。於同年在總統府前凱達格蘭大道上舉辦「818拆政府」行動中發給參與社會運動的民眾，藉此讓公民的「不

---

[42] 方嵐亭等著，《感恩、執著、台灣建國路──林哲夫》（臺北：台灣基督教長老教會，2017年），頁260。

[43] 台灣農村陣線編製2013年8月〈http://www.taiwanruralfront.org/〉。

合作運動」，喚起大眾對大埔事件的注意[44]。強化對非暴力抗爭方法的認知與學習，雖係一本袖珍型的非暴力教戰守則，卻在臺灣各社運團體廣為流傳、學習和運用。檢視臺灣社會運動非暴抗爭事件案例，根據吉恩‧夏普的非暴力抗爭198種方法認定，臺灣其實有諸多聚眾抗爭事件，已符合該非暴力抗爭方式的個案。包括：公開演講（如楊斯棓醫師的反核巡迴演說）；由組織或機構公開宣言（如台灣農村陣線之農民權利宣言）；公開連署（如千名律師連署反對執法過當）；宣告提訴訟（如苗栗大埔張家為違法迫遷提起訴訟）；集體請願（如樂生青年聯盟向臺北市政府請願）；標語、漫畫、象徵（如今天拆大埔，明天拆政府、反核旗、繫黃絲帶、白衫軍、占領土地種植農作物、士林王家組合屋……等）；苦行（如核四公投苦行、樂生遊行三步一跪）；政治性悼念（如803「萬人送仲丘」、陳文成紀念晚會）。

又如在關鍵場所辦理集會活動向政府示威（在立法院反服貿，拆立法院、抗議性記者會、座談會、研討會、反核四五六運動）；退場退席（士林文林苑都更協調會離席抗議）；消費者拒絕購買某商品（如抵制統一企業商品抗議其黑心原料、抵制味全食品）；使行政系統超負荷（如灌爆市長信箱、市政電話）；非暴力監禁（如阻止陳雲林離開飯店）；建立替代通訊系統（如設立地下電台、黨外雜誌）；故意且公開拒絕遵守惡法（如故意不遵守集會遊行法、集會遊行故意不申請）；長期監控進展（如在立法院前長期靜坐

---

[44] 新頭殼newtalk〈拆政府行動登場 農陣發非暴力抗爭手冊〉2013年8月18日林良齊臺北報導〈https://newtalk.tw/news/view/.〉。

監控核四公投案的發展）等等，皆符合吉恩・夏普所謂非暴力抗爭方式的理論與方法[45]。顯示臺灣的社會運動早期或許沒有西方非暴力抗爭理論的基礎，惟在社會運動的方法上似乎有西方非暴力抗爭理論的影子，對臺灣社會運動發展非暴力抗爭方式非常有意義。

二、非暴力抗爭的深耕培育

　　民間團體亦有辦理有關非暴力相關教育課程，如臺灣基督教長老教會辦理「公民草根運動——愛與非暴力抗爭訓練」教育課程，推廣非暴力抗爭理念與行動。1982年林哲夫於加拿大創辦URM，在海外培訓臺灣的社會運動工作者，解嚴後才移回臺灣廣招學員。作者訪談社會運動領袖君「A君」時口述，他是臺灣第一屆學員，並邀請加拿大約克大學教授艾德・費爾博士（Dr. Edgar File）擔任講師，課程以社會議題分析、策略選擇、行動計畫等社會運動工具為主。後續包括政黨、環保團體、勞工團體、人權團體、性別、農民運動團體、原住民運動、文化工作、學生運動等主要幹部，都有參與過URM的訓練，臺灣社會運動的發展深受其影響，特別是非暴力抗爭方法[46]。

　　從1982年至2016年間，臺灣來自各行各業受過URM的訓練的學員超過兩千人，包括：台灣基督教長老教會傳道人士、農民、勞工、漁民、學生、婦女、環保人士及公職人員等。主要授課內容為：1.目標，強化非暴力抗爭的信念與技巧；2.體驗式訓練的要領；3.對非暴力抗爭的知識與信念

---

[45] 台灣農村陣線編印，《非暴力抗爭小手冊》，2013年8月，頁2-10。

[46] 作者訪談時間、地點及對象：2018年9月5日下午4時至6時，臺北，A君。

的充實；4.介紹加拿大（URM）非暴力抗爭；5.分享對非暴力抗爭的想法；6.非暴力抗爭訓練最應著力的要點；7.介紹「螺旋體驗前進式訓練方法」；8.從學員的經驗出發；9.演練方式的體驗教學；10.國外非暴力抗爭影片觀賞；11.非暴力抗爭理論與實務講解；12.如何策劃一個非暴力抗爭的行動計畫等[47]。

為持續宣導非暴力抗爭理念，1994年台灣基督教長老教會邀請群眾性公民防衛（Civilian Based Defense，簡稱CBD），阿爾伯特·愛因斯坦研究所創辦人，吉恩·夏普教授來臺灣分別在臺北市、高雄市、臺中市及臺南市進行兩週共十場的公開性座談會。同年林哲夫邀請美國普林斯頓大學教授約翰·薩瓦吉來臺授課。也在立法院舉辦非武裝國防的公聽會。1999年林哲夫邀請非暴力公民防衛的立陶宛前國防部長利納斯·安塔納斯·林克維丘斯（Linas Antanas Linkevicius）來臺演講如何以非暴力策略和行動擊退蘇聯，爭取獨立。

三、社運領袖菁英對臺灣非暴力抗爭觀點

為進一步確認臺灣社會運動轉型非暴力化的關鍵，作者以非結構性的訪談方式訪問在臺灣從事社會運動領導菁英人士，及兼具學術與實務，對國內的集會遊行有深入研究和著書的學者。包括訪談臺灣非暴力抗爭先驅者，為尊重受訪者隱私權，分別以受訪者A、B、C君等稱之。如受訪者A君，自1980年代參與臺灣反對運動，曾接受加拿大URM非暴力抗

---

[47] 簡錫堦著，《弱者的力量：臺灣反併吞的和平想像》（臺北：我們出版，2015年）頁238-245。

爭講師培訓，在1991年「一〇〇行動聯盟」發起「反閱兵、廢惡法運動」中，負責非暴力訓練與行動規劃，此後將非暴力理念與抗爭技術應用於各種社會運動。

另一位在臺灣亦是長期從事社會運動，力倡非暴力抗爭方法的社運領袖菁英，受訪者B君。

另外兼具警察學術與警察實務工作者，受訪者C君，在訪談過程中對臺灣社會運動朝非暴力化發展，及社群網路的普及下，對警察機關在處理聚眾活時的策略管理有深入鑽研的學者。

以下係作者與受訪者談話的重要內容：

A君為民主運動先驅。訪談日期、地點及時間：2018年9月5日下午4時至6時；地點：新北市。

訪談重點，包括：如何看待發生在1977年的「中壢事件」、1979年的「美麗島事件」、1986年的「中正機場事件」及1988年「台灣農民運動事件」等解嚴前的幾起聚眾抗爭活動與暴力抗爭關係；臺灣的社會運動有無西方國家的介入；臺灣有無發展暴力抗爭的條件；臺灣社會運動非暴力抗爭的發展；臺灣未來社會運動的發展等等。

依據A君表示，臺灣在1987年之前的聚眾活動在戒嚴時期是被嚴格禁止的，其中發生在1977年的「中壢事件」、1979年的「美麗島事件」、1986年的「中正機場事件」及1988年「台灣農民運動事件」等，這幾起日後影響臺灣民主發展深遠的聚眾活動事件，其中「台灣農民運動事件」雖然後來發生暴力行為，但事實上520農運主體的農民及聲援的學生都屬非暴力抗爭行動，農民從雲林來臺北抗議的貨車上被拍下有運送石頭照片，後來記者舉發係被「栽贓」；學生

聲援以靜坐抗議為主。因第一波農運領導人和學生被逮捕並移送，引來更大的外來激進力量，以木棍、石塊襲擊警察、拆立院大門匾額、砸門面事件及兩顆汽油彈攻擊都算是有計畫的暴力行為。嚴格來說上述幾起的社會運動都不能算是暴力抗爭事件。

A君說，中壢事件係發生在民國66年屬戒嚴時期，無論是政府或參與的民眾，大家都沒有參與過聚眾活動和處理聚眾活動的經驗。是以，參與者只是要表達對選舉的不公，不可能事前即準備以暴力方式挑戰政府，但事件發生在戒嚴時期，政府與人民從無這樣的聚眾活動經驗，因而震驚政府高層與國安情治單位，地方政府為阻止事件擴大，認為必須採取強硬手段鎮壓手段處理聚眾活動事件，惟必須有鎮壓的合法性。因此，唯一的方法即是策動與聚眾活動不相干人士對警察實施暴力攻擊，使鎮暴警察得以採取鎮壓的正當性，以降低對社會的衝擊。其他包括「美麗事件」、「中正機場事件」都有類似的手法。

A君闡述，所謂的暴力抗爭係指抗爭者在從事聚眾抗爭活動事前即有準備要以暴力方式來挑戰政府。換言之，這幾起事件伊始並非採取暴力手段，惟活動過程中卻發生雙方暴力相向，最後卻導致以暴力鎮壓抗爭收場，其實都係源自於擦槍走火所引發的結果。

A君直言，1991年之前雖然在臺灣各地頻頻發生集會遊行活動，而活動過程中亦係非暴力抗爭方式，惟以他對非暴力抗爭理論與戰略的熟悉，這些非暴力抗爭方式的背後缺乏理論與戰略實例的支撐，亦即沒有受過非暴力的訓練。

對於臺灣社會運動非暴力轉型的關鍵，A君認為，臺灣

沒有發展暴力的環境的條件，因為臺灣是一個海島，地理環境狹小，無廣大腹地可供恐怖攻擊或打游擊戰，歷年來只有兩次在抗爭中出現過汽油彈。臺灣的社會運動真正轉型為非暴力抗爭方式應該是從1991年以後，因為那時臺灣有一些社會運動菁英受邀到加拿大去學習非暴力抗爭方式的訓練。在完成非暴力抗爭訓練課程取得證書後，回臺灣全力推廣「非暴力抗爭方式」的理念與實例訓練，並進一步運用在臺灣的社會運動，如1991年「一〇〇行動聯盟」的發起「反閱兵、廢惡法運動」、2006年「百萬人民倒扁行動」及2014年「太陽花學運」等，都是經由非暴力抗爭方式的訓練來進行。他們為臺灣的非暴力抗爭樹立典範，讓國際社會目睹非暴力抗爭在臺灣的成果。

此觀點與江蓋世在其1991年與王康陸聯合執筆撰寫《非暴力的理論與實踐》將在英國、印度及美國將蒐集非暴力資料與撰寫該書係為了推動臺灣的非暴力運動的時間點不謀而合。

作者問A君，在採取非暴力抗爭過程中如遇政府對抗爭群眾施以暴力時會採取暴力相向嗎？還是堅持非暴力抗爭不會發生動搖？他表示，非暴力抗爭並不保證不會發生受傷或流血衝突事件，甚至更嚴重的傷亡事件都有可能，他自己多年來在從事非暴力抗爭時，是抱持著不惜犧牲個人生命的理念在從事社會運動，唯有堅持非暴力抗爭信仰，非暴力抗爭才有成功的機會，像印度聖雄甘地與馬丁・路德・金恩都是如此，他們都是受他們的理念的影響。

A君表示在1990年受邀到加拿大學習非暴力抗爭時，曾與艾德・費爾博士爭論非暴力抗爭對「不民主國家」沒有

用。因為他深信對抗威權體制從事群眾抗爭運動的方式就是
要使用「暴力」方式來對抗政府，惟在他從國外學習到非暴
力抗爭方式後，原先認為從事群眾抗爭主張以「暴力」的觀
念完全被改觀。是以，回國後即奉行非暴力抗爭是唯一的選
擇，因為他堅信「非暴力抗爭的力量比暴力抗爭的力量更強
大」，並開始訓練臺灣的學員，乃至受邀赴香港演講傳授非
暴力抗爭的理論與實例。

　　A君表示其受林哲夫邀請1999年在臺灣創立「臺灣國家
和平安全研究協會」，以研究、教育、推動非武裝國防為宗
旨，推廣CBD的觀念及組訓計畫。其授課方式係以兩項「體
驗式演練」來解說非暴力抗爭的原理，並設定狀況讓學員實
際體驗，即使統治者擁有強大的軍警和裝備，但面對非暴力
抗爭者，這些軍警和裝備幾乎無用武之地。

　　A君認為臺灣這些年來對於非暴力抗爭理念與行動已超
越美國，且已形成臺灣的文化特色。他說：美國的非暴力抗
爭偏重在行動現場的紀律、秩序維護和行動方式，如遭警察
鎮壓時，將手放在頭上，屬表層上非暴力抗爭行動方式，但
臺灣則不同。臺灣係經過教育訓練，灌輸非暴力的理念讓參
與者深植人心，再轉化成外表的行動，屬深層化的非暴力抗
爭方式，這是臺灣非暴力抗爭行動與美國最大的不同，也是
臺灣社會運動呈現非暴力抗爭文化的特色。

　　B君為社會運動領袖菁英，訪談日期、地點及時間：
2018年8月14日上午11時至12時。地點：臺北市。

　　訪談重點，包括：如何看待發生在1977年的「中壢事
件」、1979年的「美麗島事件」、1986年的「中正機場事
件」及1988年「台灣農民運動事件」等解嚴前的幾起聚眾抗

爭活動與暴力抗爭關係；臺灣的社會運動有無西方國家的介入；臺灣有無發展暴力抗爭的條件；臺灣社會運動非暴力抗爭的發展；臺灣未來社會運動的發展等等。

　　B君表示有關暴力抗爭吉恩‧夏普有很嚴謹的定義。在他看來臺灣的社會運動並沒有以暴力抗爭方式的案例，所謂暴力抗爭係指民眾在從事社會運動前，一開始即有計畫、有目的和預謀要以暴力的手段去挑戰政府的公權力，但包括發生在1977年的「中壢事件」、1979年的「美麗島事件」、1986年的「中正機場事件」及1988年「台灣農民運動事件」等，其中「中壢事件」、「美麗島事」及「中正機場事件」等都不是以暴力抗爭為出發點，而是現場環境造成的軍警民的衝突。依B君個人觀察部分原因為，部分以街頭抗爭的重要人士在政權輪替後，進入政府體制內，而現在執法的警察人員的背景不再是過去戒嚴時期的由大陸撤退來臺的軍人轉任警察，而是臺灣特別是南部的農村子弟，因此，在執法心態與手段上顯然異於由大陸撤退來臺由軍人轉任警察的心態與手段溫和。

　　B君進一步指出這幾起事件均發生在戒嚴時期與解嚴初期，由於政府執法人員未遇過這樣的聚眾抗爭活動，事件發生時從地方到中央政府及情治機關等，一時間不知如何所措，政府希望聚眾抗爭事件儘快落幕，民眾只是單純表達對政府的不滿，沒想過要以暴力對抗。是政府內部刻意製造軍警與民眾擦槍走火的衝突，以便讓執法人員進行合法鎮壓，才導致衝突事件擴大，終至發生流血和傷亡事件。

　　至於解嚴後的1988年「台灣農民運動」（截至目前為止被認為是臺灣社會抗爭史上最激烈的一次），嚴格來說

只能算是瀕臨「暴力邊緣論」的抗爭運動，離真正的「暴力抗爭」仍有一段差距。至2006年施明德「百萬人民倒扁行動」，亦非屬暴力抗爭。

對於臺灣社會運動的模式有無來自西方國家的介入或學習，B君認為，臺灣的社會運動應該沒有美國介入，通常像前蘇聯或美國會介入的背後是有經濟利益或國家利益的考量（如伊拉克、巴基斯坦），但臺灣的社會運動並沒有這種問題，我們是有受西方國家非暴力抗爭的訓練沒錯，但那是只是學習人家的非暴力抗爭方式，談不上是西方國家有介入臺灣的社會運動。

對於臺灣有沒有發展暴力的條件，B君認為臺灣沒有發展暴力的條件，理由很簡單，臺灣的地理環境屬海島型沒地方躲、又受殖民地的歷史經驗，宗教信仰又很虔誠，以及兩岸關係的影響等因素，讓臺灣沒有發展暴力抗爭的條件，加上國外非暴力抗爭成功的經驗和案例，臺灣亦不需要發展暴力抗爭方式。

臺灣非暴力抗爭的開始應該是在1991年以後的事，因為有一些從事社會運動領導在國內外有受過非暴力抗爭的教育和訓練，他們將這些理論與學習經驗帶回國內推廣與訓練。並將非暴力抗爭方法運用在社會運動中，開啟臺灣社會運動非暴力抗爭行動。之前雖然有許多的社會運動係非暴力抗爭，惟那種非暴力抗爭根本沒有理論、戰略、技術或組織等，成員亦沒有受過非暴力抗爭的訓練。因此，那種非暴力抗爭其實是很鬆散的。臺灣未來的社會運動發展方向只有朝非暴力抗爭繼續挺進才是正道。

作者訪談對臺灣聚眾活動處理的政策管理有深入研究的

學者C君，其認為臺灣聚眾活動採非暴力抗爭方式，除與政府的態度和警察執法作為有關外，媒體網路的興起亦是原因之一，他指出1977年「中壢事件」與1979年「美麗島事件」的抗爭群眾具有「暴力抗爭」的傾向，惟從2006年「百萬人民倒扁行動」，在運動過程中主張以「愛與和平」、「1968白衫軍聲援洪仲丘運動」及2014年「太陽花學運」皆以非暴力抗爭的方法，其威力更甚以往的暴力抗爭，且由於抗爭者採非暴力抗爭方式，亦增加警察在應變上的執法難度[48]，足見無論係社會運動領袖或出身警察背景的學者皆認同從事社會運動採「非暴力抗爭」的策略係一種最佳的選擇，既可能讓社會運動的效益與影響發揮到極致，又可將社會成本降至最低。

小結

以上為歐美國家關於非暴力抗爭理論知識、戰略、戰術、規劃、組織、技術與實例，分別引進臺灣，並藉由非暴力抗爭精神的推廣與教育訓練，強化非暴力抗爭的信念與意志，實際運用在社會運動非暴力抗爭中的實例。避免以暴易暴的相互傾軋所導致的不穩定狀態。作者在與A君的訪談過程中即點出如1991年「反閱兵、廢惡法運動」、2006年「百萬人民倒扁行動」，及2014年「太陽花學運」等，都是經由非暴力抗爭方式的訓練與規劃來進行，事實亦證實「非暴力抗爭」方式的確比「暴力抗爭」效果還大，影響更深遠[49]，是

---

[48] 作者訪談對象：受訪者C。兼具警察學術與警察實務工作者。時間：2018年8月7日下午2時至5時，地點：臺北市。

[49] 作者訪談對象：受訪者A。時間：2018年9月5日下午4時至6時，地點：新北市。曾接受URM非暴力抗爭講師培訓，在1991年「一○○行動聯盟」於反

奠定臺灣民主政治的重要基礎與保衛臺灣最佳的國防戰略。

從臺灣的政治選舉活動析之，解嚴後，政府為加速民主轉型，回歸憲政，政府幾乎每年都有辦理選舉活動，這在新興民主國家中並不多見，顯見解嚴後臺灣加速政治民主化轉型的急迫性，而人民在長期處於戒嚴時期的被壓抑下，這股巨大的社會力所釋放出來的能量，讓臺灣的民主更趨成熟和鞏固。根據西方學者對一個成功的轉型國家只要經歷「兩次輪換規則」，亦即只有通過自由公平的選舉後權力交換兩次，才算民主鞏固。

對臺灣而言，歷經三次政權輪替後，堪稱是一個成熟的民主國家，完全擺脫新興民主轉型的國家。在1994年第一屆直轄市長（臺北市、高雄市）、第一屆臺灣省省長選舉及2014年首次辦理「九合一地方公職人員選舉」，這兩個深具意義的重大政治選舉活動，1994年的集會遊行活動次數為11294次，2014年集會遊行活動高達14751次，較1994年多了三千五百多次，而2018年集會遊行更高達27134次，又較2014年多了一萬二千三百多次，顯示只要遇到重大政治選舉活動，特別是縣、市長暨立法委員的選舉，無論是政黨或參與政治選舉的候選人為贏得選舉，無不競相為選情升溫，紛紛發動各種大小不等的集會遊行等造勢活動，藉以拉抬聲勢，提升勝選機率。而政黨與民間團體的結合，或民間團體為政治利益與政黨或候選人結合，在在成為政治選舉年前後集會遊行的溫床，亦造就集會遊行的盛況與熱絡。至於其他非屬政治選舉年的集會遊行活動，集會遊行係表現在人民對

閱兵、廢惡法運動中，負責非暴力訓練與行動規劃，此後將非暴力理念與抗爭技術應用於各種社會運動。

政府施政不滿的民主政治現象。

　　臺灣民主轉型過程和平順利，為新興民主國家的典範，又因地緣政治關係，位處亞洲交通要道，經濟發展高速，尤其是在資訊科技的展現更是傲人，完全與全球國際社會接軌。在資訊科技傳播發達及普遍的今天，只要世界各地發生的任何訊息，包括政治、經濟、社會、文化、環境或宗教，乃至天然災害等等的重大訊息，甚至係重大社會運動的訊息，臺灣在很短時間內即可藉由先進的網路科技傳播接收到最新訊息，如香港的「占中運動」、美國的「華爾街運動」、北非突尼西亞的「茉莉花革命」、阿拉伯世界的「阿拉伯之春」等，這是網路科技對人類的最大貢獻。特別是國際間普世價值的社會運動，不久在臺灣也會跟著發生類似的社會運動，如環境保護、人權、性別、反歧視、和平、婦女、非核、工運、反暴力、反恐等等。以上種種，研究認為亦是促成臺灣社會運動頻繁化的原因之一。

　　對於中國國民黨與民主進步黨執政時期的集會遊行活動的差異性，作者認為有下列因素：第一是民主進步黨取得政權後，一方面學習如何當一個執政黨；二方面係民主進步黨以街頭抗爭起家，其在取得執政權後，再發動街頭抗爭的理由弱化；三方面民主進步黨急欲建立自己的正面形象、與街頭運動的印象脫鉤；第二是由臺灣人當選總統，相較於政治意識形態上所謂的外來政權，有其政治意義上的認同感；第三，中國國民黨因長期執政和保守心態，導致其黨性和打著改革派和以街頭抗爭起家的民主進步黨黨性相比較為溫和，是以中國國民黨失去政權後，一方面要適應和學習如何當一個在野黨，一方面也要表現異於民主進步黨的風格，為重新

贏得選民的支持，及為贏得政權而準備；第四，輸掉政權的中國國民黨處於全面性敗選檢討，內部紛爭與派系林立等狀態，出現分裂危機，亟待整合黨內各個派系。

第四節　非暴力抗爭因素分析

　　有關臺灣非暴力抗爭係從何時開始，根據作者訪談長期參與社會運動先驅領袖簡錫堦表示，臺灣的非暴力抗爭係始於1991年的「反閱兵、廢惡法運動」，那一場社會運動的非暴力抗爭模式係由其本人將非暴力理論與實務結合，首次運用在臺灣的社會運動上；另一對非暴力抗爭理論深入研究與長期從事社會運動的國內學者蔡丁貴教授表示，臺灣自始至終從未發生暴力抗爭，社會運動一直是以非暴力抗爭方式在進行，即便1988年的台灣農民運動，其激烈抗爭與衝突過程，亦僅止於暴力邊緣論而已。而張以忠碩士論文〈台灣非暴力抗爭的歷史考察〉提到1980年發現非暴力為信仰的發端，自1991年的「反閱兵、廢惡法運動」將信仰非暴力與衝突結合，其內涵為視非暴力為信仰而非手段；2000年後為非暴力抗爭的新發展與挑戰[50]。

一、非暴力抗爭指數

　　為檢證臺灣社會運動非暴力抗爭的實際情形，作者蒐集政府官方自1988年至2019年間集會遊行計42395次，實際參加人數計1890萬多人次，使用警力人次計278萬人次，集

---

[50] 張以忠，〈台灣非暴力抗爭的歷史考察〉（臺灣新竹：國立清華大學社會學研究所碩士論文，2013年），頁4-7。

會遊行受傷人數計1109人等資料進行綜合分析,在分析過程中,發現由於實際參加人數與使用警力人次及受傷人數之間的數據資料相差太大,如以上述數據進行分析不易呈現非暴力指數的結果。而非暴力指數的最關鍵數據即是在集會遊行活動過程中「受傷人數」,作者認為在集會遊行過程中「受傷」,在意義上代表的是一種「暴力」下的結果,而受傷「人數」則係分析集會遊行非暴力指數的參數。

是以,作者選擇分析集會遊行的非暴力指數的起迄時間係從1988年至2019年之間集會遊行的受傷人數,並將相關數據進行多組「加、乘、除」計算後,求出一組「非暴力指數公式」,再依據此公式進行演算。有關「非暴力指數公式」如下:

每年集會遊行「受傷人數」除以「實際參加人數」,乘「2」再加「使用警力人次」除以「實際參加人數」的加總後,即得出「暴力指數」。反之,以「實際參加人數」除以「受傷人數」,乘「2」再加「實際參加人數」除以「使用警力人次」則得出「非暴力指數」。

$$非暴力指數公式 = \frac{實際參加人數}{受傷人數} *2 + \frac{實際參加人數}{使用警力人次} = 非暴力指數$$

資料來源:作者自製

作者從1988年至2019年間集會遊行活動「受傷人數」、「使用警力人次」及「實際參加人數」分析臺灣社會運動非暴力指數的變化趨勢後發現,1988年集會遊行活動受傷人數為439人,係歷年來最多,但經加入實際參加人數15萬人及

使用警力人次約9萬人次後，該年的非暴力指數卻係0.58；反而1990年集會遊行活動受傷人數為101人，非暴力指數卻係「1」，係所有歷次非暴力指數中的最大值數。惟這並不表示指該年是所有集會遊行活動中受傷人數最多的一年。而最小值數則是「0」，亦即在該年的集會遊行活動中並沒有發生受傷人數的情形。亦即分析非暴力指數係以「1」和「0」之間的變化做為論證臺灣社會運動非暴力化抗爭的發展趨勢及非暴力化指數的變化。因此，作者即以1990年的非暴力指數「1」定義臺灣社會運動非暴力指數的基準。

在確定非暴力指數的演算公式後，依據「受傷人數」、「實際參加人數」及「使用警力人次」即得出「非暴力指數」的百分比，找出解嚴後臺灣社會運動非暴力抗爭轉型的時間點及變化趨勢。再佐以對在臺灣長期從事社會運動具代表性的社會運動領袖人物進行的非結構深度訪談，並將訪談結果與「非暴力指數」進行相互印證，據以研判解嚴後臺灣社會運動非暴力抗爭的時間轉振點與特性。茲論述如下：

若就臺灣社會運動歷年來受傷人數最多的一次是發生在1988年，受傷人數為439人，主要原因是在解嚴後臺灣農民為爭取權益分別在1987年12月8日、1988年3月16日、1988年4月16日及1988年5月20日等，史稱「1208事件」、「316事件」、「426事件」及規模最大的「台灣農民運動」又稱「520農民運動」，也是臺灣解嚴後首次爆發，且最為激烈的執法警察與人民之間的衝突流血聚眾抗爭運動所造成的。其次係2016年，該年社會運動受傷人數為202人，第三係1990年社會運動受傷人數為101人。惟依據「實際參加人數」、「使用警力人次」及「受傷人數」的數據分析後發

現，1988年的非暴力指數為0.58；2016年的非暴力指數為0.09；而1990年的非暴力指數為「1」，為歷年來非暴力指數最大數值。

1989年集會遊行受傷人數降至50人，其非暴力指數為0.27；1990年受傷人數為101人，惟經分析計算結果其非暴力指數為「1」，為1988年至2019年間所有非暴力指數中的最大數值。因此，作者認為1990年的非暴力指數應該檢證是臺灣社會運動非暴力抗爭的時間點與重要參據。為進一步剖析非暴力指數的變化趨勢，將分別從政黨輪替前、政黨首度輪替後及政權再度輪替後等進行剖析臺灣社會運動非暴力抗爭的變化趨勢。陳述如下：

二、政黨輪替前非暴力抗爭社會運動因素分析

2000年政黨輪替前中央政權係由中國國民黨執政。研究發現，社會運動非暴力指數從1990年創最大數值「1」之後，自1991年受傷人數從前一年的101人下降至33人，使用警力人次近13萬人次，實際參加人數約16萬人，非暴力指數即下降至0.08；1992年受傷人數略升至46人，使用警力人次逾10萬人次，實際參加人數約23萬人，非暴力指數略升至0.44；1993年受傷人數略升至50人，使用警力人次逾10萬人次，實際參加人數約13萬人，非暴力指數升至0.71；1994年受傷人數為27人，使用警力人次逾13萬人次，實際參加人數逾121萬人，非暴力指數降至0.11；1995年受傷人數為14人，使用警力人次逾12萬人次，實際參加人數約39萬人，非暴力指數升至0.32；1996年受傷人數為0人，使用警力人次近9萬人次，實際參加人數逾近38萬人，非暴力指數係呈現0；

1997年受傷人數為0人，使用警力人次逾6萬人次，實際參加人數逾32萬人，非暴力指數亦是0；1998年受傷人數為9人，使用警力人次逾8萬人次，實際參加人數約94萬人，非暴力指數為0.08；1999年受傷人數為4人，使用警力人次為5萬人次，實際參加人數逾約20萬人，非暴力指數為0.24。

從上述非暴力變化趨勢指數顯示解嚴初期，中國國民黨為捍衛其政權，在處理集會遊行的策略上係採取較為強勢的作為；相對地，發動集會遊行活動的政黨或團體在行動上係採取較為激烈抗爭的手段來進行對抗，造成因集會遊行活動而受傷人數有偏高的情況，導致非暴力指數亦較高。惟這種因集會遊行活動受傷人數偏高的事實，一年後即未再出現過，亦即受傷人數未再超過1988年的439人，此為集會遊行活動的政黨、團體與社會運動領袖察覺或學到集會遊行活動的抗爭方法，以及政府在民主化的過程中調整處理集會遊行活動的策略作為下的結果。

三、政黨首度輪替後非暴力抗爭社會運動因素分析

2000年政權首度輪替，由在野的民主進步黨從中國國民黨手中贏得總統大選。該年受傷人數為0人，使用警力人次近6萬人次，實際參加人數逾9萬人，非暴力指數為0；2001年受傷人數為7人，使用警力人次逾4.8萬人次，實際參加人數約15萬人，非暴力指數為0.31；2002年至2008年受傷人數僅2006年為1人，其餘受傷人數均為0，使用警力人次平均為逾5.2萬人次，實際參加人數平均約103萬人，非暴力指數為0，只有2004年實際參加人數暴增至354萬人，使用警力人次為8萬多人，主要與2004年總統大選的選舉爭議有關。從政

黨首度輪替後社會運動非暴力指數的變化趨勢顯示，民主進步黨執政後，非暴力抗爭的變化有下降的趨勢，而淪為在野黨的中國國民黨後，顯然對社會運動異於民主進步黨的激烈方法，採取相對溫和的方法，亦是造成社會運動非暴力指數下降的原因。

四、政權二度輪替後非暴力抗爭社會運動因素分析

2008年政權二度輪替，由中國國民黨再度贏得總統大選，該年受傷人數為0人，使用警力人次逾5萬人次，實際參加人數約91萬人，非暴力指數為0；2009年受傷人數為15人，使用警力人次逾4.2萬人次，實際參加人數約24萬人，非暴力指數為0.17；2010年受傷人數為0人，使用警力人次逾6.2萬人次，實際參加人數約43萬人，非暴力指數為0；2011年受傷人數為2人，使用警力人次逾7.1萬人次，實際參加人數約34萬人，非暴力指數為0.2；2012年受傷人數為20人，使用警力人次逾7.1萬人次，實際參加人數約34萬人，非暴力指數為0.11；2013年受傷人數為62人，受傷人數明顯增加，使用警力人次逾9.9萬人次，實際參加人數約80萬人，非暴力指數為0.12；2014年受傷人數為9人，使用警力人次逾23萬人次，實際參加人數約109萬人，兩者均明顯增加，非暴力指數為0.21；2015年受傷人數為4人，使用警力人次逾7.5萬人次，實際參加人數約34萬人，非暴力指數為0.22；2016年受傷人數為202人（歷來受傷人數次高），使用警力人次逾8.1萬人次，實際參加人數約84萬人，非暴力指數為0.09（2016年民主進步黨又再度贏得總統選舉）；2017年受傷人數為7人，使用警力人次逾10萬人次，實際參加人數約20萬

人，非暴力指數為0.53； 2018年受傷人數為3人，使用警力
人次逾19萬人次，實際參加人數約49萬人，非暴力指數為
0.38；2019年受傷人數為4人，使用警力人次逾6.4萬人次，
實際參加人數約38萬人，非暴力指數為0.16。如圖5-2。

　　從1990年至2000年間非暴力指數的變化趨勢有上有下，
惟每次的下降或上升均較前一次為低，且從1993年的0.71之
後，非暴力指數未再高過0.71，乃至在0.31以下。其中1996
年首次辦理總統、副總統大選及1997年、2000年政權首度輪
替，以及2004年總統、副總統大選發生的選舉爭議，非暴力
指數甚至是呈現0。亦即民主進步黨在2000年首度取得執政
後，除2001年非暴力指數為0.31外，2002年至2005年非暴力
指數甚至係呈現0。即便在2006年以後，非暴力指數亦只呈
現在0.22以下。

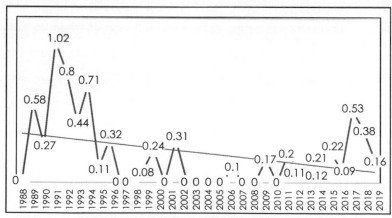

圖5-2　1988年至2019年非暴力指數變化趨勢分析（受傷人數）

資料來源：作者整理自內政部警政署1988年至2019年集會遊行受傷人數統
　　　　　計資料

小結

　　經由上述的非暴力抗爭社會運動因素分析研究發現，非暴力指數的值的變化在「受傷人數」、「使用警力人次」及「實際參加人數」等數據的相互影響下，使得每年的非暴力指數亦呈現不同的結果。例如1990年受傷人數為101人，使用警力人次為12.6萬人次，實際參加人數為12.3萬人，結果非暴力指數卻是「1」，為歷來最高的非暴力指數；反觀1988年集會遊行受傷人數為439人，為歷來最多，卻因實際參加人數為15萬餘人，使用警力人次9萬人次，結果非暴力指數為0.58；而2016年受傷人數為202人，為歷來受傷人數次高，其非暴力指數卻因該年使用警力人次逾8.1萬人次及實際參加人數約84萬人後的分析結果非暴力指數僅呈現0.09。是以，非暴力指數受傷人數的百分比的變化，顯然受實際參加人數與使用警力人次的影響而產生不同的結果。惟憑心而論，受傷人數的多寡或多或少會影響政府的處理決策與非暴力抗爭者的行動思維。此外，無論係由中國國民黨或民主進步黨執政，社會運動非暴力指數都是呈下降趨勢，顯示政黨對於社會運動非暴力抗爭的尊重、信守非暴力抗爭係民主政治下政府與人民之間的共識與最大公約數，這對臺灣的社會運動的一項正向的發展，亦是符合全球化非暴力抗爭的潮流。

　　作者據以推定，臺灣社會運動的非暴力抗爭轉型時間應係落在1991年為開端，與作者和社運領袖代表訪談的結論大致相同。簡言之，在1990年之前臺灣許多的非暴力抗爭都是自發性的，沒有理論、戰術、戰略、技術和組織的前提下進

行，與1991年之後的非暴力抗爭的方法明顯不同。

　　非暴力抗爭方式已經成為臺灣社會運動的特徵和文化，且隨著越來越多以非暴力抗爭方式取得成功的案例，非暴力抗爭的社會運動已經成為社會運動的主流趨勢，亦是最有效的方法。

第六章

社會運動頻繁化因素分析

　　作者從政府官方自1987年至2019年間逾19萬3千餘次的集會遊行統計資料進行分析後發現，臺灣社會運動頻繁化的主要原因係來自頻繁的政治選舉活動，特別是遇政治選舉活動有重大變革或擴大時，社會運動亦會更為頻繁與熱烈，如1994年政府舉辦首屆省長與直轄市長的政治選舉活動、2014年臺灣政治史上首次辦理地方九項公職人員選舉活動，與該年3月間的太陽花學運更促成集會遊行活動增加的原因，達到14751次；到了2018年的地方九項公職人員選舉活動，當年的集會遊行活動次數更高達27143次，在在顯示集會遊行與政治選舉活動具有高度的關聯性。茲分述如下：

第一節　臺灣社會運動發展階段

　　根據王金壽、江以文、杜文苓等著作，何明修、林秀幸主編《社會運動的年代——晚近二十年來的台灣行動主義》一書，臺灣社會運動不同階段的發展特色區分為五個階段，包括：第一階段（1980年－1986年）：社運的潛伏、萌芽和集結期。第二階段（1987年－1989年）：社運的勃興期。在這兩階段，社會運動對臺灣新民主的催生有明顯貢獻。第三階段（1990年－2000年）：社會運動的大抗爭、防堵威權主

義反撲和制度化期。在這階段，社會運動投入臺灣新民主的打造。第四階段（2000年－2008年）：社會運動與原盟友民主進步黨政府轉向曖昧，被吸納，抗爭力轉弱，多元化、生活化趨強。在這一階段，社會運動似乎未能有力地鞏固臺灣新民主體質；第五階段（2009年－迄今）：「第一代社會運動」再起、再出發，對抗舊威權政體復辟，「第二代社會運動」持續多樣發展；期待共同維護和深化臺灣新民主[1]。

為瞭解臺灣社會運動的發展過程，作者則係從戒嚴及解嚴到政權交互輪替等不同角度，去探討臺灣社會運動的發展階段。換言之，係以中國國民黨及民主進步黨執政時期作為區分的階段。亦即以1977年至1987年從戒嚴到解嚴為臺灣社會運動發展的第一個階段；1988年至1999年解嚴後到政權首度輪替為臺灣社會運動發展的第二個階段；2000年至2018年，從首度政權輪替到2008年政權再度輪替，再到2016年政權第三度輪替為第三個階段等，做為梳理臺灣社會運動發展過程的三個階段。茲闡述如下：

一、1977年至1987年（萌芽時期）

解嚴前十年，臺灣因長期處於戒嚴時期，禁止人民有集會遊行的自由，人民如有違反，一旦統治者認定該聚眾活動的動機係對其政權的威脅或挑戰，一律移送臺灣警備總司令部軍事審判，有些甚至以叛亂罪定罪。即便如此，經作者蒐集臺灣社會運動事件後發現，在戒嚴時期亦有發生十

---

[1] 王金壽、江以文、杜文苓等著，何明修、林秀幸主編，《社會運動的年代：晚近二十年來的台灣行動主義》（臺北：群學出版有限公司，2011年）。

幾二十起民眾抗爭事件，包括1977年桃園「中壢事件」[2]；1979年高雄「橋頭事件」[3]，其中橋頭事件開啟了三十年來戒嚴令下臺灣人民第一次公開向政府抗議的示威遊行，並由美國人權工作者艾琳達（Linda Gail Arrigo）將橋頭事件的消息，透過日本再轉傳至國際人權組織[4]，亦是引發同年發生美麗島事件的前因；1979年高雄「鼓山事件」；1979年高雄「美麗島事件」[5]；1980年彰化縣花壇鄉「窯業工廠空氣汙染事件」；1982年桃園縣觀音鄉大潭村發生臺灣第一起「鎘米事件」；1983年輻射鋼筋事件是臺灣發生的「住宅輻射汙染事件」；1984年桃園縣蘆竹鄉中福村基力化工廠長期偷排廢水，導致「鎘汙染了27公頃農地事件」；1984年「原住民正名運動」；1985年臺中縣大里鄉反對三晃農藥廠汙染的鄉

---

[2] 中壢事件是1977年中華民國縣市長選舉中，由於中國國民黨在桃園縣長選舉投票過程中作票，引起中壢市市民憤怒，群眾包圍桃園縣警察局中壢分局、搗毀並放火燒毀警察局、警方發射催淚瓦斯以及開槍打死兩位大學青年的事件。中壢事件被認為是臺灣民眾第一次自發性地上街頭抗議選舉舞弊，開啟爾後「街頭運動」之序幕。〈https://zh.wikipedia.org/wiki/Template:%E8%87%BA%E7%81%A3%E7%A4%BE%E6%9C%83%E9%81%8B%E5%8B%95〉。

[3] 橋頭事件，1979年1月22日，中國國民黨政府逮捕前高雄縣長余登發父子，黨外人士在其家鄉高雄縣橋頭鄉（現在的高雄市橋頭區）的示威遊行活動，為國民政府在臺灣實施戒嚴三十年以來第一次的政治示威活動。〈https://zh.wikipedia.org/wiki/Template:%E8%87%BA%E7%81%A3%E7%A4%BE%E6%9C%83%E9%81%8B%E5%8B%95〉。

[4] 財團法人八卦寮文教基金會編著，《大時代的故事：台灣第一位黨外縣長余登發》（台灣本舖：前衛出版社，2019年），頁132-135。

[5] 美麗島事件，被當時中國國民黨主政的中華民國政府稱其為「高雄暴力事件叛亂案」，是於1979年12月10日的國際人權日在臺灣高雄市發生的一場重大衝突事件。此事件對臺灣往後的政局發展有著重要影響，臺灣民眾於美麗島事件後開始關心臺灣政治。美麗島事件是臺灣社會從封閉走向開放的一次歷史事件，此事使得臺灣社會在政治、文化上都產生劇烈影響。〈https://zh.wikipedia.org/wiki/Template:%E8%87%BA%E7%81%A3%E7%A4%BE%E6%9C%83%E9%81%8B%E5%8B%95〉。

民，以闖入工廠的直接抗議行動，揭開了臺灣地方住民反公害「自力救濟」運動的序幕；1986年彰化縣鹿港「鹿港居民反杜邦設廠事件」；1986年發生在臺南及高雄海域的「綠牡蠣事件」；1986年桃園「中正機場事件」[6]；1986年宜蘭「反六輕運動」；1986年新竹「李長榮化工廠事件」。1987年高雄市後勁「反五輕運動」；1987年「519綠色行動」；1987年臺北縣貢寮鄉「反對興建核四廠事件」等。

　　這些聚眾抗爭事件中，除少數幾起政治性外，大多數屬環境保護事件及少數係企業與勞工的抗爭事件。其中幾起政治性聚眾抗爭事件，由於係發生在戒嚴時期，時機較為敏感，政府當局為維護統治者的權力，阻止聚眾活動事件擴大及影響社會秩序，其中「中壢事件」及「美麗島事件」出動鎮暴車、憲兵及警察強力鎮壓抗爭民眾，導致執法的憲兵、警察與人民發生嚴重的肢體衝突與暴力流血事件，才讓聚眾抗爭事件落幕，幾位帶頭者有些是潛逃至境外，有些被逮捕後移送臺灣警備總部軍事法庭審判的命運。惟這幾起聚眾抗爭事件的影響，卻成為日後揭開臺灣集會遊行活動序幕的引爆點，亦對後來威權體制的崩解與民主政體轉型帶來啟發性意義與政黨政權輪替結果。

---

[6] 中正機場事件，是1986年11月30日發生於臺灣桃園的一起政治示威活動。列名黑名單流亡美國的多位黨外人士，在民主進步黨成立後，希望回到臺灣，但在桃園機場被阻止入境。11月30日，許信良等人預備經由日本東京回臺。群眾在機場外進行遊行示威，聲援異議人士回臺灣，與軍警發生衝突，成為當時的新聞焦點。是美麗島事件鎮壓後，臺灣再度發生的大型示威遊行運動。〈https://zh.wikipedia.org/wiki/Template:%E8%87%BA%E7%81%A3%E7%A4%BE%E6%9C%83%E9%81%8B%E5%8B%95〉。

二、1988年至1999年（成長時期）

　　臺灣於1987年解嚴後，政治體制雖然從「威權政體」轉型為「民主政體」，惟政權仍掌握在中國國民黨手上，由於大多數人民或團體都沒有從事過社會運動的經驗，因此解嚴初期的社會運動基本上係以政治議題、環境保護及農民與勞工權益為主，社會運動亦非普遍。從1990年開始，社會運動才逐漸形成一股風潮，且運動的議題亦逐漸增加。茲略舉重要社會運動事件，包括1988年520台灣農民運動；臺灣石油工會運動；高雄縣林園工業區的聯合汙水處理廠大量排放工業廢水事件；客家母語運動[7]；1989年遠東化纖罷工事件；1989年無殼蝸牛運動[8]；1990年野百合學運；1991年反閱兵、廢惡法運動（臺灣非暴力抗爭的開端）；1994年522女人連線反性騷擾大遊行活動，是臺灣歷史上第一次女性上街反抗性騷擾；1996年女權火照夜路大遊行。

三、2000年至2018年（新型態社會運動）

　　隨著社會運動經驗的不斷學習與累積，2000年時首度發生政權輪替，此階段的社會運動已從「萌芽時期」跨入「成長時期」。隨著社會運動的頻繁，亦帶動社會運動議題的多樣化。茲略舉重要社會運動事件，包括2001年大林焚化爐抗爭事件；2003年台灣同志遊行；2003年基地台問題鬧不休[9]；

---

[7]　〈客家母語運動〉，〈https://zh.wikipedia.org/wiki/%E9%82%84%E6%88%91%E5%AE%A2%E5%AE%B6%E8%A9%B1 %E9%81%8B%E5%8B%95〉。

[8]　〈1989年無殼蝸牛運動〉，〈https://zh.wikipedia.org/wiki/%E7%84%A1%E6%AE%BC%E8%9D%B8%E7%89%9B%E9%81%8B%E5%8B%95〉。

[9]　林葉，〈基地台問題鬧不休〉，《蘋果日報》，2003年7月24日，〈https://tw.appledaily.com/lifestyle/daily/20030724/20212150/〉。

2004年228百萬人手牽手護台灣，為有史以來規模最大參與人數最多的運動、新野百合學運；2005年流浪教師今上街頭陳情[10]；2005年三二六民主和平護台灣大遊行，由民主進步黨、台灣團結聯盟及500多個的民間社團結合而成的「民主和平護臺灣大聯盟」、臺灣中小企業銀行罷工事件，臺灣第一起金融業罷工事件及手護臺灣大遊行運動，由手護台灣聯盟及世界臺灣人大會發起的大遊行；2006年百萬人民反貪倒扁運動或稱反貪腐倒扁運動、倒扁紅衫軍運動，為臺灣政治史上首起針對總統個人的集會遊行活動；2007年美麗灣渡假村爭議，引發環保團體舉發與抗爭；2007年外籍配偶走上街頭抗議歸化財力證明[11]；2007年臺北市私立協和工商爆學生解除髮禁抗爭教育局關切[12]。

　　2008年政權再度發生輪替，中國國民黨重新取得政權，民主鞏固愈趨穩定，人民動輒走上頭向政府的公共政策表達抗議，社會運動在臺灣社會成為一種常態現象，且態樣更趨多樣發展，為新型態社會運動時期。茲略舉重要社會運動事件，包括2008年830百日怒吼大遊行，由台灣社、台灣東社、台灣中社、台灣南社、台灣北社、台灣教授協會組織舉行，民主進步黨動員參加的抗議遊行；2008年反黑心顧臺灣大遊行及2008年爭人權反集遊法靜坐；2009營養午餐採購評委家長抗議被排除；2009年517嗆馬（指時任總統的馬英

---

[10] 許敏溶，〈流浪教師今上街頭陳情〉，《自由時報》，2005年6月12日，〈http://news.ltn.com.tw/news/life/paper/21669〉。

[11] 翁翠萍，〈外籍配偶走上街頭抗議歸化財力證明〉，《大紀元》，2007年9月9日，〈https://www.epochtimes.com.tw/〉。

[12] 王鴻國，〈協和工商爆學生解除髮禁抗爭教育局關切〉，《中央社》，2007年3月10日，〈https://www.cna.com.tw/〉。

九）保台大遊行及531大遊行是台灣醫學生聯合會主導臺灣醫學生們第一次集體走上街頭，是臺灣有史以來罕見大規模的醫學生運動；2010年臺南女中千人脫褲抗議校禁短褲[13]。

2010年白玫瑰運動是臺灣發動的一場連署抗議遊行，要求汰換不適任的法官，並建立性侵案件專家證人制度以維護兒童人權；2010年大埔事件，臺灣人民挺農村717凱道守夜行動，是繼1988年520農民運動後，臺灣農民的最大集結；2011年公司積欠員工薪資，太子汽車工會發動罷工，是臺灣第一起汽車業罷工事件；2012年退輔會成立的榮電公司，因財務問題面臨倒閉，且無力支付員工資遣費及退休金，引發工會罷工及持續多年的抗爭，直到2015年4月才由退輔會編列預算獲得解決；2012年拒絕中時運動；2012年士林文林苑都市更新爭議引發社會運動，台灣都市更新受害者聯盟在Facebook陸續發布警方將前來拆除的訊息，希望召集對議題感興趣的大眾一同以和平方式表達抗議；2012年華隆紡織工會代表要求資方清償工資，談判破裂，工會宣布罷工抗議；2012年反媒體壟斷大遊行。

2013年抗議血汗警察警眷上街反過勞[14]；2013年綠色公民行動聯盟等150個民間團體共同發起反核大遊行；2013年洪仲丘事件，促成「公民1985行動聯盟」的「公民教召

---

[13] 劉榮輝、陳奉秦、楊惠琪，〈台南女中千人脫褲抗議校禁短褲〉，《蘋果日報》，2010年3月19日，〈https://tw.appledaily.com/headline/daily/20100319/32372443/〉。

[14] 簡銘柱，〈抗議血汗警察警眷上街反過勞〉，《蘋果日報》，2013年6月15日，〈https://tw.news.appledaily.com/life/realtime/20130615/211376/%E6%8A%97%E8%AD%B0%E8%A1%80%E6%B1%97%E8%AD%A6%E5%AF%9F%E3%80%80%E8%AD%A6%E7%9C%B7%E4%B8%8A%E8%A1%97%E5%8F%8D%E9%81%8E%E5%8B%9E〉。

運動」、「八月雪運動」等兩次抗議活動（合稱白衫軍運動），要求軍隊社會化，最後促成《軍事審判法》於三日內草率完成修法，在承平（非經總統宣戰）時期，將軍人審判從軍法體系之軍事法院部分移至司法體系之普通法院；2013年高速公路收費改為計程收費，引發國道收費員抗爭事件。

　　2014年228翻轉教室，街頭公民課為抗議高中課綱微調違反程序正義，公民覺醒聯盟與公民教師行動聯盟發起兩天一夜的「228翻轉教室——街頭公民課」活動；2014年全臺廢核大遊行，由多個反核團體所組成的全國廢核行動平臺，在309廢核大遊行即將屆滿一週年，同時也是福島核災三週年前夕，再次發起「全台廢核大遊行」表達反核立場；2014年「太陽花學運」，又稱「318學運」或「占領國會事件」[15]；2014年「占領行政院事件」，是1947年二二八事件後，行政院被群眾大規模群集抗爭而發生鎮壓，也是1949年底政府遷臺後，首度遭外力攻擊破壞的事件，更是臺灣在1987年解除戒嚴令以後，政府罕見以血腥鎮壓群眾運動收場的事件；返還國會運動，又稱反反服貿運動；2014年「告頂新，討公道」運動。

　　2015年反高中課綱微調運動或反黑箱課綱運動；2016年

---

[15] 太陽花學運多被媒體稱為「318學運」、「占領國會事件」，「占領立法院事件」、「反黑箱服貿運動」、「太陽花運動」、「向日葵學運」等名稱。法國《世界報》以「臺灣之春」稱之，對比阿拉伯世界所發生的阿拉伯之春。事件發生原因係103年3月17日下午召開的立法院內政委員會，中國國民黨籍立法委員張慶忠以30秒時間宣布完成《海峽兩岸服務貿易協議》的委員會審查，引發一群大學與研究所學生以及社會人士的反對，並於18日18時在立法院外舉行「守護民主之夜」晚會，抗議草率的審查程序，事件發展最後成功迫使政府讓步妥協，而參與運動的學生亦得以平安退出立法院議場。〈https://zh.wikipedia.org/wiki/%E5%A4%AA%E9%99%BD%E8%8A%B1%E5%AD%B8%E9%81%8B〉。

政府對勞工政策實施「一例一休，砍假七天」，引發朝野及勞資雙方多次表示意見及紛爭事件；2016年軍公教反汙名要尊嚴九三大遊行，官方名稱「反汙名、要尊嚴」；抗議蔡英文總統，霸凌軍公教勞抗爭運動，為史上首次由軍、公、教及勞工團體共同組成的遊行抗爭之社會運動；2016年南北徒步串聯活動是臺灣一個有關電業自由化的社會運動，活動結束後轉為全民用電自救會；2017同志大遊行人數破紀錄有十二萬三千多人齊聚凱道[16]。2017年反年金改革抗議；2017年澎湖風力發電抗爭愈演愈烈，百餘湖西鄉龍門及菓葉村民向縣府陳情[17]。2018年香蕉價跌，政院扯「給豬吃」，農民怒上街頭[18]；2018年抗議國立中興大學漲學費學生赴監察院陳情[19]；2018年批政府修正《空氣汙染防制法》人民抗爭「空汙法修惡」，集結500輛老舊貨車到環保署熄火抗議[20]；2018年不滿《空氣汙染防制法》修法，全國老車自救會抬棺高喊「反對強制淘汰」[21]；2018年漁民抗議漁業署修訂《漁業法》、《遠洋漁業條例》、《投資經營非我國籍漁船管理

---

[16] 楊綿傑，〈同志大遊行人數破紀錄 12.3萬人齊聚凱道〉，《自由時報》，2017年10月28日，〈http://news.ltn.com.tw/news/life/breakingnews/2236511〉。

[17] 劉禹慶，〈澎湖風力發電抗爭愈演愈烈百餘龍門菓葉村民縣府陳情〉，《自由時報》，2017年4月12日，〈http://news.ltn.com.tw/news/life/breakingnews/2033860〉。

[18] 張禹宣，〈香蕉價跌！政院扯「給豬吃」農民怒上街頭〉，《中時中天新聞》，2018年6月4日，〈https://tube.chinatimes.com/20180604004180-261416〉。

[19] 吳柏軒，〈抗議中興大學漲學費學生赴監察院陳情〉，《自由時報》，2018年8月2日，〈http://news.ltn.com.tw/news/life/breakingnews/2506948〉。

[20] 蕭玗欣，〈批空污法修惡500輛老舊貨車環保署熄火抗議〉，《自由時報》，2018年7月15日，〈http://news.ltn.com.tw/news/life/breakingnews/2488772〉。

[21] 許麗珍，〈不滿《空污法》修法全國老車自救會抬棺高喊「反對強制淘汰」〉，《蘋果日報》，2018年9月14日，〈https://tw.appledaily.com/new/realtime/20180914/1429809/〉。

條例》至今開罰逾新臺幣一億二千萬元，讓討海人泣訴抗議[22]。

　　從上述各種類型態的社會運動析之，顯現解嚴後臺灣的社會運動呈現多樣化發展的原因，確實與政治、經濟與社會環境的變遷，導致人民維權意識高漲，人民對日常生活的任何一切事務，一旦認為自身權益受到任一影響，立即反映在街頭抗爭的行動上，成為人民對政府不滿的普遍表達方式。

第二節　集會遊行法制化

　　根據「自由之家」（Freedom House）2018年至2020年對臺灣自由度的2項評比「政治權利」（Political Rights）與「公民自由」（Civil Liberties）中，臺灣獲得93分的高分，繼續名列為全球「最自由」地區，自由度高於法國、義大利和美國等西方民主國家。在亞洲地區，分數僅次於96分的日本，高於韓國。其中關於集會自由部分自由之家認為臺灣1988年通過的《集會遊行法》讓人民在集會自由上受到很大程度的尊重[23]，顯示臺灣社會運動的頻繁化及多樣化發展，主要因

---

[22] 余靖瑩，〈漁業三法至今開罰逾1.2億 討海人泣訴抗議〉，《聯合報》，2018年11月6日，〈https://udn.com/news/story/7314/3463725〉。

[23] 「自由之家」是一個獨立的監督組織，致力於擴大全世界的自由、民主和人權。主要係分析了對自由的挑戰，倡導更大的政治權利和公民自由，並支持前線活動家捍衛人權和促進民主變革。自由之家成立於1941年，是第一個支持全球自由進步的美國組織。自由之家通過分析，倡導和行動的結合，成為更大政治權利和公民自由的催化劑。其研究和分析構成了美國和國外關於自由進步和衰落的政策辯論。主張美國領導和與志同道合的政府合作，大力反對獨裁者和壓迫者。放大了那些在壓制社會中為自由而鬥爭的人的聲音，以及反對威脅他們政權的國際審查的專制努力。超過25億人生活在自由之家指定「非自由」的國家，超過全球人口的三分之一。2018年世界自由/自由之家，〈https://freedomhouse.org/report/freedom-world/2018/taiwan〉。

素除了政治民主外，也因政府對《憲法》賦予人民集會遊行權利的尊重，立法設計一套制度化的遊戲規則，提供人民合法集會遊行的權利。

解嚴後，為落實《憲法》基本人權第14條：「人民有集會及結社之自由。」民國77年1月20日總統（77）華總（一）義字第0171號令制定公布《動員戡亂時期集會遊行法》（民國81年配合宣告終止動員戡亂時期，刪除「動員戡亂時期」文字），做為政府「依法行政」及規範人民集會遊行活動之法源基礎，為臺灣社會合法的社會運動揭開序幕。

《集會遊行法》立法基本原則：1.保障合法舉行之集會、遊行。2.尊重人民自由權利，僅對室外或公共場所或公眾得出入場所舉行之集會、遊行，作必要之規範。3.貫徹民主法治，堅守反共國策，集會遊行不得違背憲法或主張共產主義或主張分裂國土。4.對違反本法者，依性質或情節輕重，分別科處適度之行政罰或刑罰，以落實執行效果[24]。第1條明定：「為保障人民集會遊行之自由，維持社會秩序，特制定本法。」開宗明義揭示《集會遊行法》之立法目的。

揆諸《集會遊行法》立法目的、對集會遊行定義，集會遊行不得主張共產主義或分裂國土及限制遊行範圍，申請室外集會、遊行，除有左列情事之一者外，應予許可。一、違反第六條或第十條規定者。二、有明顯事實足認為有危害國家安全、社會秩序或公共利益者。三、有明顯事實足認為有危害生命、身體、自由或對財物造成重大損壞者。四、同一時間、處所、路線已有他人申請並經許可者。五、未經依法

---

[24] 立法院全球資訊網，〈https://www.ly.gov.tw/Pages/Detail.aspx?nodeid=4830&pid=7346〉。

設立或經撤銷、廢止許可或命令解散之團體，以該團體名義申請者。六、申請不合第九條規定者。以及對於合法舉行之集會、遊行，不得以強暴、脅迫或其他非法方法予以妨害。集會遊行之不予許可、限制或命令解散，應公平合理考量人民集會、遊行權利與其他法益間之均衡維護，以適當之方法為之，不得逾越所欲達成目的之必要限度。從上述《集會遊行法》的相關規定，陳述如下：

　　《集會遊行法》第2條明定集會與遊行的意義：集會，係指於公共場所或公眾得出入之場所舉行會議、演說或其他聚眾活動；遊行，係指於市街、道路、巷弄或其他公共場所或公眾得出入之場所之集體行進。集會遊行不得主張共產主義或分裂國土，（違反言論自由）。第6條規定集會、遊行不得在；一、總統府、行政院、司法院、考試院、各級法院及總統、副總統官邸；二、國際機場、港口；三、重要軍事設施地區；四、各國駐華使領館、代表機構、國際組織駐華機構及其館長官邸等，以及其周邊範圍舉行。但經主管機關核准者，不在此限。室外集會、遊行，應向主管機關申請許可。但依法令規定舉行者、學術、藝文、旅遊、體育競賽或其他性質相類之活動、宗教、民俗、婚、喪、喜、慶活動等不在此限。至室內集會無須申請許可。《集會遊行法》的公布施行可謂為人民提供一個向政府溝通的體制外管道，亦促成集會遊行發生率的頻繁。

一、司法院釋字第445號解釋

　　對於司法院解釋的效力，民國73年1月27日司法院釋字第185號解釋有很經典的說明，依據司法院釋字185號解釋

文：「司法院解釋憲法，並有統一解釋法律及命令之權，為《憲法》第78條所明定，其所為之解釋，自有拘束全國各機關及人民之效力，各機關處理有關事項，應依解釋意旨為之，違背解釋之判例，當然失其效力。」及理由書：「憲法第78條規定，司法院解釋憲法，並有統一解釋法律及命令之權，旨在使司法院負闡明憲法及法令正確意義之責，其所為之解釋，自有拘束全國各機關及人民之效力，各機關處理有關事項時，應依解釋意旨為之，違背解釋之判例，當然失其效力。」[25]司法院分別於民國87年和103年間隔16年前後兩次對《集會遊行法》部分條文認為有違憲而做出解釋，亦是讓集會遊行頻繁化的重要原因。

民國87年1月23日司法院釋字第445號解釋文：「憲法第14條規定人民有集會之自由，此與《憲法》第11條規定之言論、講學、著作及出版之自由，同屬表現自由之範疇，為實施民主政治最重要的基本人權。國家為保障人民之集會自由，應提供適當集會場所，並保護集會、遊行之安全，使其得以順利進行。以法律限制集會、遊行之權利，必須符合明確性原則與憲法第23條之規定。」[26]此解釋強化了人民集會遊行的正當性與憲法保障人民的基本權利。司法院釋字第445號解釋後，《集會遊行法》的合法性已深受質疑與挑戰，導致警察將取締違法集會遊行案件移送地方法院審查時，地檢署及法院常常以「不起訴處分」或「無罪判決」確定，造成警察執法上無所適從，也讓未申請集會遊行的案件

---

[25] 司法院釋字第185號解釋。司法院全球資訊網，〈https://www.judicial.gov.tw/constitutionalcourt/p03_01.asp?expno=185〉。

[26] 司法院釋字第445號解釋。司法院全球資訊網，〈https://www.judicial.gov.tw/constitutionalcourt/p03_01.asp?expno=445〉。

逐年增加。民國76年時的《動員戡亂時期國家安全法》第2條規定人民集會結社不得違背憲法或主張共產主義，或主張分裂國土。直至民國100年時才刪除該條文，保障人民的言論及結社自由與空間。

為此，內政部警政署已提出《集會遊行法》修正草案待立法院完成三讀通過，其修正重點包括：刪除集會遊行不得主張共產主義或分裂國土，以保障人民之言論自由；將室外集會、遊行應向主管機關申請「許可」，修正為向主管機關「報備」，並增訂偶發性集會、遊行無須報備及緊急性集會、遊行報備期間之規定。新增訂係為落實《公民與政治權利國際公約》第21條規定，保障和平集會、遊行權利，使用暴力顯為破壞和平集會、遊行，認為集會、遊行乃表現自由，屬言論自由層次，攜帶足以危害他人生命、身體、自由或財產安全之物品，已具有潛在危險或有發生危害之虞，將會破壞和平集會、遊行之進行；壓抑言論自由的表現，反而破壞集會、遊行之本質等等[27]，如《動員戡亂時期國家安全法》第2條第1項規定人民集會、結社，不得違背憲法或主張共產主義，或主張分裂國土。《集會遊行法》第4條規定集會、遊行不得違背憲法或主張共產主義，或主張分裂國土。

二、司法院釋字第718號解釋

民國103年3月21日司法院釋字第718號解釋文：「集會遊行法第8條第一項規定，室外集會、遊行應向主管機關申請許可，未排除緊急性及偶發性集會、遊行部分，及同法第9條第1項但書與第12條第2項關於緊急性集會、遊行之申請

---

[27] 行政院全球資訊網，〈https://www.ey.gov.tw/index.aspx〉。

許可規定，違反《憲法》第23條比例原則，不符憲法第14條保障集會自由之意旨，均應自中華民國104年1月1日起失其效力。係司法院解釋對釋字第445號解釋應予補充。」

司法院釋字第718號解釋理由認為：「憲法第14條規定人民有集會之自由，旨在保障人民以集體行動之方式和平表達意見，與社會各界進行溝通對話，以形成或改變公共意見，並影響、監督政策或法律之制定，係本於主權在民理念，為實施民主政治以促進思辯、尊重差異，實現憲法兼容並蓄精神之重要基本人權。為保障該項自由，國家除應提供適當集會場所，採取有效保護集會之安全措施外，並應在法律規定與制度設計上使參與集會、遊行者在毫無恐懼的情況下行使集會自由（本院釋字第445號解釋參照）。以法律限制人民之集會自由，須遵守憲法第23條之比例原則，方符合憲法保障集會自由之本旨。」[28]

在司法院釋字第445號解釋及釋字第718號解釋後，讓《集會遊行法》的合法性已深受質疑與挑戰，導致警察取締違法集會遊行案件移送地方法院審查時，地檢署及法院常常以「不起訴處分」或「無罪判決」確定，造成警察執法上無所適從，特別是司法院釋字第718號解釋之後，未申請集會遊行的案件有較司法院釋字第445號解釋後更增加的趨勢，不啻提供從事集會遊行的領導者、團體或人民對於集會遊行的權利有更寬廣的空間，也少了顧忌，特別是突發性或政治性高、較敏感的集會遊行案件，而這亦是讓集會遊行頻繁化的重要原因之一。

---

[28] 司法院釋字第718號解釋。司法院全球資訊網，〈https://www.judicial.gov.tw/constitutionalcourt/p03_01.asp?expno=718〉。

為此，內政部警政署已提出《集會遊行法》修正草案，修法重點為將室外集會、遊行應向主管機關申請許可，修正為向主管機關報備，同時配合規範報備機制，有關報備期間、報備程序、報備程式及報備場所、路線、時間競合或相鄰時之處理；報備後遇有不能如期舉行應有作為，並增訂偶發性集會、遊行無須報備及緊急性集會、遊行報備期間之規定。因刑事罰、連帶損害賠償責任及罰鍰逾期不繳納強制執行，均回歸適用刑事、民事、行政執行等法律之規定，未來立法院完成三讀通過後對人民申請集會遊行的規定將更寬鬆。

　　根據1966年聯合國大會通過，於1976年3月23日生效的《公民與政治權利國際公約》（*International Covenant on Civil and Political Rights*，縮寫：ICCPR）第21條規定：「和平集會之權利，應予確認。除依法律之規定，且為民主社會維護國家安全或公共安寧、公共秩序、維持公共衛生或風化、或保障他人權利自由所必要者外，不得限制此種權利之行使。」Janusz及Symonidesz二人合著《人權的概念與標準》（*Human Rights: Concept and Statndards*）指出有關集會自由係政治自由的一環，係源自啟蒙運動之理性主義信念。其所強調的是個人的精神存在，亦即個人在精神層次上的見解與信念，國家沒有理由禁止，相對地，反而要立法保障，免受私人團體威脅或干預[29]。

---

[29] Janusz and Symonidesz等著，楊雅婷譯，《人權的概念與標準》（臺北：韋伯文化國際出版有限公司，2009年），頁125-131。

第三節　結社限制的鬆綁

概人民團體與社會運動的頻繁化與多樣化發展並非必然關係，惟從臺灣諸多較具規模的社會運動中，處處可見政黨、公會、工會或社會團體等民間組織，無論係自發性或被動性，皆有參與社會運動的足跡。在此前提下，民間團體與社會運動的關係自然讓人產生相關的聯想。

民國81年將《動員戡亂時期人民團體法》修正為《人民團體法》，並將原第8條規定，人民團體在同一區域內，除法令另有規定外，其同性質同級者以一個為限。修正為第7條規定人民團體在同一組織區域內，除法律另有限制外，得組織二個以上同級同類之團體。但其名稱不得相同。此同一區域以一個為限的規定解除後，開啟臺灣社會團體呈蓬勃發展之趨勢，形形色色，規模大小不一的社會團體如雨後春筍般在臺灣各個角落林立，社會團體亦自民國76年的5794個至108年底止成長至57302個，成長近10倍。

從實務上發現，除職業團體，包括公會、農會、漁會及工會等在會（業）務推展上較正常外，有些社會團體於成立後的運作未臻理想，而大多數社會團體成立後均能正常推展公益事業，但仍有部分社會團體成立後由於不善經營，不久即發生維運上的狀況，導致會務停擺陷入休眠狀態，最終甚至走上解散一途或人去樓空無人善後的窘境。雖然從官方對社會團體的統計數所呈現的公民結社的蓬勃發展，如何建立政府與民間團體夥伴關係，從而協助府推動社會公益，則係政府與民間團體應正面思考的課題。

儘管如此，公民結社的普遍現象對形塑臺灣多元社會發展的特色仍具有貢獻，而這些民間團體往往在平時及政治選舉活動時成為政黨或者在發起社會運動時被政黨動員的民間組織，或是自己成為社會運動的發起者，或與政黨結合成為其附翼組織，有些更直接配合政府的社會福利政策成立社會團體執行政府的社會福利政策，如長期照護或殘障、育幼業務等，進而成為公私協力夥伴關係。此外，在成立社團中亦不乏係以社會運動為目的的集合，或原本即是從事社會運動的團體，如台灣農村陣線；台灣北社、台灣中社、台灣南社、台灣東社及台灣和平草根聯盟；環島二二八牽手寫憲法行動聯盟；公投護台灣聯盟（原名：台灣公投護台灣聯盟促進會）；台灣環境保護聯盟等。有些係參與社會運動後繼而成立社會團體，如台灣都市更新受害者聯盟。

　　民國97年6月20日司法院釋字第644號解釋文對人民團體法第2條規定：「人民團體之組織與活動，不得主張共產主義，或主張分裂國土。」同法第53條前段關於「申請設立之人民團體有違反第2條……之規定者，不予許可」之規定部分，顯已逾越必要之程度，與憲法保障人民結社自由與言論自由之意旨不符，於此範圍內，應自本解釋公布之日起失其效力[30]。進一步強調憲法賦予人民言論自由的權利，使得人民的結社更自由、更寬鬆、更多元、更活絡。特別是從民國104年後，全國性的社會團體的設立平均每年逾一千個以上，民國107年甚至近二千個社會團體成立，到了民國108年更首次突破兩千個社會團體成立，顯示政府對人民結社自由

---

[30] 司法院釋字第644號解釋。司法院全球資訊網，〈https://www.judicial.gov.tw/constitutionalcourt/p03_01.asp?expno=644〉。

政策的鬆綁，人民立即反饋政府對結社的蓬勃發展現象。

　　此外，政府為因應聯合國1966年《公民與政治權利國際公約》（*International Covenant on Civil and Political Rights*）於民國98年4月22日制定公布依照《公民與政治權利國際公約及經濟社會文化權利國際公約施行法》，其中第4條規定各級政府機關行使其職權，應符合兩公約有關人權保障之規定，避免侵害人權，保護人民不受他人侵害，並應積極促進各項人權之實現，即係踐行《公民與政治權利國際公約》第22條規定，人人有自由結社之權利，包括為保障其本身利益而組織及加入工會之權利，除依法律之規定，且為民主社會維護國家安全或公共安寧、公共秩序、維持公共衛生或風化，或保障他人權利自由所必要者外，不得限制此種權利之行使，更深化人民結社的基本權利。

　　鑑於現今社會網路科技發達、大眾傳播媒體普及、資訊大量流通，青年之身心發展及建構自我意識之能力已不同以往，本條對於成年之定義，似已不符合社會當今現況；又世界多數國家就成年多定為十八歲，與我國鄰近之日本亦於2018年將成年年齡自二十歲下修為十八歲，是為符合當今社會青年身心發展現況，保障其權益，並與國際接軌，法務部於民國110年1月13日將《民法》第12條「滿二十歲為成年。」修正為「滿十八歲為成年」，訂於民國112年1月1日施行。為此，內政部為配合法務部將《民法》成年年齡修正為十八歲，爰於民國110年1月27修正《人民團體法》第8條，將人民團體之組織第2項發起人須年滿二十歲，修正為「成年」，此一結社年齡的降低，將是繼解嚴後及《人民團體法》修正輕綁人民團體在同一組織區域內，除法律另有限

制外，得組織二個以上同級同類之團體，但其名稱不得相同，以及司法院第644號解釋謂人民團體法第2條對主張共產主義、分裂國土之團體不許可設立規定違憲？再度修法將該條文刪除後，讓人民結社再掀起一波結社潮，有利於公民社會的蓬勃發展。

第四節　保障言論自由

　　《憲法》第11條雖規定人民有言論自由，惟此言論自由在解嚴前後仍然受到一些法律的限制，如民國76年時的《動員勘亂時期國家安全法》第2條規定人民集會結社不得違背憲法或主張共產主義，或主張分裂國土，直至民國100年時才刪除該條文；《人民團體法》第2條規定，人民團體之組織與活動，不得違背憲法或主張共產主義，或主張分裂國土，直至民國97年6月20日司法院釋字第644號解釋該條文違憲後的民國100年才刪除該條文，政府不得再以違反言論自由為理由而阻擋人民結社自由。

　　《刑法》第100條第1項規定意圖破壞國體、竊據國土，或以非法之方法變更國憲、顛覆政府，而著手實行者，處七年以上有期徒刑；首謀者處無期徒刑。第2項預備或陰謀犯前項之罪者，處六月以上、五年以下有期徒刑。不但處罰「陰謀犯」，且「著手實行」不限於以強暴、脅迫之方法，使得以言論鼓吹或以思想對外傳播，均可能構成「普通內亂罪」，成為在解嚴前後政府對抗反對或異議人士的箝制工具。直至1991年由中研院院士李鎮源，與陳師孟、林山田、廖宜恩等法律學者，號召成立「一○○行動聯盟」，

以「愛與非暴力」的力量進行抗爭運動，主張「刑法第100條」（普通內亂罪）違背憲法對言論自由的保障，必須予以廢除。在後續「反閱兵、廢惡法」的抗爭中，該聯盟的成員展現不屈不撓的精神，產生巨大的政治改革能量，促成1992年立法院三讀通過修正「刑法第100條」[31]。修正內容為：「意圖破壞國體，竊據國土，或以非法之方法變更國憲，顛覆政府，而以強暴或脅迫著手實行者，處七年以上有期徒刑；首謀者，處無期徒刑。」預備犯前項之罪者，處六月以上五年以下有期徒刑。修正重點為在於「而以強暴或脅迫著手實行者」較修正前「著手實行」多了界定的標準，且只處罰預備犯，刪除對「陰謀犯」之處罰。

---

[31] 蘇瑞鏘〈解除言論自由的枷鎖「100行動聯盟」廢除「刑法第100條」的抗爭〉檔案半年刊105年6月第15卷第1期，頁21。

第七章
社會運動多樣化因素分析

羅伯特・A・達爾在《多元主義民主的困境：自治與控制》闡述民主多元主義或多元主義民主時直言，若一個國家是多頭政體意義上的民主國，且重要的組織都相對自治，即謂多元主義民主國家[1]，而民主多元主義國家的特徵之一即是促進社會公眾的公共參與。臺灣自1980年後，社會運動與集體抗爭行動紛紛出現，解嚴後約有二、三十種不同類型的社會運動興起，雖然在1990年後逐漸消失——原因包含有些是抗爭者訴求目的已經獲得解決，失去抗爭的理由，有些是社運領袖被吸納至體制內參與政府決策而影響其從事社會運動抗爭的正當性，有些則可能已達到政治機會與目的，得以直接議政與監督政府公共政策，亦有仍留在體制外持續從事社會運動——無論其發展如何的變化，都對日後臺灣社會運動多樣化的發展深具意議與影響。

有關臺灣社會運動的多樣化，其實與社會運動的頻繁化是一體兩面的關係，其影響因素大致上相同，包括，集會遊行法制化、結社限制桎梏的解除與言論自由的鬆綁等。概頻繁的社會運動過程中，除在既有的社會運動議題上之外，也會觸發其他議題的社會運動的發生，如環境保護運動，既

---

[1]　羅伯特・A・達爾（Robert A. Dahl）著，周軍華譯，《多元主義民主的困境：自治與控制》（吉林：人民出版社，2006年），頁4-5。

第七章　社會運動多樣化因素分析

213

有空氣汙染，亦會有海洋汙染或生態保育等。換言之，社會運動的態樣不會有只侷限或圍繞在少數或一定的議題上，它會擴及或發酵到其他的議題，再由相關的議題延伸至其他議題，如此反覆或交互的碰撞，社會運動的態樣呈現創新多樣化的發展亦即理所當然。僅將社會運動多樣化原因分析如下：

第一節　社會運動運用網際網路的擴大效應

一、全球化網絡社會之崛起

　　網路社會成為新的社會結構核心。1993年全世界約有50個網站；2000年全球網路數量已經超過500萬個；2010年，僅中國大陸的國際互聯網用戶就超過4億戶，隨著通信頻寬迅速提升，通信成本繼續下降，個人用戶快速增加，資訊的取得更為快速[2]。尤其是在Web2.0的時代，由於智慧型手機的普及與技術的精進，結合傳統手機與電腦網路的功能，成了社會運動號召群眾的新工具，且其動員能力更快、更廣、更便捷[3]。尤瓦爾・哈拉瑞（Yuval Noah Harari）著《21世紀的21堂課》（*21 Lessons for the 21st Century*）的第5堂課提到「社群」，他認為線上社群可以培養線下社群，其訊息分享無國界，影響力無遠弗屆，其用於社會運動，有助擴大宣傳與影響的效果。如美國占領華街運動與臺灣太陽花學運等。

---

[2]　約瑟夫・奈（Joseph S.Nye Jr.）著，王吉美譯，《論權力》（北京：中信出版社，2015年），頁135。

[3]　朱金池、蔡庭榕等人合著，《群眾活動處理學》（臺北：中央警察大學印行，2015年），頁11。

社群網路係指在全球資訊網裡，機構、公司、團體與個人均可以創造自己的「網址」，讓每個能夠連上網址的人，都可以利用拼貼各種文本和圖像來製作自己的「首頁」。全球資訊網讓各種利益興趣與計畫能夠聚集在一起，並在這個基礎上，個人與組織能夠在一個名副其實的個人化、互動式溝通的全球資訊網裡，從事有意義的互動[4]。社會運動透過社群網路的力量，可以將即時活動訊息散布至全世界，讓國際輿論與關心這議題的人們獲得最新訊息，並獲得迴響，甚至聲援[5]。網路世界可謂「無遠弗屆」對社會運動效益的擴大有直接的影響。

二、西方社會運動經驗的啟發

　　臺灣係亞洲地區資訊科技最為發達與普及的國家。研究發現，社會運動如運用社群網路的技術，可使其在人力動員上更為快速，有效與擴大影響力，並將運動過程藉由網際網路迅速與外界連結，乃至傳送國際，引起國際輿論關注，對政府將會形成巨大壓力，有助達成社會運動訴求目的。近年來社群網路技術已逐漸被社會運動團體所運用，如2004年烏克蘭的「橘色革命」；2011年埃及的「阿拉伯之春」；2011年中國「茉莉花革命」；2011年美國「占領華爾街運動」（其行動靈感來自2011年發生的阿拉伯之春）；2014年「太陽花學運」；2014年「雨傘革命」；2018年「1020全民公投

---

[4] 曼威・柯司特（Manuel Castells）著，夏鑄九、黃麗玲等譯，〈資訊時代：經濟、社會與文化第一卷〉，《網絡社會之崛起》（*The Rise of Network Society*）（臺北：唐山出版社，2000年），頁399。

[5] 朱金池、蔡庭榕等人合著，《群眾活動處理學》（臺北：中央警察大學印行，2015年），頁220-222。

反併吞」等，都是透過網際網路或媒體傳播的技術迅速傳至全球各地。民眾得以透過網路從社會運動中汲取經驗或複製社會運動成功的元素，助漲社會運動的聲勢、擴大影響力，對當地政府構成極大的影響，乃至威脅或推翻極權政體，成為改變政治體制的成功案例。

三、網際網路時代的社會運動

網際網路普及化後，政黨、民間團體、社會運動領導者乃至個人，藉由網際網路做為社會運動動員的工具愈來愈普遍。根據左翼思想大師曼威・柯司特在《憤怒與希望：網際網絡時代的社會運動》中指出，網路社會運動最初係源自2009年北歐冰島「廚具革命」及2010年至2011年北非突尼西亞「茉莉花革命」，2014年香港「占領中環」、2019年的「守護香港反送中」運動及2011年的埃及革命、西班牙的「憤怒者運動」，以及被通稱為「阿拉伯之春」、發生於北非及西亞數個國家之一系列以民主和經濟為主題訴求的社會運動[6]。

在臺灣，將網際網路發揮淋漓盡致的2014年「太陽花學運」，即是使用網際網路的技術成功地將該事件即時登上國際社會，引起國際輿論的高度關注和討論，且在新聞媒體連續大肆報導下，終於迫使政府妥協與讓步。「太陽花學運」事件後續的影響，讓執政的中國國民黨在2016年又再失去政權，亦讓在太陽花學運之後成立的「時代力量」政黨在2016

6　陳婉琪、張恒豪、黃樹仁，〈網絡社會運動時代的來臨？太陽花運動參與者的人際連帶與社群媒體因素初探〉，《人文及社會科學集刊》，第28卷第4期，2016年12月，頁471。

年的第9屆立法委員選舉拿下5席，躍居成為國會第三大政黨。在國際間，網際網路被社群媒體廣泛地運用，如臉書、推特等，其對人們的日常生活帶來變革性的影響，亦對政治活動產生巨大的衝擊，乃至2016年美國總統大選和恐怖主義盛行，亦被認為都是拜社群媒體發達的影響。

臺灣的社會運動藉由網際網路做為動員的工具有愈來愈明顯的趨勢。社會運動與網際網路的結合，為社會運動的人力動員助長聲勢，成為社會運動中不可或缺的工具，國內相關的研究報告與期刊論文亦相繼出爐，探討社會運動個案與網際網路結合的效益與影響。如林如森在〈社會運動過程中的認同、共識動員與傳播策略〉指出：成功的傳播策略，透過媒體建構議題，將爭議點誰升至公共領域層次論辯，足以影響政府公共政策的決策[7]。林靜伶〈網路時代社運行動者的界定與語藝選擇〉提出網路時代四圈社會運動行動者的圖像，進一步建議與四圈行動者對應的語藝選擇與媒介使用[8]。林鶴玲、鄭陸霖〈台灣社會運動網路經驗：一個探索性的分析〉強調它乃是社會差異、網路技術、與社會運動三者相互作用的結果以及這些社會差異對網路社運的影響[9]。

鄭陸霖、林鶴玲於〈社運在網際網路上的展現：台灣社會運動網站的聯網分析〉指出社會運動在網際網路上互連關係的展現，發現網際網路匿名、去中心與快速複製傳遞的多

---

[7] 林如森，〈社會運動過程中的認同、共識動員與傳播策略〉，《台灣社會研究季刊》，第64期，2006年12月，頁151-218。

[8] 林靜伶，〈網路時代社運行動者的界定與語藝選擇〉，《中華傳播學刊》，第26期，2014年12月，頁3-33。

[9] 林鶴玲、鄭陸霖，〈台灣社會運動網路經驗：一個探索性的分析〉，《臺灣社會學刊》，第25期，2001年6月，頁111-156。

重特性，一旦與社會運動勾連，可以展現作為資源動員（募款、徵集義工等）的工具、凝聚社群認同的空間、以及自主控制的另類傳媒的多元潛能[10]。蕭遠於〈網際網路如何影響社會運動中的動員結構與組織型態？——以台北野草莓學運為個案研究〉探討網路媒介興起對科技媒介、動員結構與組織型態三者如何相互影響的過程[11]。陳婉琪、張恒豪、黃樹仁〈網絡社會運動時代的來臨？太陽花運動參與者的人際連帶與社群媒體因素初探〉分析這場太陽花社會運動中影響參與者高度投入之因素，顯示社會運動藉高科技成熟的技術，運用電子媒體與通訊的普及、媒體報導及網際網路的普及，已成為社會運動號召、動員、傳播等方法，來增加其社會輿論，乃至國際社會的關注，以構成對政府重大公共政策的影響力，達到社會運動的目的，並成為學術研究的一個新的領域。

第二節　社會運動活動性質與類型

　　根據內政部警政署從集會遊行活動性質上大致可分為政治性、社會性、經濟性、涉外性及其他等五種性質。

　　國內學者朱金池將聚眾活動的類型分為四類：（一）按暴力行為分非暴力性與暴力性；（二）按矛盾性與目的性分政治性、經濟性、社會性及複合性；（三）按發生區域分局

---

[10]　鄭陸霖、林鶴玲，〈社運在網際網路上的展現：台灣社會運動網站的聯網分析〉，《臺灣社會學刊》，第2期，2001年12月，頁55-96。

[11]　蕭遠，〈網際網路如何影響社會運動中的動員結構與組織型態？——以台北野草莓學運為個案研究〉，《臺灣民主季刊》，第8卷第3期，2011年9月，頁45-85。

部性、區域性及全國範圍的聚眾活動；（四）按組織化程度分有組織與無組織的聚眾活動[12]。官政哲在《群眾安全——群眾是不可忽視的偉大力量！》指出依據集會遊行活動的規模區分為（一）超大型活動；（二）大型活動；（三）重要活動；（四）一般性活動；（五）特殊節慶活動；（六）節慶活動；（七）展覽活動等類型[13]。作者從新聞媒體蒐集整理臺灣社會運動大事記後發現，以內政部警政署的分類方式，似乎無法呈現臺灣集會遊行多樣化的樣貌，雖然集會遊行以政治性占絕對多數，惟若從中逐一去剖析其活動內容與屬性，即可發現其實臺灣的集會遊行具有多樣化的屬性，且其活動屬性與西方國家不分軒輊。

　　上述的分類似無法完整呈現臺灣社會運動多樣化發展的事實。根據學者蕭新煌的說法，解嚴之後，各種社會運動蜂擁而起，一項1989年的調查便記錄了包括消費者、勞工、婦女、原住民、反汙染運動等共十四種之多，民怨的總爆發反映出長久威權統治下臺灣社會盤根錯節的種種系統性問題[14]。作者蒐集臺灣社會運動大事記及媒體報導進行整理分析，發現臺灣社會運動的多樣化超過20種類型以上，甚至可能更多，有些抗爭個案隨著政府的回應或妥協而減少或消失，有些是長期抗爭如環境保護、反核運動與臺獨等議題，有些則是新興起的類型，如同志運動、新住民及年金改革等

---

[12] 朱金池、蔡庭榕等人合著，《群眾活動處理學》（臺北：中央警察大學印行，2015年），頁7。

[13] 官政哲著，《群眾安全——群眾是不可忽視的偉大力量！》（臺北：正典出版文化有限公司，2013年），頁10。

[14] 鄭陸霖、林鶴玲，〈社運在網際網路上的展現：台灣社會運動網站的聯網分析〉，《臺灣社會學刊》，第2期，2001年12月，頁61。

運動。請參閱圖4-11。

　　為求取本分類的信度，本研究採用「相互評分者信度」分析，作者根據內政部警政署自民國76年至106年集會遊行近16萬件的統計資料及媒體報導的案件中每年抽取4件共計120件樣本的臺灣社會運動大事記做為本分類分析的基礎，就個案進行分類後得出臺灣社會運動多樣化的樣態至少有20類，甚至更多的態樣，並將這些分類製成「多樣性類別之評分者信度分析表」和大事記，於2018年3月1日至31日止，透過中國文化大學中國大陸及國家發展研究所五位研究所碩士同學（以A、B、C、D、E為代號）分別評定就臺灣社會運動大事記評定其多樣性類別得到88%以上的一致性。如表7-1。從評分者的回饋中，有些評分者回饋表示從社會運動個案的資料中發現其實社會運動有許多係與政治、經濟重疊，如環境、經濟、社福、農漁業、勞工等政策，亦有認為還可以再細分，如環境保護包含非核、空氣汙染、海洋生態、森林保護、工業汙染等，勞工或學運等相關議題，認為臺灣社會運動的多樣化可能比作者所列還多。因此，作者藉由評分者信度分析的評分結果，認為臺灣的社會運動確實具多樣化發展的樣貌。

第三節　集會遊行法的違憲解釋

　　司法院大法官會議兩次對《集會遊行法》部分條文認為有違憲而做出解釋，亦是讓集會遊行多樣化的重要原因之一。依據民國87年1月23日司法院釋字第445號解釋文：「憲法第14條規定人民有集會之自由，此與憲法第11條規定之言

表7-1　多樣性類別之評分者信度分析表

抗議案例	政治	勞工	社福	環境	人權	女權	性別	學運	農民	漁工	文化	宗教	和平	族群	媒體	原住民	新住民	食安	教育	年改
1	0	0	0	0	0	0	0	0	1	0	0	0	0	0	0	0	0	0	0	0
2	1	0	0	0	0	0	0	0	0	0	0	0	0	0	0	0	0	0	0	0
3	1	0	0	0	0	0	0	0	0	0	0	0	0	0	0	0	0	0	0	0
4	1	0	0	0	0	0	0	0	0	0	0	0	0	0	0	0	0	0	0	0
5	0.8	0	0	0	0	0	0	0	0	0	0	0	0	0	0	0	0	0	0	0
6	0	0	0	0	0	0.8	0	0	0	0	0	0	0	0	0	0	0	0	0	0
7	0	0	0	0	0	0	0	0.8	0	0	0	0	0	0	0	0	0	0	0	0
8	1	0	0	0	0	0	0	0	0	0	0	0	0	0	0	0	0	0	0	0
9	0	0	0	0	0	0	0	0	0	0	0	0	0	0	0	0	0	0	1	0
10	0	0	0	0	0	0	0	0	0	0	0	0	0.6	0	0	0	0	0	0	0
11	0	0	0	0	0	0	0	0	0	0	0	0	0	0.6	0	0	0	0	0	0
12	0	0	0	0	0	0	0	0	0	0	0	0	0	0	0	0	0	0	0	0
13	0	0	0	0.8	0	0	0	0	0	0	0	0	0	0	0	0	0	0	0	0
14	0	0	0	0	0	0	0	0	0	0	0	0	0	0	0	0	0	0	0.8	0
15	0	0	0	0	0	0	0	0	1	0	0	0	0	0	0	0	0	0	0	0
16	0	0	0.8	0	0	0	0	0	0	0	0	0	0	0	0	0	0	0	0	0
17	0	1	0	0	0	0	0	0	0	0	0	0	0	0	0	0	0	0	0	0
18	0	0	0	0	0	0.8	0	0	0	0	0	0	0	0	0	0	0	0	0	0
19	0	0	0	0	0	0	0	0	0	0	0	0.8	0	0	0	0	0	0	0	1
20	0.8	0	0	0	0	0	0	0	0	0	0	0	0	0	0	0	0	0	0	0
21	1	0	0	0	0	0	0	0	0	0	0	0	0	0	0	0	0	0	0	0
22	0.8	0	0	0	0	0	0	0	0	0	0	0	0	0	0	0	0	0	0	0
23	0	0	0	0	0	0	0	0	0	0	0	0	0	0	0	1	0	0	0	0
24	0	0	0	0	0	0.8	0	0	0	0	0	0	0	0	0	0	0	0	0.8	0
25	0	0	0	0	0	0	0.8	0	0	0	0	0	0	0	0	0	0	0	0	0
26	0	0	0	0	1	0	0	0	0	0	0	0	0	0	0	0	0	0	0	0
27	0	0	0	0	0	0	0	0	0	0	0	0	0	0	0.6	0	0	0	0	0
28	0	0	0	0	0	0	0	0	0	0	0	0	0	0	0	0	0	0.8	0	0
29	0	0	0	0.6	0	0	0	0	0	0	0	0	0	0	0	0	0	0	0	0
30	0	0	0	0.6	0	0	0	0	0	0	0	0	0	0	0	0	0	0	0	0
合計	7.4	1	0.8	2	1	2.4	1	0.8	2	0	0	0.8	0.6	0.6	0.6	1	0	0.8	2.6	1
總計	0.88																			

資料來源：作者整理自新聞報導臺灣社會運動

論、講學、著作及出版之自由，同屬表現自由之範疇，為實施民主政治最重要的基本人權。國家為保障人民之集會自由，應提供適當集會場所，並保護集會、遊行之安全，使其得以順利進行。以法律限制集會、遊行之權利，必須符合明確性原則與憲法第23條之規定。」[15]，體現了《憲法》保障人民的基本權利及賦予人民集會遊行的合法性與正當性。

民國103年3月21日司法院釋字第718號解釋文：「集會遊行法第8條第一項規定，室外集會、遊行應向主管機關申請許可，未排除緊急性及偶發性集會、遊行部分，及同法第9條第1項但書與第12條第2項關於緊急性集會、遊行之申請許可規定，違反《憲法》第23條比例原則，不符憲法第14條保障集會自由之意旨，均應自中華民國104年1月1日起失其效力。係司法院解釋對釋字第445號解釋應予補充。」

有關司法院釋字第445號解釋及718號對於集會遊行之解釋理由，詳見第六章社會運動頻繁化因素分析第二節集會遊行法制化之一及二。

第四節　言論自由的解禁

《憲法》第11條規定人民有言論自由，惟此言論自由並未在解嚴後立即獲得改善，而係仍然受到相關法律的限制，相對亦影響民主轉型的發展，其中與人民權益攸關的即是集會與結社的自由，如《動員戡亂時期國家安全法》第2條第1項規定人民集會、結社，不得違背憲法或主張共產主義，或

---

[15] 司法院釋字第445號解釋。司法院全球資訊網，〈https://www.judicial.gov.tw/constitutionalcourt/p03_01.asp?expno=445〉。

主張分裂國土。《動員戡亂時期集會遊行法》第4條規定集會、遊行不得違背憲法或主張共產主義，或主張分裂國土。及《動員戡亂時期人民團體法》第2條規定人民團體之組織與活動，不得違背憲法或主張共產主義，或主張分裂國土。

由於此三法涉及國家、經濟與社會的發展至鉅。因此，被稱為「國安三法」以突顯其對民主的發展的重要性。在歷經解嚴後的政治社會環境變遷後，有關國安三法剝奪人民的集會結社權利的反對聲浪不斷，終在司法院釋字第445號、第釋字644號及釋字第718號分別對《集會遊行法》及《人民團體法》相關規定人民不得違背憲法或主張共產主義，或主張分裂國土做出違憲解釋後，民國100年才刪除該條文內容，陸續鬆綁有關言論自由，政府不得再以人民不得違背憲法或主張共產主義，或主張分裂國土做為准駁人民申請集會結社的理由。《動員戡亂時期國家安全法》第2條規定人民集會結社不得違背憲法或主張共產主義，或主張分裂國土。直至民國100年時才刪除該條文。

一、司法院釋字第445號解釋

有關司法院第445號解釋針對於集會遊行之見解，詳見第六章社會運動頻繁化分析第二節集會遊行法制化之一。

二、司法院釋字第644號解釋

根據《世界人權宣言》第19條及《公民權利和政治權利國際公約》第19條規定，人人有權在不受干涉下持有意見及主張及每個人都有權利自由發表主張和意見，此項權利包括尋找，接收和傳遞資訊和思想的自由，而不分任何媒介和國

界[16]。我國《憲法》第11條亦規定人民有言論自由，惟這項基本權利在戒嚴時期被威權政體所控制。解嚴後，言論自由才得以逐漸落實。

《人民團體法》第2條規定人民團體之組織與活動，不得違背憲法或主張共產主義，或主張分裂國土。同法第53條規定：「申請設立之人民團體有違反第2條或其他法令之規定者，不予許可；經許可設立者，廢止其許可。」換言之，主管機關於受理審查人民申請籌組社會團體時，如發現該人民團體之組織與活動，有違反該法第2條規定，即拒絕受理該申請案件之設立。由於該項限制規定，讓許多主張言論自由的民間團體無法獲得申請設立。民國97年6月20日司法院釋字第644號解釋前述規定之部分，乃使主管機關於許可設立人民團體以前，得就人民「主張共產主義，或主張分裂國土」之政治上言論之內容而為審查，並作為不予許可設立人民團體之理由，顯已逾越必要之程度，與憲法保障人民結社自由與言論自由之意旨不符，於此範圍內，應自本解釋公布之日起失其效力。該釋字644號解釋後的民國100年《人民團體法》終修法刪除該條文。惟始終主張言論自由而未向政府申請設立的澄社，即便在100年《人民團體法》修法刪除該條文，乃至接獲政府機關的輔導與勸說後，仍不願再向政府申請設立，以示異議。

三、刑法第100條修法的政治意涵

1991年9月21日，中央研究院院士李鎮源，與陳師孟、

---

[16] 《世界人權宣言》，〈https://zh.wikipedia.org/wiki/；《公民權利及政治權利國際公約》，https://zh.wikipedia.org/wiki/〉。

林山田、廖宜恩等學者，號召成立「一〇〇行動聯盟」。主張「刑法第100條」（普通內亂罪）違背憲法對言論自由的保障，必須予以廢除。而在後續「反閱兵、廢惡法」的抗爭中，該聯盟的成員展現不屈不撓的精神，產生巨大的政治改革能量，促成1992年立法院修正「刑法第100條」。此一修法解除言論自由的枷鎖，亦讓「白色恐怖」的時代正式終結[17]。《刑法》第100條第1項規定意圖破壞國體、竊據國土，或以非法之方法變更國憲、顛覆政府，而著手實行者，處七年以上有期徒刑；首謀者處無期徒刑。第2項預備或陰謀犯前項之罪者，處六月以上、五年以下有期徒刑，成為在解嚴前後政府對抗反對或異議人士的箝制工具。惟在學者發動抗爭下，言論、講學、著作及出版自由的解禁，以及司法院對維護人民言論自由的解釋，帶給人民更寬廣的言論空間，加上新聞、著作與出版等自由，都是影響社會運動多樣化的原因。

第五節　新興網路社會運動模式

一、全球化社群媒體的力量

由美國哈佛大學學生馬克・祖克柏（Mark Elliot Zuckerberg）創設成立於2004年的臉書（Facebook）主要功能包括：動態訊息、動態時報、訊息、直播訊息等，截至2017年用戶已超過20億人[18]；2017年臺灣活躍社群使用戶有1900

---

[17] 蘇瑞鏘，〈解除言論自由的枷鎖「100行動聯盟」廢除「刑法第100條」的抗爭〉檔案半年刊，民國105年6月第15卷第1期，頁21。

[18] 尤瓦爾・哈拉瑞（Yuval Noah Harari）著，林俊宏譯，《21世紀的21堂課》（臺北：遠見天下文化出版股份有限公司，2018年），頁109。

萬人，占全臺灣人口數的80%，18歲至44歲的使用率即高達1300萬戶，其中95%使用者習慣用手機登入社群媒體[19]。

　　社群網路具有溝通的自主性，讓影片、對話訊息、歌曲等方式迅速對外傳播，若用於社會運動，喚起人類的同理心、燃起人們的怒火，進而煽動集體行動，有助擴大宣傳與影響的效果，並產生意想不到的結果，其巨大程度甚至足以推翻政權。如2008年冰島「廚具革命」，藉由網際網路與社群網路的普及與影響力，成功迫使冰島政府讓步提前舉行選舉，造成長期執政的保守派大敗，並重新制定新憲法，完全改革政治制度；2010年至2011年北非突尼西亞「茉莉花革命」如果沒有網際網路的傳播與影響，這場革命就無法發生，也就不可能推翻獨裁政權。受突尼西亞「茉莉花革命」的啟發，之後，在2011年阿拉伯世界引發「阿拉伯之春」的一連串革命浪潮；2011年西班牙「憤怒者行動」；2011年美國「占領華爾街運動」；2013年烏克蘭「親歐盟示威行動」；2014年臺灣「太陽花學運」與2019年香港「反送中」社會運動等[20]也都是例子。

　　Ｐ・Ｗ・辛格（P. W. Singer）與艾默生・Ｔ・布魯金（Emerson T. Brooking）在《讚爭》（*Like War*）一書中提及世界資料不斷被蒐集，並放上網路，造就十分驚人的資料量。在一分鐘內，臉書可見到五十萬則新留言、二十九萬三千則動態更新，以及四十五萬張新照片；YouTube的上傳影片超過四百小時；在推特（Twitter）上發表的推文超過三十

---

[19] 行銷人雜誌，〈https://www.marketersgo.com/2018/04/15/2017-social-media-analysis-report/〉。

[20] 曼威・柯司特（Manuel Castells）著，廖珮杏、劉維人譯，《憤怒與希望：網際網絡時代的社會運動》（臺北：南方家園出版社，2020年），頁9-66。

萬則。此外，還隱藏著十億個附加資料點與後設資料點。每個資訊點的源頭，也許來自一個旁觀者有意識捕捉到的一場演說或槍戰，或者可能是在不知情的情況下分享給世人的訊息。社群媒體已經跨越人民、記者、社會運動與反抗鬥士之間的分野，任何擁有網際網路連線的人，都可以靈活的切換角色，也能同時扮演多重角色[21]。社會運動透過社群網路的力量，可以將即時活動訊息散布至全世界，讓國際輿論與關心這議題的人們獲得最新訊息，並獲得迴響，甚至聲援[22]，從而對政府造成巨大壓力，迫使政府調整政策、妥協或讓步。網路世界可謂「無遠弗屆」對社會運動效益與影響力的擴大有直接的影響。

二、「複製社會運動」

臺灣係亞洲地區資訊科技最為發達與普及的國家之一。社會運動如運用社群網路的技術，可使其在人力動員上更為快速，有效與擴大影響力，並將社會運動過程藉由網際網路即時以影像訊息迅速與外界連結，引起國內外輿論關注，進而對政府形成巨大壓力，迫使政府達成某些協議或讓步，有助社會運動訴求目的的達成。

近年來網際網路已逐漸被國內民間團體從事社會運動時運用，如在西方國家發生的人權、婦女、反毒、環境保護、消費權益、農民、勞工、反核、廢除死刑、同志及公投等社會運動議題，透過網際網路或媒體傳播的技術迅速傳送至全

---

[21] P・W・辛格與艾默生・T・布魯金合著，林淑鈴譯，《讚爭》（臺北：任性出版有限公司，2019年），頁103-122。

[22] 朱金池、蔡庭榕等人合著，《群眾活動處理學》（臺北：中央警察大學印行，2015年），頁220-222。

球各地，沒多久在其他方的國家可能也會發生類似的社會運動。如而臺灣具國際化的社會環境，亦會受其影響與帶動，有些議題，甚至係持續性與長期性議題，如人權、反核、環保、反恐等議題；有些是新興的社會運動，如性別、婦女、兒童、同性戀等。換言之，臺灣的社會運動態樣有時係受國外社會運動過去或不久前發生過的實例的影響。

西班牙社會學家曼威・柯司特在《憤怒與希望：網際網絡時代的社會運動》一書中指出，自網路社會運動崛起後，發生在世界各地的其他社會運動都有一共同的特點，如伊朗、希臘、葡萄牙、義大利、以色列、智利、俄羅斯，以及歐洲其他國家和拉美國家等，這些共同特點，包括：

1. 社會運動都以多種形式串聯起網路。他們不需要正式的領導、指揮和控制中心，或是一個垂直式的組織來分發資訊或指令；

2. 社會運動通常始於線上社群網路，然後再藉由占領都市空間進而形成一場運動，如在公共廣場的長期占領或是持續上街頭示威；

3. 社會運動既是在地的，同時又是全球性的；

4. 社會運動基本上都是自發的，通常是被憤怒的火花所引爆，可能跟某一件具體事件有關，或是對統治者的行為極度厭惡；

5. 社會運動是一種病毒，散播的方式就像網際網路散播其他資訊的方式一樣；

6. 社會運動在自治空間中進行大量審議，才有辦法讓憤怒變成希望；

7. 社會運動常強調自我反思；

8. 社會運動都是非暴力運動，通常出發點都是和平、非暴力的公民不服從；

9. 社會運動的發展很少是跟著一套程序在進行，除非它們關注一個明確、單一問題，如打倒獨裁政權；

10. 社會運動既可以改變社會價值，也可以推輿論，改變選情；

11. 社會運動基本上都具有強烈的政治性[23]。

　　社會運動的目的在改變社會，改造國家，而非推翻政府，藉由網際網路的成熟科技，會增強既有或潛在的趨勢，可以創造更大的溝通自由和全球互動，提供社會運動發展的量能與空間，促成社會運動目的的達成。

---

[23] 曼威‧柯司特（Manuel Castells）著，廖珮杏、劉維人譯，《憤怒與希望：網際網絡時代的社會運動》（臺北：南方家園出版社，2020年），頁294-302。

第八章

政治選舉活動與集會遊行活動的連鎖效應

第一節 政治選舉活動頻繁

民主的最大特徵，即是定期舉辦政治選舉活動。約瑟夫・阿洛伊斯・熊彼特在《資本主義、社會主義與民主》提出：「民主的方法是為了達成政治決定所作出的一種制度安排，在這種制度安排中，個人藉由激烈的競逐獲取人民手中的選票而得到做決定的權利。」[1]民主的縱向結構依賴選舉行為和選舉活動，即自由的、周期性的和競爭的選舉[2]，在政治選舉競選活動過程中最常見的方式之一，即無論是政黨、政治選舉候選人與民間團體等為贏得選舉的勝利、增加政治參與機會，而採取必要與頻繁的造勢活動的策略，集會遊行活動即是最普遍與最主要的策略運用方法。

臺灣的政治選舉活動分為中央與地方兩種類型：中央政治選舉活動包括總統、副總統，國民大會代表（民國89年第六次修憲時，將國民大會虛級化，第三屆國民大會代表任期

---

[1] 約瑟夫・阿洛伊斯・熊彼特（Joseph Alois Schumpete）著，吳良健譯，《資本主義、社會主義與民主》（臺北：左岸文化，2003年），頁250。

[2] 喬萬尼・薩托利（Giovanna Sartori）著，馮克利，閻克文譯，《民主新論：當代論爭》（北京：世紀文景文化出版，2015年），頁211。

至2000年5月19日止，不再辦理），立法委員等三項政治選舉類型；地方政治選舉活動包括省長暨省議員（1998年臺灣省組織精簡後已不再辦理），直轄市長暨直轄市議員，縣、市長暨縣、市議員，鄉長、鎮長、市長暨鄉民代表、鎮民代表、市民代表，村長暨里長等九項公職人員選舉。

　　臺灣自1987年解嚴後迄2020年逾30年的民主轉型過程中，政府全面啟動修法工程外，政治民主最為明顯的莫過於頻繁的辦理政治選舉活動。作者根據中央選舉委員會政治選舉資料發現自1987年解嚴後至2020年止，臺灣舉行省長[3]、省議員、直轄市長及市議員、縣、市長及縣、市議員、立法委員及總統、副總統等重大政治選舉活動逾30次（不包含鄉、鎮、市長暨代表，以及與村里長等選舉活動在內）。

一、總統、副總統及立法委員選舉

　　依據憲法明定總統的職權包括：對外代表國家；發布特定命令，無須行政院長副署；得宣告解散立法院；任命行政院院長；依憲法之規定，行使締結條約及宣戰、媾和之權；三軍統帥權；戒嚴權；行使大赦、特赦、減刑及復權之權等等。因此，總統、副總統的選舉，可謂係民主政治規模、選舉區域和影響力最大，最備受政黨與人民最關心的政治選舉活動；立法院係最高民意機關，立法委員有議決法律案、預（決）算案、戒嚴案、大赦案、宣戰案、媾和案、條約案及國家其他重要事項等職權。凡法、律、條例、通則均需經立

---

[3] 臺灣省首任民選首長係由原臺灣省省主席宋楚瑜當選，1998年省政府組織精簡後，未再辦理臺灣省省長選舉，宋楚瑜成了第一任民選省長，亦是唯一的一任和最後一任臺灣省省長。

法院通過、總統公布，方得施行。是以，立法委員的選舉活動亦是各個政黨與各候選人競逐的政治舞臺和權力的象徵。

（一）總統、副總統選舉：

　　1996之前總統、副總統選舉係由人民選出的國民大會代表於國民大會行使間接選舉，直到民國84年依據憲法第46條及憲法增修條文第2條第1項制定《總統副總統選舉罷免法》後，1996年中華民國政治史上是第一次舉辦第九任總統、副總統由人民直接選舉產生，取代行憲以來由國民大會代表行使間接選舉總統、副總統方式，選舉結果由中國國民黨李登輝與李元簇當選第九任總統、副總統；2000年總統、副總統選舉，選舉結果由民主進步黨陳水扁與呂秀蓮當選第十任總統、副總統，政黨（中央政權）首度輪替，於1986年9月28日起算成立14年的民主進步黨，藉由民主政治的選舉活動首度從執政逾50年的中國國民黨手中贏得中央執政權。自1987年解嚴以來、政治體制由威權體制轉型為民主體制後，歷經13年的發展，政權始由當時的最大的在野黨民主進步黨取代，且政權轉移在和平過程中順利接軌，未發生政治動盪與社會失序的情事，亦是民主進步黨於1986年9月28日成立後的第14年即取得中央執政權。

　　陳水扁與呂秀蓮二人並於2004年連任第十一任總統、副總統；民主進步黨執政八年後，由於執政能力未符合人民期待，加以貪汙事件頻傳，導致2008年再度由中國國民黨贏回政權，由中國國民黨馬英九與蕭萬長當選為第十二任總統、副總統；隨後2012年再由馬英九與吳敦義當選第十三任總統、副總統。惟中國國民黨再贏得政權後的八年間政黨惡鬥

益加劇烈，執政能力備受置疑，政府官貪汙腐敗、政府與政黨形象受挫，民心思變，政黨勢力消長，2016年又再度由民主進步黨推出的總統、副總統候選人蔡英文與陳健仁當選第十四任總統、副總統。2020年代表民主進步黨連任總統、副總統的蔡英文與賴清德連任成功，以817萬票當選第十五任總統、副總統。

由於蔡英文連任總統成功，連帶影響第十屆立法委員的選舉結果發生「骨牌效應」，在第十屆的立法委員的席次亦出現變化，民主進步黨在這次的立法委員選舉中雖然較第九屆少7席，仍然在113席的立法委員席次中，取得過半數席次的61席（第九屆為68席、第八屆為40席），再次成為國會第一大黨；中國國民黨為38席（第九屆為35席、第八屆為64席），較上屆多出3席，仍維持國會第二大黨，而甫成立不久的台灣民眾黨首次參與立法委員選舉，取得5席立法委員，成為國會的第三勢力。

（二）立法委員選舉：

民國36年行憲後，依據憲法規定，立法委員由全國各省、各直轄市、蒙古各盟旗、西藏、各民族在邊疆地區、僑居國外之國民、職業團體依法選出，任期3年，連選得連任。第1屆立法委員選舉共選出760人。後因政府遷臺後，國家遭遇重大變故，事實上不能依法辦理第二屆立法委員選舉，為保持憲法五院運作，經司法院釋字第31號解釋，在第2屆立法委員未能依法選出集會與召集以前，仍由第1屆立法委員繼續行使職權。但分別於1969年（增額11位）、1972年（第一次增額51位）、1975年（第二次增額52位）、1980

年（第三次增額97位）、1983年（第四次增額98位）、1986年（第五次增額100位）及解嚴後的1989年（第六次增額130位）等，前後共計辦理七次第一屆立法委員增補選舉。在每次的增額立法委員選舉中非屬中國國民黨人士皆有逐漸增加的趨勢，其中在2000年完成政權首度輪替的陳水扁總統係在1989年第一屆第六次立法委員增額選舉結果中成為立法委員。

　　1991年因應動員戡亂時期之終止，於80年5月1日制定公布憲法增修條文，同時廢止動員戡亂時期臨時條款，回歸憲法體制。第1屆資深立法委員依司法院釋字第261號解釋於民國80年12月31日全部退職，由第6次增額改選之130位立法委員行使立法權，並於1992年辦理第2屆立法委員選舉，是為我國憲政民主改革的一個重要階段。從1992年至2020年共舉辦十屆立法委員政治選舉活動。如表8-1。

表8-1　　1989年至2020年總統、副總統暨立法委員選舉活動

名稱／年度	總統、副總統	立法委員
1989		第一屆第六次增額立法委員
1992		第二屆立法委員
1995		第三屆立法委員
1996	第九任總統、副總統	
1998		第四屆立法委員
2000	第十任總統、副總統	
2001		第五屆立法委員
2004	第十一任總統、副總統	第六屆立法委員
2008	第十二任總統、副總統	第七屆立法委員
2012	第十三任總統、副總統	第八屆立法委員

名稱╱年度	總統、副總統	立法委員
2016	第十四任總統、副總統	第九屆立法委員
2020	第十五任總統、副總統	第十屆立法委員

資料來源：作者整理自中央選舉委員會1989至2020年中央政治選舉資料

二、省長、直轄市長暨縣、市長選舉

（一）省長暨直轄市長選舉：

　　為落實民主政治，以往官派臺灣省省主席及直轄市市長，自1994年起臺北市及高雄市直轄市長及臺灣省長（福建省除外）選舉首次由人民直接選舉取代官派，由於選舉活動範圍覆蓋全臺灣，盛況空前，競選過程非常激烈，集會遊行活動在政治選舉氛圍的驅動下顯得異常熱絡，僅該年的集會遊行活動即高達11294次，為歷來第三多。選舉結果，臺灣省第一屆省長（亦是唯一一屆，因政府於1998精省後未再辦理第二屆省長選舉）由執政的中國國民黨時任臺灣省省主席宋楚瑜以472萬多票，得票率56.22%當選；臺北市第一屆市長由民主進步黨的陳水扁當選，擊敗中國國民黨時任臺北市市長黃大洲；高雄市第一屆市長由中國國民黨原高雄市市長吳敦義當選。

　　2010年因部分縣市合併升格為直轄市，其中新北市單獨升格、高雄市則合併高雄縣、臺中市合併臺中縣，及臺南市合併臺南縣後，同年底辦理地方政治選舉活動，臺北市長由中國國民黨郝龍斌當選，高雄市長由民主進步黨陳菊當選，新北市長由中國國民黨朱立倫當選，臺中市長由中國國民黨胡志強當選，臺南市長由民主進步黨賴清德當選。

　　2014年臺灣政治史上首度整合地方九項公職人員選舉活

動，選舉過程之激烈更勝以往，是年的集會遊行活動次數可謂創歷史集會遊行迄今紀錄的14751次，為歷來次多，其中選舉日前兩個月期間的集會遊行活動即達一萬兩千次以上。選舉結果，臺北市長由無黨籍的柯文哲當選；高雄市長由民主進步黨陳菊連任；新北市長由中國國民黨朱立倫連任；臺中市長由民主進步黨林佳龍當選；臺南市長由民主進步黨賴清德連任；桃園市亦升格為直轄市，由民主進步黨鄭文燦當選。2014年的政治選舉結果不同於2010年，亦讓中國國民黨與民主進步黨兩大政黨的政治板塊出現移動，饒具政治意義，果不其然在2016年第十四任的總統、副總統大選，民主進步黨再度取得中央執政的權力。

（二）縣、市長選舉：

　　地方首長又稱「百里侯」，係執行中央政策與地方自治的重要行政機關，亦是最貼近民意的政府部門，在戒嚴時期由中國國民黨「以黨領政」的年代，在中國國民黨的縣市黨部與地方政府的互相配合下，更是威權政體控制社會與地方執行機關。戒嚴時期縣、市長的主控權大部分都掌握在中國國民黨的手中，解嚴後，隨著政治民主化的轉型過程，由中國國民黨掌控的政治選舉活動，始逐漸鬆動，民主進步黨從臺灣南部逐步攻略縣、市長，如高雄縣、市、臺南縣、市、宜蘭縣、屏東縣等，成為臺灣民主政治的一道分界。如表8-2。

　　自2005年縣、市長及2006年直轄市長的選舉結果，由中國國民黨贏得過半以上的縣、市長選舉，2008年第十二任總統、副總統選舉即由中國國民黨重新贏得政權，而2014年直

表8-2　1989年至2018年省長、直轄市長暨縣、市長政治選舉活動

名稱／年度	直轄市長、省長	縣、市長
1989		第十一屆縣、市長
1993		第十二屆縣、市長
1994	臺北市、高雄市第一屆直轄市長 臺灣省第一屆省長	
1997		第十三屆縣、市長
1998	臺北市、高雄市第二屆直轄市長	
2001		第十四屆縣、市長
2002	臺北市、高雄市第三屆直轄市長	
2005		第十五屆縣、市長
2006	臺北市、高雄市第四屆直轄市長	
2009		第十六屆縣、市長
2010	臺北市第五屆直轄市長 新北市、高雄市、臺中市、臺南市為升格後第一屆直轄市長	
2014	臺北市第六屆直轄市長 新北市、高雄市、臺中市、臺南市第二屆直轄市長 桃園市為升格後第一屆直轄市長	第十七屆縣、市長
2018	臺北市第七屆直轄市長 新北市、高雄市、臺中市、臺南市第三屆直轄市長 桃園市第二屆直轄市長	第十八屆縣、市長

資料來源：作者整理自中央選舉委員會1989至2018年地方政治選舉資料

轄市暨縣、市長選舉結果，由民主進步黨贏得過半直轄市暨縣、市長，2016年第十四任總統、副總統選舉即再由民主進步黨贏得政權。因此，直轄市暨縣、市長的政治選舉結果已被視為係下一任總統、副總統選舉的前哨站與觀察指標。易言之，政黨只要在這一屆的「百里侯」選舉拿下過半，等同於贏得下一任總統、副總統的選舉。

2018年地方九項公職人員選舉活動，競選活動盛況更勝

以往，政黨與政黨、候選人與候選人之間的競爭更為激烈與白熱化，尤其是選舉前兩個月政黨及各候選人頻頻展現其動員人力的實力為選舉活動造勢，爭取政治參與的機會；集會遊行活動人數依政黨及各候選人的動員能力，少則數十人，大則數千人、數萬人，乃至十幾萬人都有。不僅僅是中國國民黨與民主進步黨之爭，許多政黨亦紛紛乘勢而起，除既有的「新黨」、「台灣團結聯盟黨」、「親民黨」外，新崛起的「時代力量」亦不遑多讓，在2016年第九屆立法委員選舉後成為立法院第三大政黨。根據內政部統計資料顯示，臺灣的集會遊行活動在2018年地方九項公職人員選舉活動再創新高達27134次，而選舉活動係在2018年11月24日舉行，在選前一個月的10月份即達五千四百多次，而在選舉活動的當月集會遊行高達一萬七千次，在在印證只要遇政治選舉活動，集會遊行活動即顯得格外密集與頻繁。

臺北市及高雄市直轄市長及臺灣省長選舉始於1994年，在此之前均為官派。惟政府根據民國86年（1997年）第四次憲法增修條文第九條第三項的規定，於民國87年（1998年）將省移除「地方自治團體」地位，並將臺灣省政府縮編改組為行政院之派出機關，即臺灣省虛級化（簡稱精省），故民國88年精省後未再辦理第二屆省長選舉；2010臺北縣、臺中縣市、臺南縣市及高雄市縣合併升格為直轄市合稱五都，除臺北市外，餘升格直轄市均為第一屆，及至2014年桃園縣亦升格為直轄市，為第一屆，原「五都」合稱「六都」。

臺灣的地方縣、市長選舉係從1951年起由公民直接行使選舉，惟在戒嚴時期地方縣、市長的主導權完全係被中國國民黨的「黨國體制」所掌控，即便有黨外人士參與選舉，

想要贏得縣、市長的機會微乎其微。從解嚴後的1989年截至2018年底止，政府共辦理地方公職人員選舉活動八次，每次舉辦的政治選舉活動對政黨及政治參與者都是一次的機會，亦是對中國國民黨執政的地方縣、市長政權的一次挑戰。2014年臺灣政治史上首度整合地方九項公職人員選舉[4]，選舉過程之激烈更勝以往，僅是年的集會遊行活動次數即高達14751次。而在2018年的地方九項公職人員選舉活動，集會遊行活動更高達27134次，較2014年多12383次。

　　從表8-1總統、副總統、立法委員選舉活動，及表8-2省長、直轄市長暨縣、市長政治選舉活動的頻繁程度顯示，解嚴後臺灣加速民主化的過程，期間從民國81年至87年間連續七年都有辦理政治選舉活動，最多亦只間隔一年沒有辦理政治選活動，惟以臺灣的選舉活動模式，各項重大政治選舉活動造勢與媒體報導並非在選舉年才開始，而係選舉年之前各參選人即進行選舉活動的暖身，其時間與該重大政治選舉活動有關，至少都在一年以上。

第二節　政治選舉活動與集會遊行的關聯性

　　解嚴後自1989年迄2018年，臺灣的政治選舉活動可謂影響政治、經濟及社會發展環境至鉅。此外，若將集會遊行與政治選舉活動比對分析，選舉年的集會遊行活動發生率較

---

[4]　2014年中華民國地方公職人員選舉，九合一選舉，於2014年11月29日舉行。本屆選舉由中華民國自由地區之直轄市（6都）選出新一屆的直轄市長、直轄市議員及里長，另加首屆山地原住民區長及區民代表，並由臺灣省（11縣3市）及福建省（2縣）中，選出新一屆縣市長、縣市議員、鄉鎮市長、鄉鎮市民代表及村里長等。

非選舉年增加與活躍；反之，非選舉年集會遊行發生率也因故趨緩。亦即只要遇上政治選舉活動年，人民除了隨政治選舉活動起舞外，主要還是人民從以往的政治學習經驗中體認到，無論係政黨或政治人物，常常會在選舉活動時提出取悅和拉攏選民支持的政策，特別是各種社會福利，包括：老幼婦孺、殘障、弱勢族群、農漁民和勞工等權益有關的政策，由於這些族群人口眾多，有利於政黨及候選人贏得選舉的勝利，或是為突顯候選人的聲勢，又或是以及選民或利益團體藉由政治選舉活動，尋求或期望達到個人或集體利益的機會。在多重利益因素交融下，使得在政治選舉年的集會遊行發生的頻率均較非選舉年明顯高出很多。而非屬政治選舉活動的年度，或距選舉投票日期仍有三個月以上時，集會遊行活動的高發生率相對較不顯著。如圖8-1。

為進一步驗證集會遊行與政治選舉活動的關聯性，作者將內政部警政署集會遊行統計資料及中央選舉委員會歷年公職選舉資料進行比對分析，以確認集會遊行與政治選舉活動之間的關係係正相關。詳析如下：

一、中央政治選舉活動與集會遊行的因素分析

臺灣在1987年政治解嚴後，政治體制從威權政體轉型為民主政體，首先在1992年12月19日舉行第二屆立法委員選舉活動，終結萬年國會，緊接著在1994年12月3日舉行國民政府自1949年播遷臺灣後，首次的臺灣省第一屆省長暨先後升格為直轄市的臺北市及高雄市第一屆市長選舉活動，從上述兩類的重大政治選舉活動中，即能體現出政府在解嚴後，逐步為民主政治轉型而努力並擺脫威權政體的束縛。

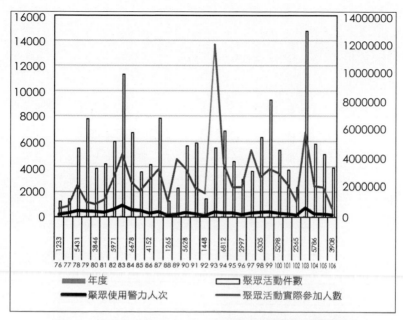

圖8-1　1987年至2017年政治選舉與集會遊行的關聯性

資料來源：作者整理自內政部警政署1987年至2017年集會遊行統計資料

　　1996年政府舉行中華民國有史以來的首次總統、副總統直選，由人民直接行使投票權，選舉第九任總統、副總統。參與總統、副總統選舉的候選人有四組八人，分別為中國國民黨的李登輝與連戰、民主進步黨的彭明敏與謝長廷，以及透過連署而搭檔的陳履安與王清峰、林洋港與郝柏村兩組。選舉活動雖遍布全臺，但候選人不如地方政治選舉者眾，以致該年的集會遊行活動統計數計3577次，較1995年第三屆立法委員選舉活動時的集會遊行活動統計數計6678次少3101次，亦較1997年第十三屆縣、市長選舉活動時的集會遊行活動統計數計4152次少575次，其中選舉投票日係3月23日舉行，只有該月的集會遊行活動統計數計1822次，平均每日集

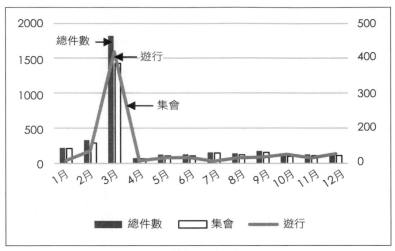

圖8-2　1996年總統、副總統政治選舉與集會遊行的關聯性

資料來源：作者整理自內政部警政署1996年集會遊行統計

會遊行活動統計數計61次，占該年集會遊行活動統計總數的51%。選舉過後的年4月份集會遊行活動統計數即降至75次。如圖8-2顯然在上述因素下，首次舉行的第九任總統、副總統由人民直接行使選舉，並未引起頻繁的集會遊行活動。

　　2000年中華民國政治史上發生一項非常具有意義與不可思議的重大政治選舉事件：該年參與總統、副總統選舉之候選人有五組，共十人，分別為中國國民黨的連戰與蕭萬長、民主進步黨的陳水扁與呂秀蓮、新黨的李敖與馮扈祥，以及透過連署搭檔的宋楚瑜與張昭雄，許信良與朱惠良等兩組。自1949年國民政府播遷臺灣後，政權始終掌握在威權政體的中國國民黨手中，逾半世紀之久。2000年，中國國民黨因內部分裂，導致黨內有人脫黨參選，造成選票被瓜分，使得民主進步黨從而贏得第十任總統、副總統選舉。該年的集

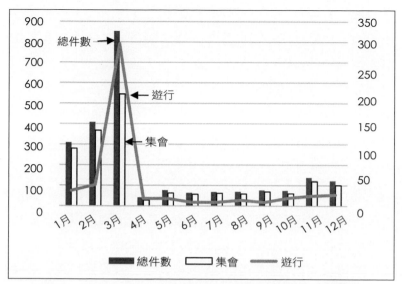

圖8-3　2000年總統、副總統政治選舉與集會遊行的關聯性

資料來源：作者整理自內政部警政署2000年集會遊行統計

會遊行活動統計數計2304次，較1996年集會遊行活動統計數計3577次少1273次，較1999年（無辦理政治選舉活動）集會遊行活動統計數計1265次多1039次，較2001年第五屆立法委員及第十四屆縣、市長選舉活動時的集會遊行活動統計數計5328次少3024次。

　　2000年的總統、副總統選舉投票日為3月18日，從該年的集會遊行活動資料顯示，集會遊行活動的高峰落在包括選舉投票日前的三個月計1570次，平均每日集會遊行活動統計數計17次，占該年集會遊行活動總數的68%。而在選舉活動過後的4月份，集會遊行活動統計數即降至42次。如圖8-3。

　　2004年第十一任總統、副總統選舉候選人有兩組四人，分別為中國國民黨的連戰與宋楚瑜、民主進步黨的陳水扁與

呂秀蓮，於同年3月20日投票，選舉結果仍由民主進步黨連任；同年12月11日亦選出第六屆立法委員，其中立法委員選舉候選人有492人。該年的集會遊行活動次數統計數計5464次，較2000年集會遊行活動統計數計2304次多3160次，較2003年（無辦理政治選舉活動）集會遊行活動統計數計1448次多4016次，亦較2005年第十五屆縣、市長選舉活動時的集會遊行活動統計數計6812次少1348次。

從該年的集會遊行活動資料顯示，集會遊行活動的高峰落在包括選舉投票日前三個月計2212次，平均每日集會遊行活動統計數計25次，占該年集會遊行活動統計總數的41%，其中選舉投票日當月的集會遊行活動統計數計1146次。而在選舉活動過後的4月份，集會遊行活動統計數即降至59次，直至該年底的立法委員選舉前三個月集會遊行活動頻率又明顯上升達2696次。若將總統、副總統及立法委員等選舉活動的集會遊行加總計4908次，占該年集會遊行的89.8%，顯示

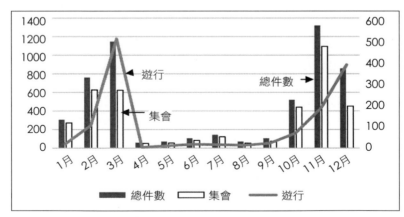

圖8-4　2004年總統、副總統政治選舉與集會遊行的關聯性

資料來源：作者整理自內政部警政署2004年集會遊行統計

政治選舉與集會遊行活動具有密不可分的關係。如圖8-4。

　　2008年在選舉第十二任總統、副總統選舉之前，率先上場的即是第七屆立法委員選舉活動，計有423人立法員選舉候選人，於該年1月12日投票產生；第十二任總統、副總統選舉候選人有二組四人，分別為中國國民黨的馬英九與蕭萬長；民主進步黨的謝長廷與蘇貞昌等，於同年3月22日投票選舉產生，總統、副總統選舉結果，由於民主進步黨執政時期未符合人民的期待，貪污腐財，政黨形象嚴重受損，就連昔日的民團支持者亦深感失望，選舉結果，中國國民黨大勝民主進步黨重新贏得總統、副總統選舉。同年1月12日亦選出第七屆立法委員，其中立法委員選舉候選人有423人。該年的集會遊行活動次數統計數計3636次，較2004年集會遊行活動統計數計5464次少1828次，較2007年（無辦理政治選舉活動）集會遊行活動統計數計2997次多639次，亦較2009年第十六屆縣、市長選舉活動時的集會遊行活動統計數計6305次少2669次。

　　其中立法委員選舉因係2008年1月12日舉行投票。而在選舉前一個月，亦即2007年12月的集會遊行即達1311次，占2007年集會遊行活動2997次的43.7%，以及從2008年的集會遊行活動資料顯示，集會遊行活動的高峰落在包括選舉投票日前的三個月計2872次，平均每日集會遊行活動統計數計32次，占該年集會遊行活動統計總數的41%，其中選舉投票日當月的集會遊行活動統計數計1393次。而在選舉活動過後的4月份，集會遊行活動統計數即降至45次。如圖8-5。

　　2012年第十三任總統、副總統選舉有三組六人，分別為中國國民黨的馬英九與吳敦義、民主進步黨的蔡英文與

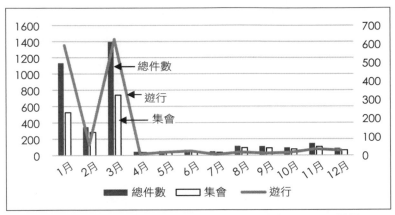

圖8-5　2008年總統、副總統政治選舉與集會遊行的關聯性

資料來源：作者整理自內政部警政署2008年集會遊行統計

蘇嘉全，以及以無黨籍參選及未經政黨推薦的宋楚瑜與林瑞雄等；第八屆立法委員選舉候選人有410人。兩類政治選舉活動於該年1月14日同時舉行投票，其中總統、副總統選舉仍由中國國民黨連任，該年的集會遊行活動統計數計3728次，較2008年集會遊行活動統計數計3636次多92次，較2011年（無辦理政治選舉活動）集會遊行活動統計數計5298次少1570次，較2013年（無辦理政治選舉活動）時的集會遊行活動統計數計2365次多1363次。惟若從集會遊行活動的高峰係落在包括選舉投票日前的三個月，即2011年11月、12月及2012年1月加總計算，集會遊行活動統計數計4443次，平均每日集會遊行活動統計數計50次，其中選舉前兩個月的集會遊行活動統計數計3545次，而在選舉活動過後的2月份集會遊行活動統計數即降至126次。如圖8-6。

　　2016年第十四任總統、副總統選舉有三組六人，分別為中國國民黨的朱立倫與王如玄；民主進步黨的蔡英文與陳建

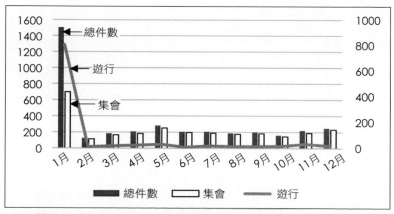

圖8-6　2012年總統、副總統政治選舉與集會遊行的關聯性

資料來源：作者整理自內政部警政署2012年集會遊行統計

仁；親民黨的宋楚瑜與徐欣瑩等；第九屆立法委員選舉候選人有556人。兩類政治選舉活動於該年1月16日同時舉行投票，選舉結果，由於中國國民黨執政時期，弊案連連，加上政黨內部為爭大位派系惡鬥，造成黨內失和，讓選民失望至極，選舉結果，由民主進步黨大勝中國國民黨再度贏得總統、副總統與立法委員的選舉。該年的集會遊行活動統計數計4967次，較2012年集會遊行活動統計數計3728次多1239次，較2015年（無辦理政治選舉活動）集會遊行活動統計數計5786次少819次，亦較2017年（無辦理政治選舉活動）集會遊行活動統計數計3908次多1059次。若從集會遊行活動的高峰係落在包括選舉投票日前的三個月，即2015年11月、12月及2016年1月加總統計，集會遊行活動計統計數5240次，平均每日集會遊行活動統計數計58次，其中選舉前兩個月的集會遊行活動統計數計4178次，而在選舉活動過後的2月份集會遊行活動統計數即降至154次。如圖8-7。

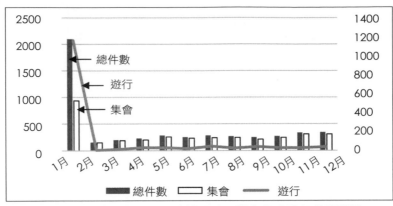

圖8-7　2016年總統、副總統政治選舉與集會遊行的關聯性

資料來源：作者整理自內政部警政署2016年集會遊行統計

2020年第十五任總統、副總統選舉有三組六人，分別為中國國民黨的韓國瑜與張善政；民主進步黨的蔡英文與賴清德；親民黨的宋楚瑜與余湘等；第十屆立法委員選舉候選人有556人。兩類政治選舉活動於該年1月11日同時舉行投票，選舉結果，代表民主進步黨的蔡英文以817萬多票大勝中國國民黨，蔡英文連任總統成功，並在立法委員選舉結果，贏得過半數，全面執政。該年的集會遊行活動統計數計7287次，較2016年集會遊行活動統計數計4967次多2320次，較2018年（辦理地方九項公職政治選舉活動）集會遊行活動統計數計27134次少22167次（主要差異在於地方公職選舉屬基層政治選舉活動所致），亦較2017年（無辦理政治選舉活動）集會遊行活動統計數計3908次多1059次。集會遊行活動的高峰係落在包括選舉投票日前的二個月，即2019年11月、12月加總統計，集會遊行活動統計數計4228次，平均每日集會遊行活動統計數計70次，而在選舉活動過後的2月份集會

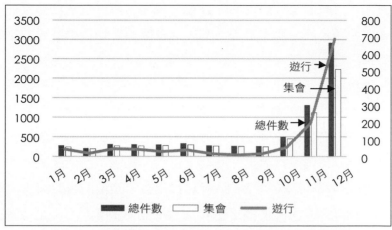

圖8-8　2020年總統、副總統政治選舉與集會遊行的關聯性

資料來源：作者整理自內政部警政署2020年集會遊行統計

遊行活動統計數即降至154次。如圖8-8。

二、地方政治選舉與集會遊行活動的因素分析

　　臺灣在1987年政治解嚴後，政治體制從威權政體轉型為民主政體，首先在1992年12月19日舉行第二屆立法委員選舉活動，終結萬年國會，接著在1994年12月3日舉行政府遷臺後，辦理第一屆臺灣省省長暨臺北市市長與高雄市市長的政治選舉活動，由人民直接行使投票產生，讓以往由中央官派的模式走入歷史。其中參與臺灣省省長選舉候選人有5人；省議員選舉候選人有166人；臺北市市長選舉候選人有4人；市議員選舉候選人有138人；高雄市市長選舉候選人有5人；市議員選舉候選人有123人；平地原住民及山地原住民省議員選舉候選人各5人。總共有451人。

　　鑑於省長的政治選舉活動範圍較臺北市與高雄市的幅

員大，可謂遍及臺灣各地，且選民眾多，使得選舉活非常熱絡與競爭，無論政黨或各候選人無不動員各種造勢機會拉抬聲勢，造成在該年的集會遊行活動次數計11294次，較1993年集會遊行活動計5971次多近一倍。從1994年集會遊行活動的資料顯示，集會遊行活動的高峰係落在選舉投票日的前兩個月，僅10月及11月兩個月的集會遊行活動數計5108次，平均每日集會遊行活動計85次，占該年集會遊行活動總數的45.2%。選舉投票係在該年12月3日舉行，選前的11月集會遊行活動計3887次，占該年全年集會遊行活動數35%；在選舉活動過後的12月，集會遊行活動即降至569次。如圖8-9。

2014年是臺灣政治史上首次將地方九項公職人員選舉活動合併辦理，有別於以往直轄市與縣、市長分開舉行，由於選舉活動範圍亦是遍及全臺灣各個縣市，其中參與直轄市、縣市長選舉候選人有84人；直轄市、縣市議員選舉候選人有1600人；鄉、鎮、市長選舉候選人有470人；鄉、鎮、市民

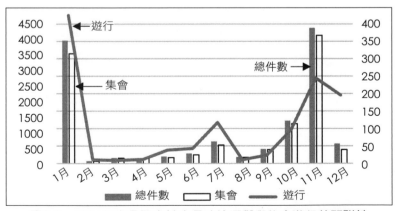

圖8-9　1994年省長暨直轄市長政治選舉與集會遊行的關聯性

資料來源：作者整理自內政部警政署1994年集會遊行統計資料

代表選舉候選人有3231人；原住民區長選舉候選人有20人；原住民區民代表選舉候選人有94人；村、里長選舉候選人有14137人，總共有19636人參與此次的選舉活動。由於候選人數眾多，造成2014年的集會遊行活動總計14751次，較2013年集會遊行活動計2365多了近六倍。其中選前的10月及11月的集會遊行活動計12329次，平均每日集會遊行活動計205次，占該年集會遊行活動總數的83.6%。其中較為特別的是選舉投票日係在該年11月29日，僅該月的集會遊行活動卻高達9761次，占該年全年集會遊行活動數66%。而在選舉活動過後的12月，集會遊行活動卻降至極為懸殊的149次。如圖8-10。

2018年是臺灣政治史上第二次舉行地方九合一公職人員選舉活動，其中參與直轄市、縣市長選舉候選人有93人；直轄市、縣市議員選舉候選人有1751人；鄉、鎮、市長選舉候選人有523人；鄉、鎮、市民代表選舉候選人有3409人；原

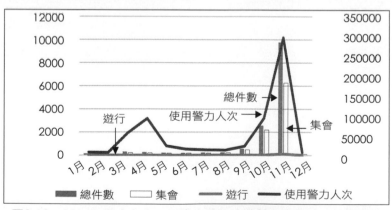

圖8-10　2014年地方九合一公職人員政治選舉與集會遊行的關聯性

資料來源：作者整理自內政部警政署2014年集會遊行統計資料

住民區長選舉候選人有19人；原住民區民代表選舉候選人有98人；村、里長選舉候選人有14960人，總共有20853人參與本次的選舉活動。由於候選人數眾多，亦造成選舉活動異常熱烈與競爭，創造2018年的集會遊行活動總計27134次，較2017年集會遊行活動計3908多了近七倍。其中選前的10月及11月的集會遊行活動計22820次，平均每日集會遊行活動計760次，占該年集會遊行活動總數的84%，其中較為特別的是選舉投票日係在該年11月24日，僅該月的集會遊行活動即高達17356次，占該年全年集會遊行活動數64%。而在選舉活動過後的12月，集會遊行活動卻降至極為懸殊的235次，可見越瀕臨選舉投票日隨著選情的升溫，集會遊行活動發生數亦隨之攀升。如圖8-11。

　　從上述的各種政治選舉活動中發現，臺灣的集會遊行活動主要關鍵及活動密度，在在與政治選舉活動具有密切的關聯性，亦即政治選舉活動是導致臺灣集會遊行頻繁的主

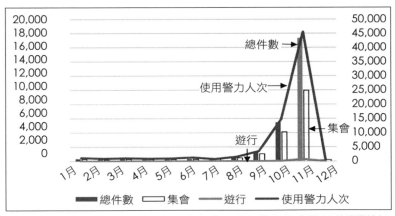

圖8-11　　2018年地方九合一公職人員政治選舉與集會遊行的關聯性

資料來源：作者整理自內政部警政署2018年集會遊行統計

要因素。研究發現只要遇上政治選舉活動，當年的集會遊行活動即顯得非常活躍與熱絡，尤其是在選舉投票日前的二、三個月內，可謂集會遊行發生的高峰，特別是選舉前的一個月內的星期六、日，各政黨、政黨候選人及自行參與選舉之候選人，常常會有選前「超級星期天」的口號，號召所有支持者紛紛站出來以壯聲勢，為選情催化與加溫，幾乎讓整個臺灣社會籠罩在政治選舉活動的氛圍中，加上國內、外媒體的傳播效果，網際網路普及運用，益加助漲集會遊行活動的聲勢，在政黨與各候選人競相造勢下，一波接一波的集會遊行此起彼落，集會遊行活動所占的比率明顯高於其他月份很多，而在選舉結束後的次月集會遊行活動數即顯著地下降，更印證了政治選舉活動與集會遊行活動的連鎖效應。

至於非政治選舉活動年，集會遊行活動相對較低。其中地方政治選舉活動的集會遊行發生率又高於中央政治選舉活動，歸納原因在於地方直轄市長及縣、市長等政治選舉活動與人民的權益直接發生關係，政黨與政黨、候選人與候選人間競爭激烈，且選舉活動範圍較小，目標聚焦，集會遊行活動亦較為明顯與頻繁。

反觀，總統、副總統及立法委員的選舉活動期間，集會遊行發生率相對略低地方政治選舉活動，主要原因有三：一是總統、副總統選舉活動範圍遍及全國各地，但直轄市長暨縣、市長及直轄市、縣市議員選舉活動範圍相對集中；二是總統、副總統的選舉活動與人民的間接距離感相對不若地方政府與民眾的關係來得直接和近距離；三是總統、副總統只有一組人當選，立法委員名額亦僅113人，含區域立委73人、原住民選舉6人及全國不分區及僑居國外國民選舉

34人（依據憲法增修條文第4條規定，立法委員自第7屆起由原225人修正113人）。相對的，以2009至2018年的直轄市暨縣、市議員的當選人數分別為2009年592人；2010年314人；2014年為907人；2018為912人，其當選人數明顯數倍於立法委員的當選人數；四是自2012年起總統、副總統選舉與立法委員選舉同時辦理，導致立法委員的選舉活動反而被總統、副總統的選舉造勢活動所影響，而淪為陪襯角色。但直轄市議員與縣、市議員相較直轄市長暨縣、市長而言，由於參與者眾且角色多元，除各個大小政黨外，亦有諸多自由參選者。綜上，是總統、副總統及立法委員的政治選舉活動，其集會遊行略低於地方政治選舉活動的主要因素。

從2012至2020年共三次的立法委員候選人數，分別為2012年第七屆立法委員候選人數為410人；2016年第九屆立法委員候選人數556人；2020年第十屆立法委員候選人數為647人，合計共1613候選人。與2009至2018年直轄市議員及縣市議員候選人數，分別為2009年縣市議員候選人為935人；2010年直轄市議員為646人；2014年直轄市議員暨縣市議員候選人為1600人；2018年直轄市議員暨縣市議員候選人分別為1751人，合計共4932人（不包含鄉、鎮、市長及其代表，以及村里長選舉候選人數），兩者相較，直轄市議員暨縣、市議員之候選人數顯然高於立法委員候選人數，集會遊行發生率相對增加。

根據內政部警政署集會遊行統計資料顯示，集會遊行遇政治選舉活動時其活動仍以定點式的集會活動高於遊行活動，主要係政黨及候選人可藉由集會活動的選舉造勢方式以各種名義或規模大小不等的晚會或餐會活動模式，製造直接

與選民互動的機會，接受政治獻金或募款等活動。

第三節　中國國民黨與民主進步黨執政時期的集會遊行

　　影響社會運動頻繁化的原因，若從中國國民黨與民主進步黨執政時期集會遊行活動分析發現，從1992年至1999年中國國民黨執政時期臺灣的集會遊行活動總計44950次；在2000年民主進步黨首次取得中央政權後至2008年期間，集會遊行的活動總計34916次，顯然較中國國民黨執政時期低約一萬次，主要關鍵有三：

　　一是主張改革開放的民主進步黨取得政權後，由於已讓具有臺獨意識的臺灣本土人士當家，又是新手上路，人民在期待看到新政府改革的期間，對新政府的施政採取較為包容的態度；二是在民主進步黨在還未取得政權時，經常從事集會遊行是它爭取權力的一種策略模式，在取得執政後，民主進步黨似乎少了發動集會遊行活動的動機與對象，使得社會運動的發生率呈現趨緩現象，許多原本從事社會運動的民間團體多作壁上觀；三是民主進步黨取得政權後，有些社會運動領袖菁英被民主進步黨政府從體制外吸納至政府體制內任職，或被安排參與政治選舉，或多或少降低社會運動發生的頻率，畢竟原先以街頭運動起家的民主進步黨已經當家做主。

　　反觀，中國國民黨在2000年首度失去政權後，由於民主進步黨執政上的諸多缺失，在不符合人民的期待下，於2008年至2015年重新取得政權，期間臺灣的集會遊行活動總計

51136次較民主進步黨執政時期為高出約一萬六千次，特別是在2014年臺灣政治史上首次辦理地方九項公職選活動，當年的集會遊行活動的次數創造高峰達14751次，亦比1992年至1999年多出約六千次，顯示只要是中國國民黨執政，集會遊行活動即比較活躍與頻繁，惟此現象在2018年由民主進步黨政權舉辦的地方九項公職人員選舉活動卻出現極大反差。整體而言，如由民主進步黨執政，集會遊行活動即會相對偏低，多少反應出臺灣人民對中國國民黨政權仍存有過去威權思維的意識形態。如圖8-12。只要係中國國民黨執政時期的集會遊行的發生率即會略高於民主進步黨執政時期，此種現象似與統獨、藍綠、族群等意識形態，以及中國國民黨與民主進步黨兩黨的黨性不無關係，尤其臺灣在政治民主化後，

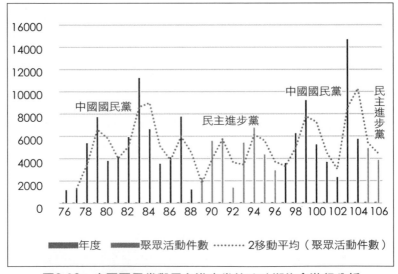

圖8-12　中國國民黨與民主進步黨執政時期集會遊行分析

資料來源：作者整理自內政部警政署1987年至2017年集會遊行統計資料

已歷經三次政權輪替，惟中國國民黨與民主進步黨在執政角色互換時的表現，並未將自己的角色詮釋得很好，如中國國民黨首次失去政權後，由於在立法院仍然是最大黨，形成朝小野大的局面（通常較不利於新政權的施政）。對於一個長期執政黨的政黨而言，心態上在短時間難免無法適應、擺脫或接受已非執政黨的事實，而首次贏得執政權的民主進步黨，由於在立法委員席次仍不及中國國民黨。因此，在重大施政，以及問政和議事上，仍然像是在野黨的問政風格一樣犀利、不懂為政策護航，形成一個執政黨不像執政黨，在野黨不像在野黨的現象，讓人民有一種角色錯亂的認知，這種怪異現象對國家與社會發展極為不利，所幸在經過政權反覆輪替之後，這種現象亦見改善。

第九章
非暴力抗爭

　　為檢證臺灣暴力抗爭和非暴力抗爭社會運動模式，在暴力抗爭方面，將以多娜泰拉・德拉波爾塔所謂的政治暴力即指對襲擊財產、暴力、暴力對抗、和警察衝突、對人身的暴力襲擊等行動形式為準繩；在非暴力抗爭方面，將以開非暴力抵抗運動先河的印度聖雄莫罕達斯・卡拉姆昌德莫・甘地說：「非暴力抵抗絕不動武，就算有武力也不會動武。」及深受甘地非暴力抵抗運動理念影響的美國黑人人權鬥士馬丁・路德・金恩說：「他抗爭運動的武器只有真理、精神力量、非暴力和勇氣。」以及非暴力抗爭理論大師吉恩・夏普對非暴力行動的定義係一種鬥爭中不使用暴力而行使權力的社會政治行動戰略等為界定。

　　有關臺灣非暴力抗爭社會運動係從何時開始，作者訪問在臺灣長期參與社會運動先驅領袖簡錫堦表示，臺灣的非暴力抗爭社會運動係始於1991年「反閱兵、廢惡法」運動；另一長期在臺灣從事社會運動的學者蔡丁貴教授則表示，臺灣自始至終從未發生過暴力抗爭，社會運動一直是以非暴力抗爭方式在進行，即便1988年的520農民運動，其激烈抗爭與衝突過程，亦僅止於暴力邊緣論而已。而張以忠在對《台灣非暴力抗爭的歷史考察》時提出1980年是臺灣非暴力信仰的發端，1986年中正機場事件及1986年鹿港居民反杜邦設廠

事件等四起政治性社會運動則是將信仰非暴力與衝突結合；2000年後為非暴力抗爭的新發展與挑戰。

　　作者耙梳自1977年至2019年間資料，篩選較具政治性、指標性與影響性的社會運動案例，其中發生於戒嚴時期的社會運動，包括：1977年的中壢事件、1979年的美麗島事件、1986年中正機場事件及1986年鹿港居民反杜邦設廠事件等四起政治性社會運動，是喚起人民維權意識的開端，對日後人民從事社會運動具有啟發性的意義；解嚴後的政治性社會運動，則篩選1988年台灣農民運動、1990年野百合學運、1991年反閱兵、廢惡法運動、1986年迄2019反核運動；2006年百萬人民倒扁運動、2010年至2014年大埔事件、2013年洪仲丘事件、2014年太陽花學運、2014年323占領行政院事件、2014年330反服貿遊行活動，以及2016年軍公教反汙名要尊嚴九三大遊行、2017年419反年金改革抗議、2018年退伍軍人主導的八百壯士衝突案等。上述政治性社會運動發生地點，除戒嚴時期的三起政治性社會運動發生在地方外，其餘則選擇在總統府前凱達格蘭大道、行政院及立法院等較具強烈政治目的的地點。茲分述如后：

第一節　戒嚴時期

中壢事件（1977年）

- 發生時間：1977年11月19日（歷時約十小時）
- 發生地點：桃園縣中壢（今桃園市中壢區）
- 抗爭模式：非暴力抗爭→暴力抗爭

- 事件概述：

　　1977年11月19日為臺灣五項地方公職選舉，包括縣市長、縣市議員、臺灣省議員、臺北市議員與各縣的鄉、鎮、市長政治選舉活動。其中在桃園縣長的選舉，由於當時執政的中國國民黨在桃園縣長選舉投票過程中被指控舞弊作票，消息傳出後引起中壢市上百名市民憤怒，爆發群眾抗爭活動，並與前來支援的警方發生衝突，警方與民眾互毆，後來聚集一萬多名民眾包圍桃園縣警察局中壢分局，以石頭砸破玻璃、兩輛鎮暴車漏氣掀翻，警察棄車逃走，連趕來支援的憲兵車以及附近警車都被掀翻，部分民眾進入中壢分局搗毀器具，並放火燒毀中壢分局。警方發射催淚瓦斯驅離抗爭民眾，並開槍打死兩名青年。由於整個中壢外圍被軍憲警封鎖，人車只准出不准進，群眾直到午夜三點多才散去，結束這起抗議活動。

- 影響

　　中壢事件抗爭結果，最後迫使桃園縣重新開票，並導致選舉結果翻盤的事實，由脫離中國中國國民黨的許信良當選桃園縣長後，事件始告平息。中壢事件被解讀是臺灣民眾第一次自發性地上街頭抗議選舉舞弊的政治活動，並成功達到其政治訴求，不啻開啟爾後臺灣社會「街頭運動」之序幕，同時亦是對執政當局傳達一個追求政治民主的訊息。

- 觀點

　　依據戒嚴時期動員戡亂時期相關規定，人民並無集會結社自由。中壢事件正是發生於戒嚴時期，是政府遷臺以來第一起政治性社會運動。

　　儘管中壢事件係緣自群眾發現選舉有不公之情事，遂聚

眾要求官方重新驗票，並以聚集多數群眾向政府聲討選舉正
義，期對政府造成壓力，達到政治訴求目的而已，群眾在毫
無社會運動抗爭經驗下進行抗爭行動，認知上斷無以暴力方
式脅迫或挑戰公權力的意識行為，而甘冒因觸法被逮捕的
風險。

　　惟伴隨抗爭過程中，憲警執法人員與抗議民眾的對峙與
衝突升高，造成雙方人員互有受傷，進而衍生行政官署與公
務車遭破壞之情事，甚至在抗爭過程中警方從制高點開槍射
擊民眾，導致兩名青年致死的事實，顯然讓抗爭行動產生質
變，從而演變成為暴力抗爭事件，即便事後對事件過程容有
各方質疑與解讀，惟發生雙方人員受傷，攻擊官署與公務車
遭抗爭群眾破壞卻是不爭的事實，難謂係非暴力抗爭。

美麗島事件（1979年）

- 發生時間：1979年12月10日（歷時約十多小時）
- 發生地點：高雄市大統百貨公司對面的扶輪公園（今高雄
  中央公園附近）舉行遊行演講活動。
- 抗爭模式：非暴力抗爭→暴力抗爭
- 事件概述：

　　「美麗島事件」是1979年12月10日國際人權日於高雄市
發生的一場重大政治衝突事件。因處於戒嚴時期，被政府稱
為「高雄暴力事件叛亂案」。以美麗島雜誌社成員為核心的
黨外運動人士，於12月10日組織群眾進行遊行及演講，訴求
民主與自由、終結黨禁和戒嚴。因受1979年1月22日戒嚴時
期臺灣第一場政治示威遊行「高雄橋頭事件」的啟發後，於
同年底再次向威權政府挑戰的政治社會運動。

事件起於「美麗島雜誌社」[1]高雄市服務處以「人權紀念委員會」名義，以舉行「慶祝世界人權日三十一週年」為由申請集會，於11月30日正式向當時高雄市政府警察局第一分局提出申請集會（今高雄市政府警察局新興分局），希望在12月10日下午6點到晚上11點，在大統百貨公司對面的扶輪公園（今高雄中央公園附近）舉行遊行演講活動，但一直都未獲批准。在多次嘗試失敗後，黨外人士決定依原定計畫在高雄舉行遊行。

　　12月10日當天，鎮暴警察在遊行現場施放催淚瓦斯，現場民眾開始騷動，並在封鎖線前方與憲兵、警察爆發嚴重衝突，雙方人員均受傷慘重。

　　晚間10時左右，裝甲車及警隊聚集於中山一路，釋放催淚瓦斯，鎮暴部隊同時手持盾牌配合鎮暴車逼近遊行隊伍，在場民眾還以石塊及棍棒攻擊，雙方發生更大規模的衝突，同時有攻擊民宅情事，直至半夜民眾才逐漸解散。事後官方宣稱軍警約有183人受傷，而民眾無人受傷，受到質疑後又改稱有50多人受傷。

　　而美麗島事件的被害人和一群辯護律師，後來都成為民主進步黨的核心成員，乃至在2000年政權輪替時擔任政府首長，如陳水扁（擔任第十任及第十一任總統）、呂秀蓮（擔任第九任及第十一任副總統）、張俊雄、蘇貞昌及謝長廷等

---

[1]　《美麗島雜誌》，創刊於1979年8月（1979年11月因美麗島事件遭查封停刊），是臺灣黨外運動時期的機關刊物，其組織型態以社務委員的型式組成，多達61人，網羅了全臺各地的黨外人士，以黃信介為發行人，許信良為社長，黃天福、呂秀蓮為副社長，張俊宏為總編輯，施明德為總經理。雜誌創刊號發行約10萬冊，第2期約9萬冊，第3期約11萬冊，第4期約14萬冊，為臺灣史上單期發行量最多的政論性雜誌。

（擔任行政院長）、姚嘉文（考試院長）、陳菊（高雄市市長、監察院長）、施明德、林義雄、黃信介、許信良（民主進步黨主席）、張俊宏（立委）及尤清（立委、臺北縣縣長）等等。

● 觀點

美麗島事件亦是係臺灣史上自1947年「二二八事件」後規模最大，憲兵、警察與抗爭民眾最嚴重衝突一場政治抗爭事件。雖未達到政治訴求目的，卻是臺灣社會從封閉走向開放的一次歷史事件。

美麗島事件伊始亦是以非暴力抗爭方式，惟隨抗爭情勢的演變和升溫，造成在抗爭過程中，群眾與憲兵、警察發生激烈的衝突，造成雙方多人受傷流血的事實，自屬暴力抗爭的範疇。

美麗島事件與中壢事件兩者皆發生於戒嚴時期之政治性社會運動，運動過程中皆以暴力抗爭方式，也皆在政府暴力鎮壓下落幕；兩者最大的差異在於一、前者係預謀性，事發前依程序向警察機關提出集會申請；後者係偶發性，事先並無徵兆；二、前者有組織、有動員、行動策略及明確政治目的，後者則無；三、前者後續之政治效益大於後者。兩者皆啟發人民日後對抗威權體制的抗爭意識，同時碰觸到威權體制最敏感與忌諱的中樞神經，對加速臺灣社會內部本土化與民主化的進程啟了關鍵性的作用。

中正機場事件（1986年）

● 發生時間：1986年11月30日
● 發生地點：桃園縣中正國際機場（2006年改名為：桃園國

際機場）

- 抗爭模式：暴力抗爭
- 事件概述：

1986年11月30日（解嚴前一年）發生於桃園中正機場事件的一起政治示威活動，是繼美麗島事件被鎮壓後，解嚴前臺灣再度發生的大型政治示威活動。關鍵人物係在高雄美麗島事件後逃亡至國外，被中國國民黨政府列黑名單的前桃園縣長許信良等多位黨外人士，在民主進步黨成立後，預備從美國經由日本東京回到臺灣，民主進步黨發動約二千餘位支持者至機場接機，在機場外進行遊行示威。被憲兵、警察單位在中正機場外擺起拒馬路障，阻止支持群眾進入，雙方爆發衝突，憲兵、警察以噴水車噴射加入紅色顏料的水柱，意圖驅離群眾，同時標記抗議群眾的身分，群眾也以石塊反擊。事件造成數名警察受傷，最後憲警與抗議群眾僵持了約十個小時，在確認許信良沒有入境後，支持群眾散去，整起抗爭事件始結束。

- 影響

在這中正機場事件後，名列海外黑名單的多位流亡異議人士，陸續以闖關方式，企圖回到臺灣。而政府亦於中正機場事件後的1992年取消了黑名單，允許流亡海外異議人士回到臺灣。是中正機場事件可謂係開啟流亡海外人士回到臺灣的契機，在政治目的上算是一次以成功的社會抗爭運動。

- 觀點

中正機場是一個國際機場，象徵我國國門，時有各國政商重要人士來訪或過境，旅客出入頻繁，平日即有媒體駐守。

有關流亡海外異議人士許信良回臺一事，早經情治機關掌握；其返國的訊息及媒體的大幅報導，以及剛成立不久的民主進步黨發動支持者到機場接機等相關訊息，已經成為國內、外輿論高度關注的焦點。

鑑於中壢事件和高雄美麗島事件的經驗與影響，讓執政者神經更為緊繃，更何況又是戒嚴時期。是以，當局布署憲兵和警察將接機群眾阻絕於機場周邊，嚴防支持群眾突破封鎖線進入機場內，導致支持者因無法突破防線而與憲兵、警察發生激烈的衝突，過程中鎮暴警察以強勢作為力阻群眾衝破防線，群眾則扔擲石頭反制鎮暴部隊的壓制，造成雙方人員互有受傷，顯然亦係一起預謀性的暴力抗爭事件。最後，支持者在獲悉許信良無法入境，並已原機遣返日本後才散去，結束這起政治抗爭事件。

鹿港居民反杜邦設廠事件（1986年）

- 發生時間：1986年
- 發生地點：總統府介壽路（1996年改名為：凱達格蘭大道）
- 抗爭模式：非暴力抗爭
- 事件概述：

1980年代經濟部大力規劃推動成立彰濱工業區，範圍包括鹿港、線西和伸港三鄉鎮的海埔新生地。但受第二次石油危機影響，國際景氣萎靡，政府重新評估，彰濱工業區計畫暫緩實施。1985年，經濟部工業局發表新的方案，計劃將該區土地兩百多公頃開闢為農藥製造區域，將全臺六十九家農藥廠都集中於此，引發當地居民的強烈反彈。1985年8月，美國杜邦公司決定投資一億六千萬美元在臺灣彰濱工業區生

產二氧化鈦。

　　1986年3月，彰化縣議員李棟樑發起陳情書簽字活動，在兩天內即獲得數萬人連署簽名，之後陳情書緊急送到總統府、行政院和立法院等單位。陳情書稱，杜邦公司申請了面積高達六十公頃的土地，絕非僅生產二氧化鈦，將來不排除生產高危險化學物品；並聲稱，二氧化鈦生產過程中產生的廢氣與廢水處理，將會對當地環境造成汙染，引發全臺各地的反對杜邦至彰化設廠行動。

　　1986年12月13日（解嚴前一年），反杜邦設廠抗議人士，決定北上至戒備森嚴的總統府前介壽路廣場，抗議人士衝破警力的舉牌隊伍，以實際行動第一次向政府表達和展現示威的街頭運動，拒絕美國杜邦公司在臺灣彰化鹿港設廠。此後數月請願、遊行不斷，最後故總統蔣經國說：「只要地方不同意就不會興建。」隔年3月12日，杜邦宣布放棄在臺建廠計畫，反杜邦運動也成為臺灣首件環保抗爭導致外商終止投資計畫的事件。為此，行政院於1987年成立行政院環境保護署以因應環境變遷的需要。

● 觀點

　　鹿港居民反杜邦設廠事件係戒嚴時期第一起在總統府前從事街頭抗爭運動的案例。其訴求目的之所以能獲得當局正視與承諾，關鍵在於：一、雖然過程中有衝破警力的舉牌隊伍，抗議行動係以非暴力和平理性的方式進行；二、政治意識形態為出發點的民主進步黨於1986年9月28日成立時，中國國民黨政府並未採取干預阻擾的行動，而以全球方興未艾的環保議題為訴求，且以非暴力抗爭的方式反杜邦設廠事件，更無理由受到政府的打壓或取締；三、當時的總統蔣經

國已經準備解除臺灣地區的戒嚴，委實無需在一起和平示威的環境議題上作文章。是以，鹿港居民反杜邦設廠事件，可謂兼具天時（全球化環境保護、政府決定解嚴）、地利（環保議題的興起）與人和（廣大民意的共識）的有利條件，圓滿達成訴求目的，讓臺灣的環保意識抬頭，且促使行政院與時俱進於1987年將行政院衛生署環境保護局升格為「行政院環境保護署」。在鹿港反杜邦成功後，影響後來的在臺灣各地陸續點燃反石化抗爭運動，包括後勁反五輕、林園反三輕、宜蘭反六輕、七股反七輕等等。顯見鹿港居民反杜邦設廠事件的影響可謂意義深遠。

第二節　民主政治時期

台灣農民運動（1988年）

- 發生時間：1988年5月20日
- 發生地點：臺北市忠孝西路與中山南路
- 抗爭模式：暴力→非暴力抗爭
- 事件概述：

　　解嚴翌年，1988年5月20日臺灣發生農民大規模社會群眾運動：台灣農民運動（又稱520事件、520農民運動），也是臺灣解嚴後首次爆發激烈警民衝突的社會群眾運動。

　　1988年春季，在李登輝政府執政下決定擴大開放外國農產品進口臺灣的數量與種類，引起大多數農民的質疑和恐慌。1988年5月20日林國華、蕭裕珍、詹朝立等人以「農業開放可能導致農民權利受損」為抗議目標，率領雲林縣農權

會，主導臺灣南部農民北上臺北市請願，大批農民聚集於臺北車站前忠孝西路上，準備前往中正紀念堂，由林國華擔任總指揮，蕭裕珍擔任副總指揮，並且提出全面農民保險、全面農眷保險、肥料自由買賣、增加稻米保證價格與收購面積、廢止農會總幹事遴選、廢止農田水利會會長遴選、成立農業部、農地自由買賣等七項要求。

1988年5月20日下午兩點，民眾在立法院前與警方爆發激烈衝突。次日凌晨，憲兵隊展開驅離行動，介於警民之間要求和平的學生首當其衝，遭到毆傷、逮捕。但被驅散的群眾仍與警方發生零星的衝突，總計130多人被捕、96人被移送法辦。據稱參與遊行的地方角頭及少數民眾在青菜底下藏石塊，當天爆發民眾與警方的多次衝突。

520農民運動是戰後臺灣最大規模的農民請願行動，而軍、警與民眾衝突之激烈也前所未見。後來由11名教授組成調查團，提出《520事件調查報告書》，認為林國華等人並無暴力預謀意向，反駁檢調單位有關遊行民眾預藏器具進行暴力行動的指控。檢視這場歷年來最嚴重的街頭衝突事件，警察與民眾將近20小時的激戰、對立，在警棍、石塊、甚至燃燒汽油的情況下不少民眾與警察受傷，印證了人民追求民主需要付出代價。

520農民運動原定以和平示威方式，最後卻演變成激烈的街頭暴力衝突，起因有諸多說法，包括：軍警派遣奸細挑起事端；新潮流系蓄意挑起暴力衝突，以破壞農運的群眾基礎、遏止農運繼續向左翼發展；「衝組」（民主進步黨的城市基層支持者，習於和鎮暴警察肢體衝突對抗）挑起衝突以後，農民連帶遭到暴力鎮壓等。

● 觀點

1988年5月20日臺灣發生農民大規模社會群眾運動，是臺灣解嚴後首次爆發，也是最激烈的警民衝突社會群眾運動。外界輿論的觀察並不認為這起農民抗爭事件是一起暴力抗爭，頂多只瀕臨暴力抗爭的邊緣。

平心而論，絕大多數的農民都是過著勤儉刻苦的生活，亦是典型的順民，不僅服膺各級農會，對政府更是存著民不與官鬥的傳統思想與距離，若非官逼民反，農民寧可犧牲小利委曲求全，而不願拋頭露面走上街頭，遑論在野心政客的鼓吹、操弄與挑釁下，做出挑戰公權力，乃至攻擊鎮暴警察的違法行為。是以，說台灣農民運動，不是一起暴力抗爭，大概是從農民秉性善良，安分守己的角度出發吧！

作者此處並不針對事件的種種傳聞、揣測，甚或政治陰謀論等而下決論，只通盤檢視整起事件過程所發生的事實予以論斷，無論發生暴力抗爭的原因，係出於被迫或事後記者舉發係被「栽贓」，就結果論，農民事件演變為暴力抗爭係不爭的事實，從政治暴力的角度析之，難謂它不是一起暴力抗爭。

野百合學運（1990年）

● 發生時間：1990年3月16日至3月22日
● 發生地點：臺北市中正紀念堂廣場
● 抗爭模式：非暴力抗爭
● 事件概述：

發生於解嚴後的1990年「野百合學運」，又稱「1990年三月學運」，是指在1990年3月16日至3月22日間於臺灣所發

生的一系列學生運動。這是政府遷臺以來所發生的第一次大規模學生抗議行動，這場活動對民主政治產生相當程度的影響，與具體的質變。在該次運動中，人數最多時曾經有將近六千名來自臺灣各地的大學生，集結在中正紀念堂廣場（今自由廣場）上靜坐，他們提出「解散國民大會」、「廢除臨時條款」、「召開國是會議」、以及「政經改革時間表」等四大訴求。過程中展現和平理性，時任總統李登輝接見野百合學運學生代表，並同意召開「國是會議」，以解決重大憲政爭議下，這場野百合學運以和平落幕收場。

同年6月28日，在中國國民黨與民主進步黨的支持下，國是會議於臺北市圓山大飯店召開。會中針對「國會改革」、「地方制度」、「中央政府體制」、「大陸政策與兩岸關係」、「憲法與臨時條款修正方式」等五組議題逐一討論，最後達成「終止動員戡亂時期」、「回歸憲法」、「廢止《動員戡亂時期臨時條款》」、「修憲採取一機關兩階段方式」、「修憲以《中華民國憲法增修條文》名之」等共識。

根據國是會議結論，1991年5月1日，總統令公布廢止《動員戡亂時期臨時條款》，國會代表恢復定期改選，「萬年國會」現象結束，中華民國臺灣省各地與各直轄市的民主化進入一個全新的階段。

● 觀點

在臺灣解嚴後，民主過渡的第三年，即發生了長達七天、挑戰政治體制的野百合學生運動，以當時的時空背景，參與者可謂勇氣可嘉。野百合學生社會運動在整個活動過程中，採取靜坐、和平、理性等非暴力抗爭。即便如此，整個活動若說其背後沒有時任總統李登輝的默許或支持，整起抗

爭活動的訴求是不可能有所進展，更遑論想要突破並改變各
項憲政層次的訴求，可謂是緣木求魚。

這場學生運動的結果，可謂創造雙贏。其中最大的贏
家恐怕是總統李登輝先生，因為他在蔣經國總統逝世後的權
力政爭中，驚濤駭浪繼承大位，在黨、政、軍等大權不在手
中的情況下（黨權係由中國國民黨秘書長李煥負責；政權係
行政院院長俞國華負責；軍權則由參謀總長郝柏村負責），
李登輝的權力相對脆弱和不穩定，學生社會運動的力量，將
有助於李登輝藉機削弱黨、政、軍勢力，一來得以鞏固其權
力，二來更可以進而掌控黨、政及軍等大權。

事實證明，李登輝的政治謀略，讓他在後來陸續取得
黨、政、軍等權力，並於其長達12年總統任內史無前例地完
成七次修憲。其後，2000年第十任總統選舉活動由民主進步
黨取得勝利，首次取代執政逾半世紀的中國國民黨，成功完
成政權的和平轉移，統稱寧靜革命，李登輝也被國內外認為
是落實臺灣民主化之重要推手。無論如何，野百合學運和李
登輝先生可謂是「魚幫水，水幫魚」各取所需。

野百合學運是戰後臺灣最大也是最成功的學生運動，
運動過程中成員採取和平靜坐抗爭方式，獲得當局善意的回
應，它的訴求也主導了九〇年代後的政治改革方向和趨勢，
當時參與的學生後來成立了「全國學生運動聯盟」（簡稱全
學聯）。

學生運動多年後，當年參與野百合學運的學生，有些走
進學術界；有些仍然持續從事社會運動；有些加入民主進步
黨，正式投入政治活動，當選為中央或地方公職人員，乃至
當選為直轄市、縣市政府首長；有些被政治吸納，進入中央

政府或地方政府體制內擔任要職，更有少數學運菁英在2000年政黨輪替後，被延攬擔任中央政府部會首長，成為政壇的明日之星。其中擔任直轄市長者有陳其邁（行政院副院長、高雄市市長）、林佳龍（臺中市市長、交通部長）、鄭文燦（桃園市市長）、黃偉哲（臺南市市長）；縣市長者有翁章梁（嘉義縣縣長）；轉往學界及民意代表有羅文嘉、范雲、郭正亮、鄭麗文、鄭麗君（文化部長）、鍾佳濱、顧玉玲、李昆澤、林宜瑾、沈發惠、吳秉叡等，亦有從事媒體工作者如《臺灣蘋果日報》社長陳裕鑫、蕃薯藤執行長陳正然等等，如今已浮上臺面，成為政治要角。

反閱兵、廢惡法運動（1991年）

- 發生時間：1991年10月10日
- 發生地點：總統府介壽路（今凱達格蘭大道）及中山南路臺大醫院門前
- 抗爭模式：非暴力抗爭
- 事件概述：

　　1991年9月21日成立的「一〇〇行動聯盟」是一個由學術界、文化界、醫師、律師、宗教人士、社運團體和弱勢團體聯合成立的組織。主張廢除刑法內亂罪第100條是聯盟的主要訴求，主要成員係由李鎮源院士、林山田教授、陳師孟教授帶領的「反閱兵、廢惡法」運動，以「廢除刑法一百條、釋放政治犯」為訴求，要求政府在10月8日前回應，否則聯盟將於10月10日國慶日當天舉行「反閱兵、廢惡法」行動，目的是要爭取臺灣人民百分之百的言論自由與結社自由。

　　其所採抗爭活動分兩階段進行：第一階段是9月底前向

政府和平施壓，第二階段是10月起主動出擊。聯盟成員展開一連串活動行程，諸如請願、陳情、協商、演講、辯論、受訪、連署、公聽會等，並選定10月10日國慶日當天進行「反閱兵、廢惡法」的抗爭行動。他們的標誌是士兵們執槍精神抖擻前進，橫放在士兵前頭的是一只坦克車砲管，上面站立一隻和平鴿，砲管口插了一束菊花。圖案象徵以和平、愛與非暴力對抗國家暴力，要求中國國民黨廢除刑法100條，釋放因言論思想遭囚禁的臺獨政治犯。

除上述兩階段活動外，在整個抗爭過程，他們是採取靜坐或是手勾著手躺在地板上的非暴力抗爭，未與憲兵、警察發生激烈衝突。抗爭結束後，一〇〇行動聯盟串聯《中華民國刑法》第一百條的受難者家屬集合請願，並且舉行了「廢惡法10萬人簽名運動」。在種種的政治折衝下，立法院終於在1992年5月15日三讀通過《中華民國刑法》第一百條修正案，刪除陰謀叛亂罪處罰，惟在中國國民黨立法院黨團的堅持之下，《中華民國刑法第一百條》沒能被完全廢除。在法律上落實思想自由、學術自由與言論自由，被視為是臺灣民主運動、言論自由及推動人權保障的重大成就。

● 觀點

臺灣言論及集會結社自由的解禁，讓大專院校園各種社團紛紛成立，海外黑名單得以自由返臺。一〇〇行動聯盟在整起社會運動過程中，以和平、愛與非暴力對抗國家暴力，被認為是和平抗爭運動中，臺灣人民行使抵抗權最成功的典範！亦是臺灣社會運動首次導入西方非暴力抗爭理論、策略與技術運用在社會運動中的成功案例，為臺灣非暴力抗爭寫下新的史頁。比起以往臺灣許多的社會抗爭運動，在發起者

與民眾缺乏抗爭經驗，導致在抗爭過程中引發暴力與非暴力抗爭的事實，讓原本和平訴求的社會運動，產生質變，落入進退失據的局面，不啻造成反效果，亦影響抗爭訴求目的的達成。

反核運動（1986年至2019年）

- 發生時間：1986年迄2019年
- 發生地點：臺灣各地
- 抗爭模式：暴力抗爭→非暴力抗爭
- 事件概述：

　　臺灣反對核能發電的意識萌芽於1970年，從核三廠就已有所聞，因時處戒嚴時期，未形成社會重要議題，也未蔚為社會運動潮流。直到1980年核四廠興建計畫設於臺北縣貢寮鄉（今新北市貢寮區）計畫提出後，因居民強烈反對核四廠興建計畫，以及針對蘭嶼低階核廢料處理等問題，遂成為臺灣政治性的社會運動。

　　1986年4月28日，車諾比核能電廠發生爆炸，是歷史上最嚴重的核能發電廠意外事故，反核運動也從單獨針對核四廠的政商問題，轉向對核能發電的普遍性質疑。隨著全球環境保護意識的興起，此後的三、四十年裡，反核運動未曾停歇，成為臺灣最長青的社會運動。

　　鑑於反核運動具有長期性、持續性與特殊性的發展背景，無法以個案作為涵蓋歷來反核運動的抗爭模式全貌，作者嘗試和篩選從1986年迄2019年間在國內發生較具代表性與重大反核運動，研判暴力抗爭與非暴力抗爭的區別。茲分述如后：

● 1980年至2000年（政權輪替前）

1986年10月10日，由黨外人士到臺電大樓前舉行抗議核電政策的演講活動，是公認第一次的反核四街頭運動。1988年4月反核團體舉辦一連串反核活動，多名教授在臺電公司門口靜坐禁食48小時。

1988年7月10日臺北縣萬里鄉（今新北市萬里區）反核自救會舉行千人遊行活動。1991年5月4日學生夜宿臺電大樓，並與警方發生肢體衝突。1991年10月3日，貢寮核四興建預定地，發生抗議者駕車衝撞造成保警意外殉職事故。

1992年2月20日，行政院通過核能四廠重新動工案，4月26日「台灣環境保護聯盟」（簡稱環盟）舉辦「四二六反核大遊行」，約有2000～5000人參加。5月12日至6月3日，環盟在立院門口舉辦「反核四、飢餓24」接力靜坐禁食活動。

1993年5月30日，「五三〇反核大遊行」，約有5000人參加，提出「撤銷核四計畫」、「杜絕輻射毒害」、「建立非核家園」三大主張。6月27日，環盟和貢寮民眾近千人上午到立法院門口靜坐，要求「全民票決，人民作主」。

1994年5月29日舉辦「五二九反核大遊行」，遊行人數將近3萬人，另有近700輛計程車加入。7月12日，立法院進行核四預算二、三讀，場外爆發警民衝突。1994年，中國國民黨為避免反核運動一次次地包圍立法院抗議，將核四預算全數編列，一次通過8年的核四預算，民主進步黨人士林義雄發起核四公投的運動策略，訴求全國公民投票決定核四存廢，並以絕食靜坐、苦行作為社會宣傳方式，反核聲浪洶湧，雖然因沒有制定公投法而無法成為現實，但公投連署高達10萬人以上。

● 2000年至2008年（政權輪替後）

2000年政黨輪替，民主進步黨終於執政，核四一度宣布停建，但因政治因素，引發朝野激烈的對抗與社會不安，民主進步黨政府在無法承受政治壓力下，在停工不到4個月後再次宣布核四復工，政治的妥協使得反核運動面臨有史以來最大的挫敗，反核運動的信心降到零點。

● 2008年至2016年（中國國民黨再度執政）

2011年3月11日日本因地震與海嘯的侵襲，發生舉世震驚的福島核災，引爆了全球各地的反核運動。4月30日首次進行了臺北、高雄、臺中、臺東四個城市的同步大遊行抗爭，貢寮也聚集了數百名居民到核四廠示威，許多民間團體紛紛響應並加入串連活動。

2013年3月9日至10日，由臺灣綠色公民行動聯盟等150個民間團體共同發起臺灣北、中、南、東等四地同步反核大遊行，又稱「309廢核大遊行」，參與總人數約22萬人，活動口號為「終結核四，核電歸零」，為反核運動有史以來參與人數最多的一次。

2013年5月19日，台灣反核行動聯盟發起519終結核電大遊行，主訴求為：立即停建核四、反對鳥籠公投，當晚結束後移至立法院持續進行「反核四、飢餓24」接力靜坐禁食活動。

2014年3月8日，由多個反核團體所組成的全國廢核行動平台，在309廢核大遊行即將屆滿一週年，同時也是福島核災三週年前夕，再次發起「全台廢核大遊行」表達反核立場，號召臺灣人民於北、中、南、東站上街頭遊行，約近13萬民眾參與。2014年4月15日，前民主進步黨主席林義雄公

開宣布自22日起禁食，要求停建核四，並呼籲臺灣人民一同敦促政府重視。

2014年4月22日，「公投護台灣聯盟促進會」與「台灣環境保護聯盟」群眾於立法院外抗議，群眾與警察發生多次肢體衝突，群眾突破拒馬，部分抗議人士遭警察逮捕，警察舉牌警告，呼籲群眾勿再推拒馬，改以全副武裝的鎮暴警察負責維安工作。4月23日，全國廢核行動平台號召約300名群眾，在中國國民黨中央黨部前抗議。

2014年4月24日晚間，民主進步黨發起「2014、停建核四、一人一扣、守護生命、前進凱道」號召民眾上凱道靜坐活動，盼馬英九總統聆聽民意。4月27日至4月28日清晨，由於抗議群眾不願離開，警方進行了強制驅離，因而引發了警民衝突。另一邊「公投護台灣聯盟促進會」也從立院方向進入占領忠孝、中山南路口，兩邊在警方撤守後連成一線，準備進行長期抗戰。最後臺北市長郝龍斌表示「會用一切方式，讓臺北市民的生活及交通恢復常態，任何可能的事情都會做」。凌晨3點出動鎮暴警察及兩台鎮暴水車，自館前路一端開始強制驅離，並與抗議民眾多次發生推擠，約在早上7點完全清空，期間鎮暴水車至少噴水50次。

● 2016年至2019年（民主進步黨再度執政）

2018年3月11日，由許多公民團體組成的反核遊行於臺北市凱達格蘭大道舉行，包含工作人員與警力約有2000人參加。

2019年4月27日為車諾比核災33週年紀念，全國廢核行動平台選在4月27日舉辦廢核遊行，遊行在臺北、高雄兩地登場，臺北遊行主軸為「告別核電、風光明媚」，臺北場有

上萬人走上街頭，表達不要核電、要綠能的決心。

● 觀點

　　根據《華爾街日報》（*The Wall Street Journal*）2011年3月報導全球危險核電廠，臺灣4座全上榜；2011年《自然》（*Nature*）雜誌刊載研究顯示，[2]全球最危險的3座核電廠，臺灣占了2座。臺灣核一廠與核二廠距離臺北都會區直線距離在30公里以內，2座周邊的人口數達700萬人。全球第一危險的是巴基斯坦卡拉齊港邊的Kanupp核電廠，周邊人口超過800萬。

　　綜觀臺灣反核運動從1980年起於對核四廠運動開始迄今逾40年，前後不下50次規模大小不等的反核社會運動，其中較具代表性者，如1986年10月10日第一次的反核四街頭運動；2013年3月9日全國廢核大遊行北、中、南、東四地估計共串連約22萬人，而北部遊行人數更高達10萬人上街展現廢核的民間力量；2014年林義雄反核四禁食行動及後續引發的占領忠孝西路事件及426凱達格蘭大道反核事件等。

　　在逾50次的反核運動中僅少數幾起與警察發生衝突，如；1991年5月4日學生夜宿臺電大樓，並與警方發生肢體衝突；1991年10月3日，貢寮核四興建預定地，發生抗議者駕車衝撞造成保警意外殉職事故；2014年4月22日，「公投護台灣聯盟促進會」與「台灣環境保護聯盟」群眾於立法院外抗議，群眾與警察發生多次肢體衝突；2014年4月24日「2014、停建核四、一人一扣、守護生命、前進凱道」號召民眾上凱

2　《自然》（*Nature*）是世界上最早的科學期刊之一，也是全世界最權威及最有名望的學術期刊之一，首版於1869年11月4日。在許多科學研究領域中，每年最重要、最前沿的研究結果是在《自然》中以短文章的形式發表的。

道靜坐活動，由於抗議群眾不願離開，警方進行了強制驅離，因而引發了警民衝突等。大部分的反核運動係以和平非暴力抗爭的模式進行，如靜坐，演講、和平示威遊行等。

作者認為臺灣的反核運動伊始或存有暴力抗爭的因子，惟隨著反核成為全球化環境議題，解嚴和群眾認知等因素，以及迭次非暴力抗爭反核運動所獲致的經驗與結果，讓非暴力抗爭模式成為反核運動的一種固定模式，且每次的反核運動都能獲得社會上不同族群與各個階層的迴響與支持，堪稱係社會運動非暴力抗爭的典範。

百萬人民倒扁行動（2006年）

- 發生時間：2006年9月9日
- 發生地點：臺北市
- 抗爭模式：非暴力抗爭
- 事件概述：

倒扁運動是臺灣解嚴後第一起對現任總統的不信任案。

2005年8月爆發的「高雄捷運外勞弊案」，時任總統陳水扁身邊人士也陸續傳出多起貪汙弊案，讓陳水扁的聲望不斷下跌。主要有總統親戚涉及內線交易案、介入私人公司經營權之爭、炒作股票及總統府的國務機要費案等等。

2006年6月，中國國民黨籍立法委員丁守中與親民黨籍立法委員呂學樟等人，以「財政崩盤」、「毀憲亂法」為由，分別提出「對陳水扁總統提出罷免案」，並獲得中國國民黨與親民黨全部黨籍立法委員連署，超過提案門檻，交付立法院表決。6月27日行使表決時，民主進步黨黨團限制黨籍立委不進場投票，台聯則動員集體投廢票，導致投票結

果，未超過三分之二立法委員同意之法定門檻，該總統罷免案不成立。因此，依法無法再舉行罷免總統之公民投票。

2006年民主進步黨前主席施明德在8月7日，寫了一封〈給總統陳水扁的信函〉，要求時任中華民國總統的陳水扁應為國務機要費案、其親信及家人相關的諸多弊案負責，並主動下台。數日後，8月12日施明德於臺灣發起「百萬人民反貪倒扁運動」政治訴求運動。號召2006年9月9日起群眾在臺北市凱達格蘭大道與臺北車站廣場等地進行靜坐、遊行等街頭示威。引發國際媒體的高度關注與報導，其中美國CNN報導數萬名臺灣群眾上街要求總統下台，並提及人數落差。華盛頓郵報一篇發自臺北的觀察表示，總統陳水扁有來自黨與獨派人士的支持，不太可能提早下台。新加坡電視台以頭條新聞報導：大約20萬的民眾占據街頭，他們多半穿紅衣，來表達他們的憤怒。香港的鳳凰衛視以連線報導作第一手觀察，將凱達格蘭大道的現場狀況傳遞給部分中國大陸和香港的民眾了解。中東世界的半島電視台除了報導臺灣倒扁民眾對總統陳水扁貪腐忍無可忍的觀感外，還引述專家看法認為總統陳水扁不會下台。

由於「百萬人民反貪倒扁運動」活動，因久拖未決，陳水扁在瞭解並掌握整個國安情資後，並未辭職下台，加以紅衫軍發生內鬨、施明德用款帳目不清引發社會質疑後幾近消聲，讓整起倒扁政治行動從伊始有如山雨欲來，雷霆萬鈞之勢，最終竟以失敗落幕收場。

● 觀點

整起倒扁行動過程以理性和平訴求，並未與警察發生嚴重衝突，是一場非暴力抗爭社會運動。倒扁行動雖然受挫，

卻使民主進步黨的形象醜化到極致，在2008年的總統選舉中，人民還是用選票唾棄了民主進步黨，讓中國國民黨從地方直轄市、縣、市長的選舉，到中央立法委員選舉的席次過半，再度贏得全面執政，惟真正的贏家應該是人民。

大埔事件（2010年至2014年）

- 發生時間：2010年6月至2014年1月
- 發生地點：總統府前凱達格蘭大道、監察院及行政院（臺北市）
- 抗爭模式：暴力→非暴力抗爭
- 事件概述：

　　苗栗縣政府為執行「新竹科學園區竹南基地暨周邊地區特定區」都市計畫，以區段徵收方式，進行徵收，從而引發大埔事件。從2009年至2013年分成兩階段。

　　第一階段是徵收範圍中央的二十幾戶農民農地徵收爭議，即在區內尚未同意但已被縣長劉政鴻強制徵收的農地——即將收成的稻田中——直接執行整地施作公共設施工程，破壞了徵收範圍的稻田，引發抗爭。

　　2010年6月23日大埔農民北上到總統府及監察院陳情，同年6月28日苗栗縣政府再度動用警力、怪手，在竹科竹南基地整地施工，大埔自救會強烈抗爭，警民爆發激烈的衝突。

　　經媒體報導與批判，引發後續一連串公民團體的抗爭與全國性的聲援，要求修改法令，包括2010年7月17日，大埔農民北上陳情抗議，並聯合多個民間團體發起「台灣人民挺農村717凱道守夜行動」；2013年8月18日，由台灣農村陣線發起的「大埔強拆民宅事件滿月重返凱道」行動，超過兩萬

民眾走上總統府前凱達格蘭大道，提出「道歉賠償、地歸原主、徹查弊案、立即修法」等訴求。「八一八把國家還給人民」晚會結束後，約兩千人在內政部周邊和平靜坐，籲內政部及行政院承諾再修《土地徵收條例》，強制拆除政府帶頭炒地皮的惡法。

第二階段則是位於交通要道的4戶住宅是否應保留的眼前爭議。大埔事件中較惹爭議的張藥房等4戶和其他拆遷戶認為內政部區段徵收違法，提起行政訴訟要求撤銷徵收，最後經臺中高等行政法院判決內政部區段徵收審議過程不合法規要求、苗栗縣府拆遷違法，張藥房等四戶勝訴，中央及地方政府棄上訴案例。2018年6月11日苗栗縣政府核發建築執照，允許張藥房原地重建。

● 觀點

社會運動的興起乃是人民為了表達對某種現存狀態的不滿所致，且通常不是一次性的集體行動即可達到目的，它是經過有組織、有目標、有計畫，並藉由持續性、間歇性和反覆性的集體行動來表達訴求，以爭取社會的認同和轉變。

大埔事件係一起因土地徵收政策與強拆民厝，引發群眾義憤填膺向中央及地方政府強烈表達不滿的抗爭行動，係自1988年「台灣農民運動」後，臺灣發生規模最大的農民抗爭事件，引發地政學者、法學界與社會大眾輿論的關注、聲援與嚴厲譴責。其中多達29名地政學者連署發表建言「土地徵收公共利益誰衡量」，並刊登於《聯合報》，希望政府處理土地徵收時能更重視正當性；法學界更直指國安局指揮員警逮捕民眾違反特種勤務條例規定，而警察逮捕和平抗議民眾則濫用刑事訴訟法的強制處分，檢察官應主動調查，落實刑

法保障國民不受國家濫權侵犯的功能。這讓中央與地方政府官員神經為之繃緊，為此亦召開相關會議與聽證會，更讓兩位行政院長出面溝通協調，也引起民主進步黨高層的主動關切。嚴格說來，在許多抗爭運動案例中，大埔事件可謂係一起運用暴力與非暴力抗爭結合，並訴求成功的社會運動案例。

這起暴力與非暴力抗爭結合的抗爭行動，唯一令人感到惋惜的是因不滿政府強徵農地而發生幾件不幸死亡事件。雖然台灣農村陣線主張以非暴力抗爭方式對抗公權力，仍然留下一些暴力抗爭的事實，包括：闖進行政院以紅漆和雞蛋蛋洗行政院招牌、赴中國國民黨黨主席競選總部丟雞蛋、赴苗栗縣長官邸前潑漆等皆屬暴力行為的範疇。

洪仲丘事件（2013年）

- 發生時間：2013年8月3日
- 發生地點：臺北市凱達格蘭大道
- 抗爭模式：非暴力抗爭
- 事件概述：

洪仲丘事件，指2013年7月發生在中華民國陸軍的死亡案件。義務役士官洪仲丘原預定於2013年7月6日退伍，卻在7月4日死亡，由於死者生前疑似遭遇霸凌、虐待或其他軍事醜聞，而引發社會輿論關注。

此案涉及軍中人權，及軍事檢察署是否具專屬管轄權等新聞議題，引起臺灣社會高度關注，並促成「公民1985行動聯盟」[3]的「公民教召運動」、「八月雪運動」等兩次抗

---

[3] 公民1985行動聯盟，是2013年7月初陸軍下士洪仲丘受虐死亡事件發生後，

議活動（合稱白衫軍運動），要求軍隊社會化。洪仲丘2013年8月4日舉行告別式前一日，「公民1985行動聯盟」訂2013年8月3日下午18時在臺北市總統府前的凱達格蘭大道前舉辦「萬人白T凱道送仲丘」晚會，呼籲公民自發性走上街頭送洪仲丘最後一程，並以白色服飾做為象徵性代表，在總統府前的凱達格蘭大道展開。

因參與者眾，主辦單位自行推估參與人數突破25萬人，臺北市警察局則統計參與人數為約11萬人；CNN以世界其他相對規模的聚會估算，人數超過十萬人，是自2006年倒扁活動以來規模最大的公民運動。整起活動過程群眾展現和平理性、溫聲感人的情操。

● 影響

有關整起洪仲丘事件社會運動所引發的政治效應和訴求目的，在活動過後逐一落實。國防部長高華柱請辭獲准，懲處相關失職人員則從陸軍司令以降至尉級軍職人員，多達37人。行政院長江宜樺舉行臨時記者會對公民1985行動聯盟提出訴求做出4點回應，包括成立行政院軍事冤案申訴委員會，接受社會各界對歷年冤案重啟調查的訴求，並主動過濾過去軍事審判疑義案件；推動修正軍事審判法、在非戰爭時期，軍法部分回歸司法，優先把「長官凌虐部屬罪」、「違法懲罰罪」、「違法阻擾陳情申訴罪」、「殺人罪」、「妨害性自主罪」等相關案件，交由普通司法體系偵審。但關於公民1985行動聯盟「啟動特偵組偵查洪仲丘案」的訴求，江

由醫師柳林瑋等39位互不相識、各行各業的網友發起的公民團體，希望藉由訴求讓事件真相出爐，並且要求國軍改革，摒除以往的陋習及潛規則，「要真相！要人權！」

宜樺再度表示，軍人觸犯《陸海空軍刑法》，法律規定須由軍事法庭審判，不屬於特偵組的職權。

2013年8月6日立法院三讀通過修正《軍事審判法》第1條、第34條和第237條。現役軍人非戰時犯下列之罪者，依刑事訴訟法追訴、處罰現役軍人非戰時，若觸犯《陸海空軍刑法》的長官凌虐部屬罪、以強暴、脅迫、恐嚇或其他不正方法阻撓部屬請願，以及犯殺人、性侵害等罪者，都將移至一般司法機關追訴與處罰。隨著第二階段的案件和受刑人、收容人於2014年1月13日全面移交給普通法院和法務部矯正署，中華民國的軍事監獄及軍事看守所正式走入歷史，而軍事法院及軍事法院檢察署平時僅處理刑事補償案件，結束軍事案件一直以來均由國防部所設立的軍事檢察署、軍事法院偵查、審理的狀態。

● 觀點

這是非暴力抗爭成功的案例，不但讓國防部長高華柱下臺負責，亦讓政府對現役軍人非戰時，若觸犯《陸海空軍刑法》的長官凌虐部屬罪、以強暴、脅迫、恐嚇或其他不正方法阻撓部屬請願，以及犯殺人、性侵害等罪者，都將移至司法機關追訴、處罰，可謂係一次達到政治訴求目的的社會運動。

太陽花學運（2014年3月18日至4月10日）

● 發生時間：2014年03月18日至4月10日（歷時23日）
● 發生地點：立法院、行政院及凱達格蘭大道
● 抗爭模式：非暴力抗爭→暴力抗爭
● 事件概述：

指在2014年3月18日至4月10日首次出現抗議學生占領立
法院國會議場影響國會運作的事件，時間長達23天，是臺灣
自1987年解嚴以來最大規模的「公民不服從」行動，亦是歷
時最長的一次社會運動。抗爭的爭點係

「海峽兩岸服務貿易協議」[4]存查爭議是指在2014年3
月17日時，中國國民黨籍立法委員張慶忠在被民主進步黨籍
立法委員阻擋登上主席臺的情況下，於會議室後方宣布《海
峽兩岸服務貿易協議》依法視為已審查並且交由院會存查，
進而引起的關於違背朝野協商內容以及法律引用問題所帶來
的爭議事件。由於部分人士擔憂該協議可能使臺灣在經濟與
政治上更受中國大陸操縱，加上民眾對中國國民黨政府的政
策長期傾斜中國大陸欲進行第三次國共合作的疑慮和不滿，
終引爆太陽花學運的發生。

2014年3月17日由臺灣守護民主平台協會、台灣教授協
會等多個組織，發表《「捍衛民主120小時」行動聲明》，
該行動最終促成這次占領立法院的行動。

2014年3月18日，執政的中國國民黨以國會最大黨的優
勢，在立法院強行審查通過被反對者視為將損害自身經濟，

---

[4]　海峽兩岸服務貿易協議係指為加強海峽兩岸經貿關係，民國99年6月兩岸兩
　　會簽署「海峽兩岸經濟合作架構協議」（Cross-Straits Economic Cooperation
　　Framework Agreement，簡稱ECFA），ECFA服務貿易早收清單中，陸方只
　　對我方開放11項服務業項目，效益有限。為進一步有制度的規範和保障兩岸
　　雙方服務提供者的權益，擴大業者交流合作和市場規模，並減少限制性措
　　施，兩岸兩會於（102）年6月21日簽署完成服貿協議。服貿協議陸方承諾開
　　放80項（非金融65項、金融15項），均超越中國大陸在WTO的承諾；我方
　　則承諾開放64項（非金融55項、金融9項），其中37項屬新增或擴大開放陸
　　資項目。協議簽署生效後，臺灣業者可以利用協議中各項優惠，以更好的條
　　件進入大陸市場。大陸業者雖可依我方承諾來臺投資，但仍需依據我方現行
　　法規如「大陸地區人民來臺投資許可辦法」等相關規定，經審查通過後，才
　　可來臺投資。資料來源：大陸委員會〈https://www.mac.gov.tw/〉。

且強化中華人民共和國的政治影響力的《海峽兩岸服務貿易協議》。反黑箱服貿民主陣線等臺灣的公民團體、學生代表、學者和其他抗議者，先是在濟南路上舉行「守護民主之夜」；晚間9時許，學生趁著當時警力稀少，翻過立法院圍牆，突破立法院大門，進入立法院議場內，隨後便在議場內部靜坐，占據主席台，為防止警方侵入，使用座椅，封鎖議場各個門口，過程中造成立法院的門窗在混亂中遭到破壞，之後在立法院議場內建立行動決策核心，展開大量的組織分工合作，在立法院外則有大量支持者聲援，同時發表《318青年占領立法院，反對黑箱服貿行動宣言》，宣布已經占領立法院，且在外力干預警方下，三度阻止鎮暴警察所發動的攻堅驅離行動，癱瘓立法院的議事運作，讓政府部門及臺灣社會陷入一股緊張的氣氛。

最初抗議者要求將《海峽兩岸服務貿易協議》退回至逐條審查階段，而占領行動的決策小組在3月23日更確定「先立法再審查」的抗爭訴求。後來他們重新列出數項訴求，包括：退回《海峽兩岸服務貿易協議》、建立海峽兩岸協議監督機制（監督機制立法時應納入民間版）、先立法再審查、召開公民憲政會議等。

3月22日行政院院長江宜樺至立法院外與現場抗議學生對話失敗，為維護立法院安全，遂命令鎮暴警察集結並驅離抗議者，因立法院院長王金平後來轉為不願意驅離學生，導致該指令並未得到執行。

最後，該占領立法院議場事件，由占領行動的決策小組在記者會上發表《轉守為攻，出關播種》聲明稿，宣布抗議學生「已經完成階段性任務」，在4月10日晚上退出立法院

議場，結束這起長達23天的社會運動。

323占領行政院事件（2014年）

● 發生時間：2014年03月23日（歷時約10小時）
● 發生地點：立法院、行政院及凱達格蘭大道
● 抗爭模式：暴力抗爭
● 事件概述：

　　同年3月23日，由於太陽花學運進行近一週仍未獲得政府正面回應，抗議群眾在部分學生的領導下，使用預先準備的厚紙板和被單攀越拒馬，有數百名群眾翻過行政院鐵柵門進入行政院院區廣場前靜坐。晚間8時第二波抗議民眾使用油壓剪破壞地釘和鐵絲網，在推開行政院院區1號門和2號大門的拒馬與鐵絲網後，陸陸續續進入行政院院區，隨即宣布占領行政院之行動成功，並發表了3項訴求，包括馬英九和江宜樺要為破壞憲政負責而分別道歉與下臺、抵制過大的行政權並且退回《兩岸服務貿易協議》以及在《兩岸協議監督條例》立法前不得與中國政府協商或者簽署協議。

　　隨後，群眾從行政院二樓進入公關室，抗議群眾比照占領立法院議場的方式搬動長桌、木椅家具堵住辦公室通道，希望能夠阻攔警方的驅離行動，在過程中有抗議群眾在行政院院內四處塗鴉，並試圖開啟官員電腦。

　　之後進入建築物的抗議群眾聯合其他部分成員共同突破警方組織的人牆，將行政院大門打開讓更多抗議群眾得以進入建築物內部，不過在過程中也有靜坐的學生呼籲不要進入建築內。

　　晚間10時40分，時任行政院院長江宜樺發表聲明表示對

於學生運動變質感到痛心，要求加派警力以及指示將會依法處理。臺北市長郝龍斌聲明認為這已經是違反社會秩序的違法行為，支持警方採取一切必要作為以儘快恢復秩序，駐守於行政院院區的警方針對抗議群眾舉牌警告。

在午夜前內政部警政署獲得依法行政並且強制驅離的指示，並且陸續對外表示擅闖行政院的群眾已經涉嫌妨害公務與毀損公物等罪刑等消息。時任臺北市政府警察局局長黃昇勇負責現場指揮調度，在2小時內警方立刻從各地警察機關調派集結2000人以上鎮暴警力進駐行政院，之後警方以簡訊通知新聞媒體將展開驅離動作。此時行政院廣場已經聚集2000多名群眾，行政院周邊也集結了6000多名群眾。最後，2000名鎮暴警察，從凌晨開始，前後發動六波的強制驅離行動，始清空行政院院區，並恢復行政院週遭交通秩序。

根據警政署在3月24日的這次清場行動中有52位警察受傷，而臺北市政府警察局統計資料則指出在這次雙方衝突中共造成110人受傷。內政部則統計至3月24日為止受傷人數共有174人，其中受傷警員119人，送醫人數137人。

330反服貿遊行活動（2014年）

- 發生時間：2014年3月30日
- 發生地點：立法院及總統府前凱達格蘭大道（臺北市）
- 抗爭模式：非暴力抗爭
- 事件概述：

為延續占領立法院及占領行院動，由占領國會事件的抗議學生與公民團體，號召發起群眾於3月30日於總統府前凱達格蘭大道反服貿遊行，活動係以遊行演講的方式進行。

標語為：「捍衛民主、退回服貿、人民站出來！」沿著中山南路擴展到立法院的議場外，透過「占領」的方式抗議政府的作為；約有35萬人參與遊行活動，但警方則估計集會人數約有11萬多人，其中還有22個非政府組織參加這次活動。此外，為支持臺灣學生運動，約有800名香港學生與市民舉行示威遊行。活動最後在晚上7時45分，於凱達格蘭大道等地進行的330反服貿遊行宣告結束。

● 觀點

綜觀上述三起社會運動模式，可謂係近幾年來或是繼野百合學運後，規模最大，抗爭時間最久的學運。除330凱達格蘭大道反服貿遊行從活動伊始至終，係以非暴力抗爭方式外；至318太陽花學運雖伊始係以非暴力抗爭方式，惟從入侵立法院並進駐議場，破壞立法院公物等行為實已構成政治暴力行為，幸好最後仍於達成部分政治訴求目的後，和平退出立法院，結束抗爭行動；而323占領行政院事件，則伊始即以暴力入侵行政院，乃至進入辦公內破壞公物等為，並在阻止鎮暴警察驅離過程中，攻擊鎮暴警察等行為，皆係政治暴力的範疇，至於警方在執法過程中是否過當，則引發外界的批評。而太陽花學運結束後，對臺灣政治最大的影響，包括國內政治勢力重新洗盤，政權再輪替、年輕族群公民意識的提昇，以及社會運動模式學習效應等，其他尚有專書、相關專論與文獻等評論，非本書關注之課題。

臺灣反年金改革行動（2016年9月3日至2018年4月26日）／軍公教反汙名要尊嚴九三大遊行（2016年）

● 發生時間：2016年9月3日

- 發生地點：立法院及總統府前凱達格蘭大道（臺北市）
- 抗爭模式：非暴力抗爭
- 事件概述：

　　「年金改革」，是指政府對軍人、公務員、教師、勞工及農民等）之退休金或國民年金制度，以及退休軍公教人員優惠存款（又稱18%）的改革。

　　2016年蔡英文當選第十四任總統後為落實其競選時提出的政見，成立「總統府年金改革委員會」專責處理軍公教、勞工及一般國民的退休金（普通國民為「年金」）刪減事宜。並於107年7月1日正式立法通過。

　　由於牽涉軍公教權益，年金改革引起不少抗議活動，2016年9月3日包括基層軍、公、教主導的「軍公教反汙名要尊嚴九三大遊行」（為軍公教人員首次為爭取權益走上街頭的抗議行動），區分四個縱隊，分別從臺北市大安森公園、二二八和平公園、中正紀念堂等遊行至總統府前凱達格蘭大道集結，向政府訴求：反對年金改革過程中，放任軍公教被汙名化，質疑改革淪為「文革式年金鬥爭」，主辦單位宣布現場參與遊行人數有25萬人，臺北市警方動員1322名警力維持秩序，警方估算遊行人數最多時約1萬5000人，遊行活動在17時解散，過程尚稱和平理性。

419反年金改革抗議（2017年）

- 發生時間：2017年4月19日
- 發生地點：立法院
- 抗爭模式：暴力抗爭
- 事件概述：

419反年金改革抗議是指2017年4月19日（含前一日晚上）部分反對蔡英文政府所推動之年金改革地退休或資深軍公教人士在立法院（國會）周邊的抗議。抗議群眾除了在立法院周邊示威之外，也與出入立法院的政府官員爆發衝突。

　　2016年蔡英文當選總統後為落實其政見，成立「總統府年金改革委員會」專責處理軍公教、勞工及一般國民的退休金（普通國民為「年金」）刪減事宜。2017年，蔡政府決定全面停發18%優惠存款，並考慮追回已發款項，並將之列入《公務人員退休撫卹法》等相關法案草案中。

　　2017年4月19日，由退休軍公教主導的「419反年金改革抗議」，於立法院（國會）周邊集結數百名群眾示威抗議，過程中與出入立法院的政府官員爆發衝突，過程中許多民主進步黨立法委員皆遭毆打、推擠及潑水，或肘擊、架頸、拉扯，連部分立法委員助理、員工與媒體都不得其門而入；三立新聞的SNG車擋風玻璃被砸。立法院於同日進行前瞻基礎建設「城鄉建設」公聽會，多位出席公聽會的縣市首長、官員，如臺北市長柯文哲、副市長林欽榮、桃園市長鄭文燦、彰化縣長魏明谷等遭到包圍、追打，且有多家新聞媒體及記者被攻擊，受到國際新聞記者聯盟關切。

　　活動最後在朝野黨團協商達成共識，並俟召開兩場公聽會後再審查。監督年金改革聯盟宣布，行動達成初步成果，宣布解散。

退伍軍人主導的八百壯士衝突案（2018年）

- 發生時間：2018年4月25日
- 發生地點：立法院

- 抗爭模式：暴力抗爭
- 事件概述：

八百壯士衝突案是2018年4月在立法院附近發生的一場警民衝突，由部分退伍軍人組成的團體八百壯士，因反對民主進步黨政府對退伍軍人退休金制度的更改而發起抗爭活動，過程中與警方發生衝突，造成警民受傷。

2018年4月25日由「八百壯士」退役軍人等組成的團體，因反對蔡英文政府年金改革，並舉辦了多次的遊行陳情活動。2018年2月，上校繆德生陳抗時意外逝世，使得蔡英文政府（當時為賴清德內閣）延緩了改革的速度。立法院該年4月25日召開攸關退役軍人年金改革的「陸海空軍軍官士官服役條例修正草案」公聽會，當日「八百壯士」在立法院外集結，收聽立法院內之公聽會訊息，因公聽會未做實質答詢而有過場之虞，引發場內八百壯士代表之不滿，離場並集結在外同樣立場的民眾開始抗議。

抗議群眾經立法院時，內部出現推擠，試圖闖入立法院院區，一旁也有人投擲煙霧彈等危險物品進入院區。群眾扯倒了八百壯士設置的柵欄、帳篷，部分群眾攻擊記者和警方，並以滅火器乾粉朝警方噴灑，造成雙方人員受傷情事。少數抗議群眾甚至表示要將警察綁在宣傳車上，為他人制止；八百壯士也在立法院院區門口辱罵警察。警員接受採訪時，表示認同其爭取權利的行為，但不應有暴力衝突，過程中至少有《蘋果日報》、中央社、《民報》、壹電視、民視、《上報》、TVBS等傳媒12名記者被攻擊，受到國際新聞記者聯盟關切。

是次遊行共有84名員警受傷，14位記者財損及受傷。警

方逮捕管束57名抗爭民眾中的現行犯，其中部分民眾涉刑法妨害公務及傷害等罪嫌，警方訊後移交送臺北地檢署偵辦，一些人員限制住居。

● 觀點

反年金改革行動，係臺灣有史以來軍公教退休人員（有部分係現職人員低調參與）首次為維護自身的權益的抗爭運動。包括「軍公教反汙名要尊嚴九三大遊行」、「419反年金改革抗議」及「退伍軍人主導的八百壯士衝突案」等抗爭運動。揆諸這三起抗爭運動，儘管係白領階級族群第一次發動的抗爭社會運動，其抗爭行動模式，在抗爭過程中，第一次係採取非暴力抗爭方式，至第二次時則一反以往之非暴力抗爭方式，採取暴力抗爭行動模式，且其抗爭行動模式與其他非白領階級族群的抗爭行動模式無異。囿於軍公教身分及社會觀感，此等運動規模相對較小，無法獲得社會大眾的支持與聲援。而從反年金改革行動的三起社會運動結果，最終雖然無法讓政府推動年金改革的政策改弦易轍，惟政府對年金改革經過多方評估與討論後，亦做出微妥協，特別是軍人年改部分。

整體而言，除2016年「軍公教反汙名要尊嚴九三大遊行」是一起非暴力抗爭外，2017年其他「419反年金改革抗議」及2018年「退伍軍人主導的八百壯士衝突案」皆屬暴力抗爭。

第十章
結論

　　解嚴後臺灣的社會運動朝「頻繁化」發展、抗爭群體和議題亦朝「多樣化」呈現，且佔大多數係以「非暴力抗爭」方式進行，與國際社會的社會運動方式相較，係一種特例，誠屬不易。

　　臺灣自1987年解嚴後民主發展逾30年，人民的陳情請願活動，不論是屬聚眾活動、集會遊行或社會運動模式，從解嚴前幾起對威權統治的挑戰，到解嚴初期對政治體制的衝撞，乃至社會運動常態化，在在圍繞著全球化社會運動的趨勢發展，包括環境汙染、人權意識的興起、反核運動，環境保護、婦女、農民權益、勞工，以及企業雇主與勞工之間之勞資糾紛等等抗爭事件。

　　檢證臺灣各類型的社會運動發現，解嚴前後的社會運動仍然不脫離以暴力抗爭方式進行。惟伴隨頻繁、多樣與非暴力抗爭等社會運動經驗，以及西方國家非暴力抗爭理念的移入、啟發和培育，非暴力抗爭的理念與行動逐漸在臺灣落地生根，成為社會運動模式的主流趨勢。換言之，非暴力抗爭行動模式，已漸取代暴力抗爭行動方式，成為臺灣社會運動的一種常態模式，即便1977年的「中壢事件」發生嚴重的軍、警與民眾嚴重衝突，甚至造成國立中央大學學生江文國頭部中槍及19歲的張治平不治事件；1979年「美麗島事

件」，解嚴前夕的1986年桃園「中正機場事件」，以及1988年「台灣農民運動」發生嚴重的警察與民眾對抗流血衝突事件，國內亦有學者不認為係一種暴力抗爭，最多屬暴力邊緣論而已。

至於其他各種規模大小和各類不同態樣的社會運動皆有吉恩‧夏普教授所謂的「非暴力抗爭」或「非暴力行動」的方式。不論是解嚴、解除黨禁及報禁、國會全面改選、廢除刑法第一百條的民主改革，或是勞工人權、性別平等、原住民權益、環境保護等議題的社會運動，乃至政權輪替等政治過程，大部分時間皆係以和平、理性與非暴力抗爭方式獲得成效[1]。這在新興民主國家的民主政治發展過程中是一項了不起的成就和典範。

惟以西方國家對暴力抗爭的明確定義，所謂的「暴力抗爭」，指的是群眾以「武裝」或「暴力」的方式去攻擊警察、路人、破壞公共建物或語言暴力等行為。而所謂的非暴力抗爭，甘地在《非暴力抵抗的誕生：南非非暴力抵抗運動史》一書宣揚始終奉行非暴力抵抗的理念，堅信自己的力量是強大的，隨著自身的力量與日俱增，非暴力抵抗也會更為有效，絕不會伺機半途而廢，無論遭受多大罪，非暴力抵抗絕不動武，就算有武力也不會動武。此乃非暴力抵抗運動的真理。

為區別「暴力抗爭」與「非暴力抗爭」，作者仍然秉持西方學者對「暴力抗爭」與「非暴力抗爭」的界定做為審評的標準，亦即任何抗爭運動，只要發生鎮暴警察或群眾流血

---

[1] 簡錫堦著，《弱者的力量：臺灣反併吞的和平想像》（臺北：我們出版社，2015年），頁77。

受傷或破壞等情事，即構成暴力抗爭；反之，如在整個抗爭過程自始至終都維持和平理性，沒有發生任何與警察衝突及流血、破壞或攻擊行為，即屬非暴力抗爭的範疇。此一審評或與學者提出的暴力邊緣論觀點不同，惟基於非暴力的對面即是暴力的認知，對於暴力邊緣論的說法，作者另有解讀。

第一節　主要發現

研究發現解嚴後臺灣的社會運動呈現「非暴力化」、「頻繁化」及「多樣化」的文化特徵，而形塑此一現象的影響因素則與「環境因素」、「政府治理」及「群眾認知」具有關聯性。此一發現與國際學術界的理論文獻大致相同。茲將研究發現臺灣社會運動轉型的環境因素與演進過程，剖分析如后：

西方社會運動的理論與實踐。社會運動在西方18世紀和19世紀時被稱為「極端主義」（extremism）、「剝奪感」（deprivation）和「暴力」（violence）的代名詞，或是「發瘋的大眾」（the madding mass）、「社會失序」（social disorganization）的結果[2]。社會運動進入20世紀的社會運動已經發展成一門顯學，且擺脫過去不文明的刻版印象。

西方社會運動理論研究主要有兩個知識傳統，一個是美國的集體行為和社會運動研究；另一個是西歐的新社會運動研究。美國係源自勒龐認為人類的聚集是出於一種本能，羅伯特‧E‧帕克（Robert Ezra Park）在《社會學概論》

---

[2]　Tarrow, Sidney G. 1988. *Power in Movement: Social Movements and Contentious Politics.* New York: Cambridge University Press. p. 4.

（*Essential of Sociology*）首次提出「集體行為」的概念，並由帕克的學生布魯默提出「循環反應」理論，對「集體行為」的形成做出更完整的論述，並形成一股學術研究潮流。二戰後，隨著環境的變遷，集體行為論逐漸受到美國學界的質疑，曼瑟爾·奧爾森在《集體行動的邏輯》則將這種質疑提升至更高且嶄新的理論層次，激發學界對「集體行為論」的反思。直至約瑟夫·雷蒙德·麥卡錫（John D. McCarthy）和梅耶·左爾德（Mayer N. Zald）在1977年提出《資源動員論》（*Resource Mobilization Model*）認為集體行為論係一種非理性行為和破壞性的社會現象，而資源動員論則係基於理性主義假設，社會運動研究的領域進入變革階段，政治過程論與框架建構論。

西歐對社會運動的研究係源自卡爾·馬克思對於無產階級革命的研究，它係從整個人類社會變遷的高度去思考社會運動形態的歷史變遷，主要在社會結構的變遷，特別是工業化和後工業化過程對社會產生的影響，甚至是人類社會發展的一般規範，其研究不論在時間或空間均較美國傳統更為廣泛。馬克思主要係從階級分化去解釋社會運動，認為社會運動本質上是一種階級鬥爭。因此，勞工運動是社會運動的本質，但進入20世紀六〇年代後，社會運動的形態開始出現過去少見，甚至未曾出現過的社會運動，如女權運動、環境保護運動、反戰爭運動、和平運動、學生運動等，其對政治的影響遠高於勞工運動。1980年梅魯奇提出「新社會運動論」（new social movements）概念及理論分析框架後，新社會運動理論成為西歐社會運動研究的核心。西歐傳統的勞工運動被新社會運動形態的興起所取代，勞工運動成為新社會運動

之一。

　　從美國與西歐兩大傳統社會運動理論研究，在問題取向、理論研究的廣度與深度，均存在巨大的差異。社會運動理論研究隨著歷史環境的變遷，美國在社會運動理論方面，繼「資源動員論」（resource mobilization model）之後，1982年麥克亞提出「政治過程論」（political process model），它的主要論述係認為社會運動的背後存在著政治鬥爭的屬性，而非市場性的競爭過程。1986年斯諾提出「框架建構論」，指思想動員與資源動員及政治機會一樣，均是影響社會運動過程和結果的因素之一[3]。甚至晚近又有「集體認同論」（collective identity model）的興起的興起。

　　總之，西方社會運動的理論思想歷經一個多世紀以來的發展，其理論思想的發展從勒龐、阿歷克西・德・托克維爾、埃米爾・涂爾幹（Emile Durkheim）、卡爾・馬克思、弗拉迪米爾・列寧（Vladimir Lenin）、安東尼奧・葛蘭西（Antonio Gramsci）、馬克斯・韋伯、赫伯特・布魯默（Herbert Blumer）、尼爾・史美舍（Neeil J. Smelser）、威廉・康豪瑟（Wiliam Kornhauser）、西達・斯考契波（Theda Skocpol）、塞繆爾・P・杭廷頓、巴林頓・摩爾、查爾斯・蒂利等學者，可謂已經發展出一套成熟、清晰的理論思想、邏輯與脈絡。作者即是以此社會運動的理論基礎，作為本書的主要文獻。

　　非暴力抗爭理論的引進。有關研究非暴力抵抗理論與實例的學術文獻在西方非常熱門，且已成為學領研究上的一門

---

[3]　馮仕政著，《西方社會運動理論研究》（北京：中國人民大學出版社，2013年），頁208。

顯學，印度聖雄甘地在其著作《甘地自傳：我追求真理的歷程》及《非暴力抵抗的誕生：南非非暴力抵抗運動史》中，為非暴力抵抗運動開啟先河；較知名西方學者如漢娜‧鄂蘭在《共和的危機》；多娜泰拉‧德拉波爾塔〈社會運動研究與政治暴力〉；喬納森‧平克尼著《在非暴力運動中非暴力紀律的保持與破壞》等。詹姆斯‧勞森是將甘地的非暴力理論與行動的邏輯傳播到美國民權運動中的重要人物；近幾年彼得‧艾克曼和傑克‧杜瓦合著《非暴力抗爭：一種更強大的力量》，二人於2002年創立國際非暴力衝突中心，致力於促進民間運動研究和利用非軍事戰略，以建立和捍衛人權，社會正義和民主為宗旨。

　　美國哈佛大學政治學家埃里卡‧切諾韋思與瑪麗亞‧斯蒂芬合著《為什麼公民運動能夠取得成功：非暴力抗爭的戰略邏輯》書中指出，通過對20世紀數百場運動的研究發現，非暴力運動達到目標的可能性是暴力運動的兩倍。儘管影響因素有很多，但她發現，當有超過人口3.5%的民眾參與抗議時，就能帶來重大的政治變革[4]；威廉‧道布森在《獨裁者的進化：收編、分化、假民主》、大陸學者李方著《非暴力鬥爭》、大衛‧格雷伯著《為什麼上街頭？新公民運動的歷史、危機和進程》，特別是非暴力抗爭理論大師吉恩‧夏普一系列的非暴力抗爭專著等等，對非暴力抗爭的理論、戰略、技術、組織與實例都有精闢和深入的研究與解析，為社會運動的非暴力抗爭提供一個學習與見證。無論係社會運動

---

[4]　瑪麗亞‧斯蒂芬、埃里卡‧切諾韋思（Maria Stephen Erica Chernoves）合著，趙然諾譯，《為什麼公民運動能夠取得成功：非暴力抗爭的戰略邏輯》（紐約：哥倫比亞大學出版社，2011年）。

或非暴力抗爭方法，在全球化下顯然已經跳脫侷限在政治學或社會學的領域，跨越多重學科的領域，且亦是全球化的主流趨勢。

國內社會運動個案研究成果斐然，惟社會運動非暴力抗爭研究文獻相對稀少。作者檢視臺灣在社會運動的專書、期刊論文與學術論文，與社會運動、社會抗爭運動、聚眾活動或聚眾抗爭、網際網路與社會運動個案等等相關個案的學術論文逾400篇，時間大部分係落在解嚴後的30年間所呈現的研究成果，議題包括民主轉型、法律與個案研究，包括環境保護運動、女權、同志、學運、勞工運動、食品安全、消費糾紛、居住權等等維權議題，以論文期刊及博碩士論文居多。近年來，社會運動結合社群網路，並藉由資訊科技的普及與發揮的效果，亦成為社會運動學術領域研究的議題。

對於國外非暴力抗爭概念的著作在臺灣最早出現係《甘地自傳》中有提到其在南非與印度的運動中以非暴力抵抗方法，成功爭取印度裔在南非的權利，更讓印度脫離英國殖民地，成為一個獨立國家的經驗，應係非暴力抗爭概念較早出現在臺灣的一本書。只是當時沒有引起社會的注意，或者對從事社會運動以「非暴力抗爭」替代「暴力抗爭」更能獲得成功可能性的質疑，而將重點擺在關注甘地成長背景、以及在南非為印度裔爭取，與讓印度獨立的過程，以致錯過該書中所提及非暴力抵抗的理論精髓與實踐的經驗。

作者研讀莫罕達斯·卡拉姆昌德·甘地發起印度獨立運動《非暴力抵抗的誕生：南非非暴力抵抗運動史》後，始真正瞭解甘地主張非暴力抵抗的背後原因，係在南非印度人抵制「黑色法案」（亞裔人員法案）是甘地非暴力抵抗運動的

起火點。甘地認為：如果印度人即便有武力、投票權，也會選擇非暴力抵抗，因為手持兵器之人甚少會採用非暴力抵抗與輿論宣傳。甘地提出非暴力抵抗之精髓要義：「薩提亞」或「真理」是世界的根基。「阿薩提亞」意為「非真理」，又意味著「非存在」；「薩提亞」，即是「真理」，又意味著「存在」。「非真理」既為「非存在」，則無從獲勝；「真理」既為「存在」，則恒古長存[5]。換言之，甘地的非暴力抵抗理論係思想、信仰與力量的結合，是人類高尚道德的情操與高度文明的體現。

　　在臺灣，將非暴力抗爭新思潮帶入臺灣的先驅係旅居國外的學者林哲夫博士，他將美國非暴力抗爭研究大師吉恩‧夏普的非暴力抗爭理論與案例引進國內，介紹其中的198種非暴力抗爭手法，鼓吹臺灣社會運動應以「非暴力抗爭」方法做為全民防衛概念和教導如何從事非暴力抗爭，才真正開啟臺灣非暴力抗爭的社會運動。而林義雄、江蓋世、王康陸、李方、簡錫堦、蔡丁貴等國內政治人物、學者或社會運動人士，亦接續翻譯非暴抗爭相關專書，及開班授課和推廣教育，並將非暴力抗爭的模式運用到社會運動的個案去實踐。

　　特別在臺灣社會運動頻繁與多樣的發展過程中，著眼於教育人民在從事社會運動時強化和宣導以「非暴力抗爭」的行動理念，要比以「暴力抗爭」為出發點的模式能更有效地達成社會運動的目的，降低社會對立與分裂，減輕耗費過多

5　莫罕達斯‧卡拉姆昌德莫‧甘地（Mohandas Karamchand Gandhi）著，宋曉堃和尚勸余等譯，《非暴力抵抗的誕生：南非非暴力抵抗運動史》（北京：中國書籍出版社，2019年）。

的社會資源、成本與代價，有助民主政治、社會安定及促進經濟的發展。

　　結社限制鬆綁，促進公民社會蓬勃發展。從臺灣諸多較具規模的社會運動中，在在可見政黨、公會、工會或社會團體等民間組織參與社會運動的痕跡，足見民間團體與社會運動關係十分密切。詳見第四章臺灣社會運動的特徵，第二節社會運動頻繁化。

　　儘管如此，公民結社的普遍現象對形塑臺灣發展多元社會的特色，仍具有極大的貢獻。這些民間團體動輒遇政治選舉活動時，即成為政黨發起社會運動時被政黨動員的民間組織，或是自己成為社會運動的發起者，或與政黨結合成為其附翼組織，有些更直接配合政府社會福利政策成立的社會團體，執行政府的社會福利政策，如長期照護或殘障、育幼業務等，進而成為公私協力夥伴關係。

　　此外，在成立社會團體中亦不乏係以社會運動為目的的結社，或原本未向政府立案，卻經由從事社會運動而組合或聯合的社會團體，如台灣農村陣線、台灣北社、台灣中社、台灣南社、台灣東社及台灣和平草根聯盟、環島二二八牽手寫憲法行動聯盟、公投護台灣聯盟、台灣環境保護聯盟等；有些係參與社會運動後繼而成立社會團體，如台灣都市更新受害者聯盟、台灣國際同志權益促進會等。

　　民國97年6月20日司法院釋字第644號解釋文對人民團體法第2條規定：「人民團體之組織與活動，不得主張共產主義，或主張分裂國土。」同法第53條前段關於「申請設立之人民團體有違反第2條⋯⋯之規定者，不予許可」之規定部分，顯已逾越必要之程度，與憲法保障人民結社自由與言論

自由之意旨不符，於此範圍內，應自本解釋公布之日起失其效力[6]。內政部爰於民國100年修法將該條文刪除，尊重憲法賦予人民言論自由的權利，使得人民結社的空間更自由，更寬鬆，更多元和更活絡。特別是從民國104年後，全國性的社會團體的設立平均每年逾一千個以上，民國107年甚至近二千個社會團體成立，到了民國108年更首次突破兩千個社會團體成立，顯示政府對人民結社自由政策的鬆綁，人民立即反饋政府對結社的蓬勃發展現象。

又政府為因應聯合國1966年《公民與政治權利國際公約》為我國人權保障體系的開端。於民國98年4月22日制定公布依照《公民與政治權利國際公約及經濟社會文化權利國際公約施行法》，其中第4條規定各級政府機關行使其職權，應符合兩公約有關人權保障之規定，避免侵害人權，保護人民不受他人侵害，並應積極促進各項人權之實現，即係踐行《公民與政治權利國際公約》第22條規定人人有自由結社之權利，包括為保障其本身利益而組織及加入工會之權利，深化人民結社的基本權利。

而法務部為符合國際社會潮流，參採世界多數國家將成年多定為十八歲，於民國110年1月13日將《民法》第12條「滿二十歲為成年。」修正為「滿十八歲為成年」，訂於民國112年1月1日施行。為此，內政部為配合法務部將《民法》成年年齡修正為十八歲，爰於民國110年1月27修正《人民團體法》第8條，將人民團體之組織第2項發起人須年滿二十歲，修正為「成年」，此一結社年齡的降低，是繼解嚴後

6　司法院釋字第644號解釋。司法院全球資訊網，〈https://www.judicial.gov.tw/constitutionalcourt/p03_01.asp?expno=644〉。

及《人民團體法》修正輕綁人民團體在同一組織區域內，除法律另有限制外，得組織二個以上同級同類之團體，但其名稱不得相同，以及司法院釋字第644號解釋謂人民團體法第2條對主張共產主義、分裂國土之團體不許可設立規定違憲？再度修法將該條文刪除後，讓人民結社再掀起一波結社潮，有利於公民社會的蓬勃發展。

保障言論自由。《憲法》第11條雖規定人民有言論自由，惟此言論自由在解嚴後仍然受到相關法律的限制，如《動員戡亂時期國家安全法》第2條第1項規定人民集會、結社，不得違背憲法或主張共產主義，或主張分裂國土。《動員戡亂時期集會遊行法》第4條規定集會、遊行不得違背憲法或主張共產主義，或主張分裂國土，及《動員戡亂時期人民團體法》第2條規定人民團體之組織與活動，不得違背憲法或主張共產主義，或主張分裂國土等相關規定，對於人民集會、結社不得違背憲法或主張共產主義，或主張分裂國土等限制。亦即在結社部分，政府不得再以人民違反人民團體法第2條為由，拒絕受理人民之結社申請。

政府為因應解嚴後，確保國家安全與維護社會治安，於民國76年制定公布《動員戡亂時期國家安全法》全文共10條，除名稱仍保有「動員戡亂時期」的背景外，其中第2條規定人民集會結社不得違背憲法或主張共產主義，或主張分裂國土，即著重在國家安全與社會治安的考量。而在解嚴後的民國81修正時，除名稱刪除象徵威權統治的「動員戡亂時期」文字，成為現行《國家安全法》，並刪除第2條第1項「違背憲法」文字。

基於憲法保障言論自由的精神，司法院釋字第445號及

司法院釋字第644號解釋，以及司法院釋字第718號解釋（補充釋字第445號解釋），認為人民因主張共產主義或分裂國土，即禁止集會遊行，與憲法保障集會自由及表現自由之意旨有違；又依《公民與政治權利國際公約》第19條第1款、第21條及第22條第1款規定，人人有保持意見不受干涉與和平集會及自由結社之權利。《國家安全法》及《人民團體法》分別於民國100年刪除該條文。僅《集會遊行法》第4條與第1項集會遊行不得主張共產主義或分裂國土規定雖尚未刪除，惟行政院送請立法院審議中之《集會遊行法》修正草案中亦刪除該條文（即人民集會不得主張共產主義或分裂國土）。換言之，在解嚴後的二、三十年間，政府才在各方輿論壓力下還給憲法賦予人民集會結社自由之權利，政府不得再以違反言論自由的理由阻擋人民集會與結社自由，突顯政府對人民集會結社自由的社會控制與忌諱。

同理，《刑法》第100條第1項規定意圖破壞國體、竊據國土，或以非法之方法變更國憲、顛覆政府，而著手實行者，處七年以上有期徒刑；首謀者處無期徒刑。第2項預備或陰謀犯前項之罪者，處六月以上、五年以下有期徒刑。不但處罰「陰謀犯」，且「著手實行」不限於以強暴、脅迫之方法，使得以言論鼓吹或以思想對外傳播，均可能構成「普通內亂罰」，成為在解嚴前後政府對抗反對或異議人士的箝制工具。直至1991年由中研院院士李鎮源，與陳師孟、林山田、廖宜恩等法律學者，號召成立「一〇〇行動聯盟」，以「愛與非暴力」的力量進行抗爭運動，主張「刑法第100條」（普通內亂罪）違背憲法對言論自由的保障，必須予以廢除。而在後續「反閱兵、廢惡法」的抗爭中，該聯盟的

成員展現不屈不撓的精神，產生巨大的政治改革能量，促成1992年立法院三讀通過修正「刑法第100條」[7]。修正內容為：「意圖破壞國體，竊據國土，或以非法之方法變更國憲，顛覆政府，而以強暴或脅迫著手實行者，處七年以上有期徒刑；首謀者，處無期徒刑。」預備犯前項之罪者，處六月以上五年以下有期徒刑。修正重點為在於「而以強暴或脅迫著手實行者」較修正前「著手實行」多了界定的標準，且只處罰預備犯，刪除對「陰謀犯」之處罰。

集會遊行制度化，人民享有合法集會遊行的權利。臺灣在戒嚴時期威權政體下，人民集會遊行的權利受到政府的剝奪，人民如從事集會遊行活動，會被政府以「違常活動」、「聚眾抗爭活動」或「群眾運動」視之，由臺灣警備總司令部指揮憲兵、警察、調查員與地檢署等單位投入社會秩序的維護與背後目的的情報蒐集，嚴重時，甚至會移送軍事審判，處以重刑，如美麗島事件。在農業社會民風傳統與保守，以及戒嚴時期與威權政體的統治下，人民的生活重心絕大多數時間皆放在基本的生活生計上，在「民不與官鬥」的傳統裡，人民根本不會亦不懂要對抗或挑戰政權的行動，即便在思想上有此想法，在威權統治下亦未敢付諸行動。

解嚴後，威權政體轉型為民主政體，為因應解嚴後對社會帶來的衝擊，政府於1988年1月20日公布《動員戡亂時期集會遊行法》，全文共35條。1991年4月30日政府明令宣告動員戡亂時期將於同年5月1日零時終止後，該法亦於1992年修正為《集會遊行法》。此法立法目的係動員戡亂時期為保

7　蘇瑞鏘〈解除言論自由的枷鎖「100行動聯盟」廢除「刑法第100條」的抗爭〉檔案半年刊，民國105年6月第15卷第1期，頁21。

障人民集會、遊行之自由，維持社會秩序，依據該法第3條相關規定，主管機關為直轄市警察局或所在地之警察分局。第4條明定：「集會、遊行不得違背憲法或主張共產主義，或主張分裂國土。」第6條明定：「集會、遊行不得在左列地區及其周邊範圍舉行。但經主管機關核准者，不在此限：一、總統府、行政院、司法院、考試院、各級法院。二、國際機場、港口。三、重要軍事設施地區。前項第一款、第二款地區之周邊範圍，由內政部劃定公告；第三款地區之周邊範圍，由國防部劃定公告。但均不得逾三百公尺。同時規定室外集會、遊行，應向主管機關申請許可。」

對於依法令規定舉行者；學術、藝文、旅遊、體育競賽或其他性質相類之活動；宗教、民俗、婚、喪、喜、慶活動等不在此限。至室內集會則無須申請許可。明定集會、遊行原則上應予許可，惟各款所列情形，因係為違反本法規定，或有事實足認有危害國家安全、社會秩序或公共利益之虞或生命、身體、自由或財物之情事，或同一時間、處所、路線已有他人申請並經許可，或申請要件不備等事由，則不應許可。

人民有了合法集會遊行的權利與保障後，亦促成臺灣社會運動朝體制內運作，而「集會遊行」一詞更取代「違常活動」、「聚眾抗爭活動」或「群眾運動」等威權時期被政府定位與漠視人權的名稱，集會遊行不再是一件影響社會治安秩序的活動。惟隨著全球公民社會與社會運動浪潮，西方國家對於是類活動普遍以「社會運動」這個名詞，而臺灣官方仍依據《集會遊行法》的用語，對於社會運動仍以「集會遊行」來統稱外，學術、媒體與民間團體等已則導入「社會運

動」的概念。

此外，根據聯合國1966年通過的《公民與政治權利國際公約》第21條規定：「和平集會之權利，應予確認。我國亦將之國內法化的訂入各相關法規，如《集會遊行法》是。集會遊行法的公布，提供人民得合法申請集會遊行的權利。概從集會遊行只規範室內與室外，以及部分限制範圍，個人或團體均得申請集會遊行活動，並無限制集會遊行的活動類型、屬性、規模及議題等，為集會遊行活動多樣化提供一個有利的發展環境。而司法院釋字第455號解釋及釋字第718號解釋對《集會遊行法》的部分條文做出違憲解釋，亦是促成臺灣集會遊行活動頻繁化及多樣化的原因。

政治選舉活動與社會運動的連鎖效應。解嚴後臺灣社會運動呈現頻繁化、多樣化與非暴力化的態樣，與政治過程攸關，其中最直接且明顯的首推一連串的政治選舉活動，研究發現從1989年迄2020年底止，臺灣辦理中央及地方的政治選舉活動30次，政治選舉活動的最大特色即是政黨與候選人為了贏得選舉的勝利，增加曝光率和知名度，是必要的選舉策略；隨著選舉投票日的接近或競爭激烈程度明顯的增加，政黨或候選人無不頻頻舉辦造勢活動以突顯或拉抬聲勢、增加勝選的機會。

此外，對於部分有親近或依附政黨傾向，或候選人的民間團體或支持群眾，亦會藉機製造各種不同的集會遊行活動，甚至與政黨合作，以換取利益，如宗教活動、社會慈善活動、文化活動等等，讓政黨與候選人得以因增加曝光率爭取民眾的支持。尤其是2000年權首度輪替後更趨明顯與普遍。換言之，在頻繁的政治選舉活動的帶動下，人民對政治

的熱衷程度不亞於對經濟與社會的關注度，每遇政治選舉活動，在新聞媒體及輿論催化下，臺灣社會可謂籠罩在整個政治選舉的氛圍中，成為日常生活的一部分，這種政治白熱化與日常化程度持續至整個政治選舉活動結束才告歇息。

中國國民黨與民主進步黨執政時期集會遊行活動的差異。集會遊行活動的頻繁程度與政黨執政亦直接關係，研究發現中國國民黨執政時期與民主進步黨執政時期的集會遊行活動頻繁現象略有不同，1987年政府宣布解嚴後，中央政府仍係由中國國民黨執政的局面，時成立於1986年（解嚴前一年）的民主進步黨，藉由一次次的政治選舉活動不斷搶攻地方民意代表席次，乃至縣、市長等公職，其表現的形式即是不斷發起以族群、階級意識與意識形態為主軸的集會遊行活動，來挑動人民對中國國民黨長期執政的不滿，其中大多數集中在南部的高雄市、高雄縣、屏東縣、臺南縣、臺南市、嘉義縣、嘉義市、雲林縣及彰化縣等，主要係因這些縣市大部分為民主進步黨或無黨籍所執政的縣市，目的係挑戰中國國民黨的政權，爭取問政及執政的政治機會，導致中國國民黨執政時的集會遊行活動相對多。

反觀，民主進步黨在2000年首度取得政權後，集會遊行活動的次數即較中國國民黨執政時略減，主要原因係以社會運動起家的民主進步黨已經取得政權，以往附和該黨的民間組織、側翼組織或支持群眾者，以及有些社運領袖已被吸納進入政府體制內，乃至主張本土化或臺獨人士亦因總統已由臺灣人在擔任，造成發動集會遊行活動的名義減少了，讓民主進步黨執政期間的集會遊行活動較中國國民黨為低。此外，失去政權的中國國民黨原本即非係社會運動的發動者，

為區別其與民主進步黨的差異，加以中國國民黨在立法院國會中仍係握有過半席次的第一大在野黨，有足夠的影響力去影響民主進步黨政府的政策。在兩大因素的影響下，使得民主進步黨執政時期的社會運動相對較中國國民黨執政時略降。反之，在中國國民黨2008年又再度贏得政權時，社會運動的發生率即升高，暴露出人民對中國國民黨政權仍然存在政治上的意識形態。讓為反對而反對的意識形態之火再度燃起。

　　網際網路的崛起與普及，為社會運動增添利器。 網際網路最大的功能即是可以建立社群，並將訊息不分國界地分享到每個群組中，全組成員可以再將訊息分享給新的社群。

　　1993年全世界約有50個網站；2000年全球網路數量已經超過500萬個；2010年，僅中國大陸的國際互聯網用戶就超過4億戶，隨著通信頻寬迅速提升，通信成本繼續下降，個人用戶快速增加，資訊的取得更為快速[8]。尤其是在Web 2.0的時代，由於智慧型手機的普及與技術的精進，結合傳統手機與電腦網路的功能，成了社會運動號召群眾的新工具，且其動員能力更快、更廣、更便捷[9]。由美國哈佛大學學生馬克・祖伯克創設成立於2004年的臉書主要功能包括：動態訊息、動態時報、訊息、直播訊息等，截至2017年用戶已超過20億人[10]；根據統計臺灣前五大網站使用率為Facebook、

8　約瑟夫・奈（Joseph S. Nye Jr.）著，王吉美譯，《論權力》（北京：中信出版社，2015年），頁135。
9　朱金池、蔡庭榕等人合著，《群眾活動處理學》（臺北：中央警察大學印行，2015年），頁11。
10　哈拉瑞（Yuval Noah Harari）著，林俊宏譯，《21世紀的21堂課》（臺北：遠見天下文化出版股份有限公司，2018年），頁109。

YouTube、Line、Messenger及IG所占據，微信（WeChat）、Twitter也擁有20%上下的使用率。以臉書為例，2017年在臺灣活躍社群使用戶有1900萬人，占全臺灣人口數的80%，18歲至44歲的使用率即高達1300萬戶，其中95%使用者習慣用手機登入社群媒體[11]。

近幾年來將網際網運用在社會運動收到意想不到的效益與成果，使得社會運動藉由網際網路的功能來增加影響力與擴大效應有愈來愈增加的趨勢。且透過網際網路學習汲取與複製，具有潛移默化的效果，在國外發生的社會運動模式，不久也會在其他國家與國內發生類似的社會運動。如「占領華爾街運動」、「香港占中與雨傘運動」、「太陽花學運」等。

非暴力抗爭運動理論與實踐在臺灣紮根。「非暴力」這個偉大的名詞，最早提出的人是印度聖雄甘地。鑑於甘地以非暴力抵抗領導印度脫離英國的統治，於1947年獨立建國後，影響非常深遠，相關著名人物包括美國美國馬丁·路德·金恩、南非納爾遜·羅利拉拉·曼德拉、西藏達賴十四世、緬甸翁山蘇姬等人，使得非暴力抗爭成為全球性的運動，無論係在歐洲、北美洲、南美洲、亞洲、非洲；不管係極權國家、獨裁國家或民主國家等，不乏以非暴力抗爭方法獲致成功的案例，包括推翻獨裁，取得政權和制度改革等。從2004年至2018年全球非暴力抵抗變化趨勢析之，各國對於非暴力抗爭的變化趨勢始終維持50基準以上，顯示非暴力抗爭在全球各地已成為普遍的共識。

---

[11] 行銷人雜誌，〈https://www.marketersgo.com/2018/04/15/2017-social-media-analysis-report/〉。

對於發展非暴力抗爭運動，臺灣亦沒有置身事外，檢視臺灣逾30年來逾19萬3千餘次的集會遊行案件，解嚴前後臺灣人民從事抗爭事件，從未以「暴力抗爭」做為從事社會運動的策略，愈來愈多的社會運動學習和實踐非暴力抗爭理念與行動，使得非暴力抗爭理論在臺灣萌芽發展和落實。縱臺灣的社會運動亦發生暴力抗爭，惟其暴力程度，遠低於西方國家的暴力抗爭程度，這一點係臺灣與西方國家社會運動最大的差異，亦是臺灣非常珍貴的社會資本。

政府治理與群眾認知。當國家不再強力鎮壓抗議群眾時，出現暴力事件的機會則將減少或降低。臺灣的社會運動能以「非暴力抗爭」方法進行，除威權政體轉型為民主政體外，政府對聚眾活動的治理政策及群眾對現實環境的認知亦是關鍵。

民國68年臺灣地區仍處於戒嚴時期，當年12月10日國際人權日當天在高雄發生美麗島事件，當時警政署長孔令晟下令處理美麗島事件的最高指導原則，即是對於群眾的失序行為係以「打不還手，罵不還口」做為軍警處理高雄美麗島事件的最高策進作為，同時亦為日後警察在處理任何聚眾活動立定準則。從政府在戒嚴時期對人民的聚眾活動視為係一種「違常活動」的處理採「不容許突破、不發生衝突、不刺激擴大」之三不原則，到解嚴後警察機關在處理集會遊行時應秉持「依法行政、行政中立、安全第一」及「保護和平集會，制裁暴力行為」之原則，貫徹「保障合法」、「取締非法」及「制裁暴力」原則之政策[12]，即可瞭解政府對聚眾活

---

[12] 朱金池著，《聚眾活動處理的政策管理》（臺北：獨立出版社，2016年），頁66-71。

動或集會遊行或社會運動係採取寬容態度。

俗話說：「民不與官鬥」。作者檢視臺灣整體的社會運動過程中，以政府做為抗爭對象的社會運動，極少出現過人民為達到訴求目的或維護自身權益，在伊始即以「暴力革命」或「暴力抗爭」為出發點，以顛覆政府與暴力革命為目的的社會運動，相反地，多係單純對政府公共政策或施政作為的不滿所引起的，如反核運動、環境保護運動、人權運動、婦女運動、消費權益等等議題。縱使抗爭對象是企業，如係勞工對企業主的抗爭，亦只是出於對企業的不合理剝削，如工時與薪資或其他權益等。其發動抗爭的背後概非以「推翻企業」為目的，運動的規模亦相對較小。

臺灣的社會運動規模，除遇政治選舉活動，由政黨或候選人所動員人力或由多個民間團體聯合發起的聚眾活動，較具規模外，普通的集會遊行規模均相對較小，參與人數從幾十人到數十人不等都可見，再多則逾百人，要達數百人或千人，乃至萬人或幾萬人之譜的規模並不多見，即便有亦僅限於少數個案，而非普遍性，且在整個集會遊行的活動過程中皆和平而理性，集會遊行活動時間結束，領導者與參加群眾即自行散去，如此循規蹈矩的社會運動模式，已經成為臺灣社會運動的一種文化特色，與國外的社會運動模式人民與政府鎮暴警察動輒暴力衝突、相互攻擊、癱瘓社會秩序、任意破壞等情事，臺灣幾近未發生。縱有少數幾起嚴重衝突流血事件，其暴力程度亦未嚴重到讓政府失控無法平息的地步，如1986年中正機場事件、1988年的台灣農民運動事件、苗栗大埔事件等。

非暴力抗爭的發展環境。國家存在的目的，即是捍衛領

土主權的完整而不受他國侵犯，促進國民經濟發展，維護社會安寧秩序，保護國民生命及財產安全。為達成上述目的，國家合法擁有司法審判、立法及行政等公權力，其中司法調查權、軍隊及警察等，即是為達到上述目的而設立的執行機關。是以，任何可能影響上述正常發展或挑戰國家權力的行動，政府即會依法行政做出回應，獨裁國家的做法即是派出軍隊武力鎮壓，民主國家的方式則是以鎮暴警察為主（非不得已原則上不派軍隊武力鎮壓），並輔以協商、共識、妥協，乃至政府讓步以化解事件的持續。而站在政府對面的人民，在不可能擁有上述公權力，乃至軍事武力的前提下，根本毫無以暴力抗爭為出發點的條件可言，加上臺灣係一個海島，四面環海，無廣大的腹地。因此，在上述因素下，無法提供社會運動有發展暴力抗爭的環境、空間和條件，縱使有亦難以形成氣候。

檢視臺灣，無論政治制度係「威權政體」或「民主政體」，解嚴前1977年的「中壢事件」、1979年「美麗島事件」、1986年「中正機場事件」，以及解嚴翌年的1988年「台灣農民運動」等幾起被視為影響臺灣政治民主及開啟社會運動的序幕的案例，最嚴重程度都不到暴力抗爭的程度，即便最嚴重的台灣農民運動，抗爭農民與警察發生激烈對抗與衝突的流血事件，在許多社會運動菁英眼中亦只被認為瀕臨暴力邊緣而已。

從內政部警政署統計民國76年至108年止逾30年逾19萬3千餘次的集會遊行活動資料析之，若依據吉恩‧夏普、查爾斯‧蒂利、多娜泰拉‧德拉波爾塔等人對暴力與非暴力的觀點，臺灣的社會運動都是以「非暴力抗爭」方法進行社會

運動，亦即從未發生過以「暴力抗爭」為出發點的案例，而在1990年之後更引進西方非暴力抗爭理論與實踐，運用在臺灣的社會運動裡，其中不乏以非暴力抗爭方法獲致成功的案例，較著名的有1990年「野百合學運」、1991年反閱兵、廢惡法運動、2006年「倒扁紅衫軍運動」、2013年「洪仲丘事件」及2014年「太陽花學運」等，這是臺灣民主發展最可貴之處，亦是臺灣受西方民主國家喻為新興民主國家的典範的原因。

非暴力抗爭是一種思想、信仰與力量的集合。研究政黨首度輪替後社會運動非暴力變化趨勢和政權二度輪替後社會運動非暴力變化趨勢析之，非暴力指數以「受傷人數」、「使用警力人次」及「實際參加人數」等三者間的相互影響下，使得非暴力指數亦呈現不同的結果。

根據作者分析臺灣非暴力指數的發展係從1991年之後，訪談社會運動菁英領導者對臺灣運用西方非暴力抗爭理論與方法的時間也落在1991年之後，不謀而合。因此，推定臺灣社會運動的非暴力抗爭轉型時間應係從1991年開端，期間雖歷經三度政黨輪替，惟非暴力抗爭指數係呈現逐年下降的變化趨勢。易言之，在1991年之前臺灣許多的非暴力抗爭都是自發性的，在沒有理論、戰術、戰略、技術和組織的前提下去進行的。甚至臺灣發展非暴力抗爭的方法超越美國，因為臺灣係從扎根教育開始，形成一種思想與信仰，再由內而外轉化為堅定不移的行動力量，而美國則是側重在運動過程中的紀律，防止抗爭民眾逾越非暴力抗爭的底線造成失控、影響社會運動目的的達成。非暴力抗爭不啻是臺灣社會運動伊始的信仰，在導入西方非暴力抗爭理論與技術後更成為社會

運動的主流趨勢，且隨著越來越多以非暴力抗爭方式取得成功的案例，逐漸形成一種異於西方社會運動的一種獨特與珍貴的臺灣社會運動文化。

新型態社會運動的崛起。臺灣解嚴前後的社會運動主要係圍繞在政治、環境保護、勞雇關係及農民議題為主，隨著政治民主自由、社會開放多元、維權意識的抬頭及全球化社會運動、資訊科技的發達，網際網路的普及，新聞傳播國際化等等因素，社會運動的議題不再侷限於傳統以政治或環境保護等議題，國外新興社會運動的崛起，如人權運動、婦女運動、反核運動、廢除死刑運動、反毒運動、同志運動、生態保育運動及公民投票運動等等全球性的議題，在臺灣亦陸續出現，乃至國外的族群運動與革命運動，如六四天安門事件、茉莉花革命、阿拉伯之春、香港雨傘革命等，都深深影響臺灣社會運動活動性質的轉變。臺灣的社會運動模式除來自國外的複製外，亦會引發國外社會運動者的學習，如2014年臺灣的太陽花學運利用網際網路的技術，成功地將整個活動事件即時傳播到國際媒體，引起國際輿論的關注，並藉由國際媒體的大幅報導與評論，對政府造成極大的壓力，最後迫使政府妥協讓步，即是最經典的案例，可以預見這種社會運動與社群網路結合而成功的效益，未來在社會運動中會被普遍地使用。

政治吸納。從現代政府治理的視角出發，「行政吸納社會」是一種特定的國家與社會關係的模式。其核心目的一方面係「控制」，一方面係「功能替代」。在「控制」目的選擇係為了防止社會運動領袖菁英持續對政府公權力的挑戰；在「功能替代」的考量係透過延攬、收編、合作與支持，增

加政府政策的支持與減少政策阻力。研究發現，政府為鞏固其政治權力及合法地位，無論係中國國民黨或民主進步黨，經常會採取政治吸納的模式，特別是地方政府為減少或降低執政阻力與助力，會吸納社會運動領袖菁英進入政府體制內任職。

　　臺灣的社會運動通常亦會帶給政府與社會運動政治吸納與政治機會，常見的模式如：一、組織政黨，藉由社會運動的過程與結果所凝聚共識與爭取認同感，有助增加政治參與機會，擴大參與政治空間，乃至強化政黨影響力，如民主進步黨與時代力量等；二、組織社會團體或加入政黨與社會團體，爭取政治機會晉升成政客；三、被政府吸納，主要係社會運動領袖菁英一旦被政治吸納進入政府體制內後，由於直接參與政府體制內政策決策過程，有機會實現其政治抱負，間接削弱了社會運動的動力。但從政府吸納的實例觀之，並非所有政府吸納都能達到政治目的。

　　理性的社會運動。相較於西方社會運動的組織、規模和長期抗爭，臺灣的社會運動大多數均遵守申請的時間進行，亦即申請集會遊行時間結束，不需警察協調或規勸，領導者、團體及參與群眾即自動散去，活動的過程亦以非暴力方式為之，主要原因還是集會遊行活動的領導者與參與者的動機、組織規模與行動方法，既非從事「暴力革命」、亦非要「顛覆政府」，只是單純對政府的公共政策或施政作為表達不滿，要求政府改善或停止政策的執行，且同樣的訴求可以再提出申請，加以運動的規模大多數較小。

　　以1987年解嚴後逾30年警政署集會遊行活動統計逾19萬3千餘次和參加總人數七千一百餘萬人次，平均每場集會遊

行活動參加人數約445人。惟實務上社會運動的參與人數並沒有那麼多，只有政治選舉活動或政府的重大公共議題時，參與人數才會較多，人數達數萬人或十幾萬人，乃至二十萬人以上，如2006年的倒扁行動、2014年的太陽花學運、反服貿運動，2018年地方九項公職人員選舉，由於競爭十分激烈，政黨動員有逾十幾萬人以上，2020年的總統大選及立法委員選舉政治活動，政黨動員人數逾二、三十萬人以上。

形塑社會運動社會。解嚴後臺灣社會運動如雨後春筍般地在臺灣各個角落頻繁發生，且隨著政治民主的轉型過程，社會運動的模式與態樣亦出現進化的現象與事實。維權意識的抬頭，無論係對政府、企業雇主或其他，人民透過一次又一次的社會運動經驗中體驗到，想要讓政府或企業做出讓步，直接走上街頭是最為有效和達到目的的方式，造成人民走上街頭抗爭成為一種社會常態，社會運動議題呈多樣化態樣，領導者使用非暴力抗爭的行動方法與技術愈來愈純熟，臺灣的社會運動已不若解嚴時的社會運動帶給社會的詭譎氛圍，臺灣逾30年的政治民主發展，頻繁化與多樣化的社會運動，已灌輸和教育人民：社會運動乃民主體制裡的常態，既非社會的亂源，更非製造社會的動亂與不安的始作俑者，而係融入生活的一部分。

根據內政部警政署統計，自1987年解嚴至2019逾30年間，在臺灣各地發生的各種規模大小不等的群眾抗爭運動逾19萬3千餘次，這些群眾抗爭運動發生的原因，議題非常多樣，以對政府政策不滿意為最，其次是反應地球氣候變遷的環境保護議題，再次係企業勞資關係爭議與維權議題，以及新社會運動的相關議題等。人民動輒走上街頭抗爭理由主要

係拜民主化之賜，以及對民主化的質疑乃至失望，人民仰賴民主政治制度所設計的代議制度解決他們的問題，但事實上在許多的經驗與認知中，人民普遍認為循著民主政治制度的代議制度似乎已無法符合他們的期待，唯有走上街頭抗爭，喚起社會大眾、媒體輿論和國際社會的關注，政府國企業才會在社會與國際的壓力下而妥協或讓步，公平正義才有可能實現，人民才能捍衛自己的權益。在這個經驗與認知中，社會運動因此在臺灣各地頻頻發生，人民動輒走上街頭成為常態，將臺灣營造成一個社會運動的社會。

精進官方集會遊行資料。作者因工作關係得以蒐集集會遊行的統計資料，甚至得以取得警政機關應該公開而未公開的資料，惟在進行集會遊行資料分析時發現，警察機關在分析集會遊行概況時，大部分係集中在集會遊行的申請核准率、年總件數增減、平均每次實際參加人數、平均每次使用警力及實際平均每次聚眾時間、與前年度的增減，或近五年來集會遊行之比較，以及對重要集會遊行的個案專案報告，然缺乏對於集會遊行非暴力化、頻繁化及多樣化的原因分析，包括縣市集會遊行的人口結構及差異性比較方面的分析統計。而在集會遊行的活動屬性分類上，亦僅以政治性、經濟性、社會性、涉外性及其他等方式去說明或概念化臺灣的集會遊行發展，無法呈現臺灣社會運動非暴力化、頻繁化及多樣化的特質。這對研究臺灣集會遊行的文化發展而言殊為可惜。

此外，內政部警政署與各直轄市、縣市警察機關對於集會遊行的基本資料建置應可再精進，對於資料的正確性與完整性要一致，以研析社會運動本體的深度與廣度。此係作者

於研究過程中親自向各直轄市、縣市警察機關洽詢及比對各直轄市、縣市警察機關之集會遊行統計資料後所發現；警政署與各直轄市、縣市警察機關對於集會遊行統計資料雖有統一的報表，惟各直轄市、縣市警察機關各行其是，在資料的建置上並不完全一致，其中集會遊行資料建置相對健全的僅臺北市政府警察局，其他各直轄市、縣市警察機關對集會遊行的統計資料普遍有不完整或缺漏的情形。此或許與警政署及各直轄市、縣市警察機關將治安重點擺在一般刑案、暴力犯罪、非法持有槍彈刀械、檢肅毒品與交通事故等全面治安有關，同時因為集會遊行的常態化與非暴力化，而忽略集會遊行統計資料的一致性與完整性。

　　暴力邊緣論。針對「非暴力」的對面即是「暴力」的說法，國內社會運動領袖菁英、參與者、學者等，對於社會運動「暴力抗爭」提出一個不同於暴力定義的觀點與詮釋，認為臺灣的社會運動從未發生「暴力抗爭」的運動，縱有，亦只是瀕臨暴力邊緣而已，尚未達到暴力抗爭的程度。有關渠等所謂的「暴力邊緣論」的論點，作者剖析背後原因如下：

　　第一，社會運動領袖菁英、參與者、學者及輿論以暴力邊緣論的說法係欲擺脫社會運動「暴力抗爭」的形象，避免抗爭群眾被誤指為暴民，破壞社會治安的亂源等負面形象，從而模糊與響影社會運動的主體性與正當性；第二，基本上暴力抗爭運動很少能獲得輿論與社會大眾的共鳴和支持，甚至轉而偏向支持體制。是以，主觀上認為社會運動伊始皆係以非暴力抗爭方式，而非以暴力抗爭方式做為起始，只是在過程中隨著情勢的發展（如擦槍走火或刻意製造衝突）或被不確定雜訊誤導，使非暴力抗爭質變為暴力抗爭。窺其目的

還是在為自己的暴力抗爭行動做辯護，轉移係以暴力抗爭的焦點，以博取社會大眾的支持與認同；第三，非暴力抗爭質變為暴力抗爭係政府與鎮暴警察在承受外界輿論的壓力下，為取得鎮壓群眾的正當性，刻意假造群眾攻擊警察，讓鎮暴警察取得「以暴制暴」的合法性。惟此等說法須有直接而明確的證據，證明被攻擊的警察或官署，或毀損、破壞公物等確確係政府刻意嫁禍，否則只會被認為是社會運動行動策略的運用手段，終將使事件成為羅生門，各說各話；第四，無論群眾的暴力抗爭係出於主動或被動，從臺灣社會運動的暴力程度，與西方的暴力抗爭程度相較，縱屬低度的暴力，惟就暴力定義而言，仍然係暴力。

綜上所述，無論社會運動領袖菁英、參與者、學者及輿論對於暴力邊緣論的論點為何？社會運動一旦發生群眾攻擊鎮暴警察，或入侵政府官署，或破壞公共營造物等行為，即屬暴力抗爭的範疇，即無爭議。簡言之，依據非暴力抗爭理念的定論，係即使政府以暴力相向，抗爭群眾絕對不會訴諸暴力還擊，因為一旦採取暴力抗爭，只會傷害和模糊了原本抗爭者的目標和理念。是以，在面對不是非暴力抗爭，即是暴力抗爭二分法的前提下，提出暴力邊緣論的目的與說法，顯得相對薄弱，不易獲得認同。總之，社會運動一旦發生警察與抗爭群眾衝突，導致發生雙方人員有受傷流血事件，特別是發生群眾攻擊警察或入侵政府官署，或破壞公共營造物等行為，即屬暴力抗爭的行為。

臺灣係非暴力抗爭運動聖地。作者為瞭解臺灣社會運動非暴力抗爭的發展環境，訪談了長期投入臺灣社會運動的社運菁英領袖對於臺灣社會運動的看法後，認為臺灣的社會運

動非但無需發展暴力抗爭，亦沒有發展「暴力」的主客觀條件，反而認為以臺灣獨特的海島環境與地理位置，臺灣應該是一個發展非暴力抗爭運動的理想聖地。茲分述如后：

第一，從臺灣四百多年來的歷史發展析之，臺灣社會自明清以降，四百多年來的歷史發展過程中，命運乖舛與悲情，在1626年至1642年被西班牙占領，1624年至1662年被荷蘭占領，1895年至1945年由清朝割讓給日本，被殖民長達半世紀之久，又歷經二次世界大戰戰亂，直至民國34年臺灣光復，始終結臺灣殖民地的地位。惟臺灣光復後，民國36年又歷經「二二八事件」與民國38年政府實施臺灣戒嚴，讓臺灣進入長達38年「白色恐怖」威權統治的政治社會，人民早已被這些歷史變遷過程中，馴化成一介順民，民風保守，純樸敦厚，秉性善良的個性，「民不與官鬥」成為人民心目中普遍的戒律，只保留一個人情味很濃和很有愛心的國度；

第二，獨特的海島地理環境。臺灣僅面積3.6萬平方公里，南北狹長，東西窄。地勢東高西低，山地、丘陵約占全島總面積的三分之二，周邊並無銜接鄰國領土，腹地小，為非做歹之徒行動一旦敗露，四面環海無處可躲藏或遁逃；

第三，兩岸關係存在不確定因素。隨政黨輪替成為常態後，由於中國國民黨與民主進步黨對兩岸政策不同調，在中國國民黨執政時期，兩岸關係即處於和平狀態；反之，若由民主進步黨執政，兩岸和平狀態隨即變調，處於為緊張與冷淡，這種時而和平，時而緊張的狀態與不確定因素干擾太多，亦抑制臺灣社會內部不容有任何政治動亂的事實；

第四，宗教融合。臺灣是世界上宗教活動最為融合的聖地之一，各種宗教在臺灣皆能各自發展，和平共處，並深受

宗教教義與精神的陶冶和淨化，未曾發生過不同宗教之間的衝突事件；

第五，軍人以效忠國家。效忠國家係軍人的天職，軍人以保家衛國為己任，不致有西方國家發動軍事政變的情事。回顧解嚴後臺灣的民主發展過程，唯一有可能發動軍事政變機會的莫過於1988年臺灣最後一位政治強人蔣經國總統逝世後所留下的接班問題，依據憲法第49條明定，總統缺位時，由副總統繼任，至總統任期屆滿為止。簡言之，副總統在憲法上只係備位總統，並無實權。除強人蔣經國外，當時在以黨領政的威權政體下，中國國民黨在蔣經國逝世後，實際握有中國國民黨實權正係黨秘書長李煥，至於行政權則握在行政院長俞國華手中，而軍權或兵權則握在參謀總長郝柏村手上，亦是唯一可以主導和撼動當時整個政局的關鍵人物，一場山雨欲來的權力鬥爭，最後由當時的副總統李登輝先生在手無黨、政、軍等大權下，依據憲法規定繼任為總統，以化解一場瀕臨破局的政局，這在威權政體尚未轉型為民主政體而言，是一件極為艱難的事；

第六，展現穩健的民主政治。臺灣從威權政體轉型為民主政體過程中，展現和平理性與成熟的「民主」模式，並藉由民主政治的選舉活動，歷經三度政權輪替，縱然在2000年及2004年的總統大選中發生重大政治選舉爭議，一度引起政局不安和社會秩序的混亂，政權移轉卻能夠在和平中順利轉移，而未釀成國內重大政爭，甚至發生西方國家的軍事政變等情事，讓臺灣的民主轉型在西方學者口中，被譽為係第三波民主化浪潮中新興國家民主轉型的典範；

第七，政府集會政策。政府對於社會運動的參與者所採

取寬容的治理政策的基本理念與態度。解嚴後，從政府對集會遊行處理原則的調整策略，即可看出政府始終以保障合法集會遊行，取締非法，強力執法，制裁暴力行為等作為處理集會遊行的指導方針；

第八，群眾知己知彼。人民要面對政府的公權力，一個有組織、有裝備、訓練有術的憲兵與警察，乃至軍事武裝，以「暴力抗爭」方法做為抗爭的策略與手段，自曝其短，且影響社會觀瞻，無異係以卵擊石；

第九，抗爭動機與目的單純。就目的性而言，聚眾活動的目的並非係要「顛覆政府」、「推翻政權」或「暴力革命」，只是人民單純的為維護自己的權益而向政府要公道而已！既沒理由，亦無必要，更無實力去發展「暴力抗爭」運動；

第十，警政人事變遷。戒嚴時期臺灣的政治權力，幾乎全掌握在大陸撤退來臺的外省籍人士手中，其中在社會治安上係「以軍領警」的原則，而擔任警察工作者亦以大陸撤退來臺的外省籍（時警察內部有所謂的山東幫和福建幫）及軍轉警佔大多數，真正臺灣籍人士當警察的相對少數，加上由於臺灣才脫離日本殖民的地位與心態，以及這些擔任警察的外省籍和軍轉警的，無論係在心態上與省籍情節上，對於臺灣人民並非十分友善。是以，在處理人民的「違常活動」或「請願活動」，在沒有任何族群淵源包袱下，處理作為相對較為強勢與暴力。反觀，現今擔任警察工作者可謂均係臺灣本土人士或係在臺灣出生的外省第二、三代，因為多了一層在臺灣本土的地緣關係，讓警察在處理人民的集會遊行的執法行動上，少了更多的戾氣和族群認同。

綜論臺灣的歷史發展，都是臺灣社會發展最重要的社會資本與文化資產。臺灣在上述歷經四百年多年的歷史變遷環境下，社會運動沒有發展「暴力」的條件和有發展「暴力」的必要性，作者甚至認為以臺灣獨特的地理環境，再加上政治民主，經濟自由，社會開放，文化多元，族群融和，宗教盛行，以及兩岸忽冷忽熱的不確定關係等諸多因素的匯合下，臺灣實係一個發展非暴力抗爭運動的聖地。

從西方國家的非暴力抗爭理論與實例角度言，檢視解嚴後臺灣社會運動的種種個案，臺灣從未發生過大規模的「暴力抗爭」的社會運動，絕大部分的社會運動都是在「和平理性」中進行，並無西方非暴力抗爭理論的基礎與行動。

臺灣社會運動真正以西方的非暴力抗爭的方法係從1991年才開始出現的「一〇〇行動聯盟」發起的反閱兵、廢惡法運動，其抗爭活動過程自始至終，始終以非暴抗爭方式進行，並且成功的達到政治訴求目的，可謂係臺灣第一次非暴力抗爭行動的代表作。在1991年之前根本沒有非暴力抗爭的理論、組織、策略、技術與經驗可以師法。縱然在1988年「台灣農民運動」，學者亦只是認為瀕臨「暴力邊緣論」而已，與西方國家對「暴力抗爭」的認知尚有一段差距。

第二節　臺灣社會運動案例的政治意涵

臺灣使用西方的「社會運動」概念時間上並不可考。戒嚴時期人民是類的活動政府係以「違常活動」、「聚眾活動」或「群眾運動」視之；解嚴後政府制定《動員勘亂時期集會遊行法》後，人民的集會才使用法律的名詞稱「集會

遊行」。惟隨著全球化社會運動的風潮，集會遊行這個名詞似乎只能呈現它的外貌，無法完全詮釋集會遊行的內涵，相較於西方的「社會運動」的概念，有一再研究創新的理論發展，亦有寶貴的經驗與實例可相互驗證。是以，在全球化社會運動的潮流下「社會運動」成為學術界與實務界的主流概念，在臺灣除政府官方仍使「集會遊行」這個名詞外，學術、坊間實務及媒體輿論大都使用「社會運動」這個概念，以跟上全球化社會運動的潮流，與國際接軌。

檢視解嚴後臺灣社會運動的發展過程，具有下列因素與特性：

民主鞏固。1987年政府宣布解除臺灣、澎湖、金門及馬祖地區近四十年的戒嚴，為中華民國政治史上最重大和最重要的政治變革，政治體制逐漸由威權政體轉型為民主政體。在政治轉型過程中，政治選舉活動是檢驗民主政治的落實程度的重要指標。解嚴後，臺灣社會至少歷經30場大大小小的重要政治選舉活動，包括1992年選出第二屆立法委員、1994年首次辦理臺灣省長、臺北市長及高雄市長選舉、1996年總統、副總統首次由人民直接行使選舉，乃至2014年首次辦理地方九項公職人員選舉，以及2018年第二次地方九項公職人員選舉活動等等。2000年首次開啟政權輪替的史頁，由成立僅13餘年的民主進步黨從執政逾半世紀的中國國民黨手中取得政權，2008年政權再度由中國國民黨取得，2016年中國國民黨又再度失去政權，由民主進步黨再度執政，並於2020年順利連任第十五任總統。

在歷次的政治選舉活動過程中，政黨與政黨之間，候選人與候選人之間的競爭一次比一次激烈，每次的重大政治選

舉活動，在在牽動政黨政治板塊的移動。惟無論政治選舉活動再怎麼激烈，選舉過程中卻始終維持和平理性的狀態，極少發生在選舉過程中有政黨、候選人與選舉人有衝突的局面（如有，亦限於發生在選舉結果出來後，政黨或候選人對選舉過程中有違法的爭議）；大多數情況下，在選舉結束後，或許選舉結果會暫時因政黨勢力被瓜分或重整而帶來衝擊，但社會秩序很快即恢復平靜，政權亦在和平理性中轉移，相較於其他新興國家在民主轉型過程中，動輒發生軍事政變與暴力流血事件，讓國家社會長期處於動盪不安的狀態，有些國家甚至無法適應在轉型過程中社會秩序的變動與陣痛，又回復為極權國家。臺灣成熟的民主政治運作再次獲得西方先進民主國家的高度肯定，被譽為20世紀新興民主國家中的典範[13]。而在這場民主轉型的過程中，社會運動是導致社會變遷的重要力量，成功扮演重要的推手與角色。

由下而上的社會力崛起。影響政府政治解嚴的外在環境因素，除了來自全球公民結社與社會運動的興起外，內在環境因素還是來自「由下而上」的民間社會力，蕭新煌為《廿年民主路：臺灣向前行》做總論一文中指出，戰後七十年的臺灣，前四十年的最偉大成就即是民間社會力和反對運動迫使政府做出政治解嚴，最近三十年的最巨大工程不外乎是結合社會力、政治力和經濟力打造民主制度、社會公平和經濟改革[14]。換言之，沒有這些內外在環境因素的匯集所形成的

---

[13] 塞繆爾・P・杭廷頓著（Samuel P. Huntington），劉軍寧譯，《第三波：二十世紀末的民主化浪潮》（臺北：五南圖書出版公司，民國89年），頁19-139。

[14] 蕭新煌、林敏弘、林宗宏等著，《廿年民主路：台灣向前行》。（臺北：聯經出版社，2016年），頁16。

一股改革運動風潮，想要靠政府自發性地做出對政治制度的變革與讓步是不太可能做得到，因為在任何威權體制的國家裡，沒有一個政府會主動削權讓利願意去釋放它的權力予人民的。但羅伯特・D・普特南、夏琳・R・蓋瑞特（Shaylyn Romney Garrett）著《國家──如何反彈回升》（*The Upswing: How America Came Together a Century Ago and How We Can Do It Again*）認為，作為一項社會運動，從進步主義的角度而言，無法用「由上而下」，或「由下而上」予以分類，他說，有些公民團體的設立係來自於國際性組織或全國性組織的招募或自願加入而設立；有些係因地方的倡議而成立；有些則係政府扶植設立；有些係受到其他社區組織的現象，而呈水平擴散到其他社區等等[15]，普特南這項觀察分析，在臺灣確實有許多公民團體係在這樣的背景下設立。

集會遊行法制化。根據聯合國1966年通過的《公民與政治權利國際公約》第21條規定：「和平集會之權利，應予確認。」我國亦將之國內法化的訂入各相關法規，《集會遊行法》亦配合修正對於人民得合法申請集會遊行的權利，概從集會遊行只規範室內與室外，以及部分限制範圍，個人或團體均得申請集會遊行活動，並無限制集會遊行的活動類型、屬性、規模及議題等，為集會遊行活動多樣化提供一個有利的發展環境。而司法院釋字第455號解釋及釋字第718號解釋對《集會遊行法》的部分條文做出違憲解釋，亦是促成臺灣集會遊行活動頻繁化及多樣化的原因。

形塑公民社會。受全球化公民社會結社浪潮的影響，臺

---

15 Robert D. Putnam and Shaylyn Romney Garrett合著，陳信宏譯，《國家如何反彈回升》（臺北：春山出版有限公司，2021年），頁152。

灣遵循《公民與政治權利國際公約》的結社自由，鬆綁《人民團體法》的結社限制條文，係造就臺灣公民結社蓬勃發展的主要因素，亦是讓臺灣與時俱進走向全球化公民社會的原動力。根據內政部統計資料顯示，臺灣自民國76年解嚴後至民國108年底止，社會團體歷經30年的發展，從民國76年的5794個發展至民國108年底止的57302個，成長近10倍。結社動機與目的，除出於公益或互益外，就外觀上係社員展現思想與行為的集體認同。有些民間團體成立的目的係為從事社會運動，有些民間團體則係政黨的附翼，或為組織利益與政黨結合，有些民間團體與政府係合作關係，接受政府委辦等；民間團體的蓬勃發展將臺灣形塑成一個公民社會。

　　落實政黨政治。政黨政治係民主化的現象。民國78年，由於我國尚未制定《政黨法》，政府將《非常時期人民團體組織法》修正公布《動員戡亂時期人民團體法》，才於該法中列入「政治團體」章，以做為在制定《政黨法》之前的過渡，時執政的「中國國民黨」亦在那個時候成為第一個向政府申請備案的政黨。第二個備案的是「民主進步黨」，也是第一個從中國國民黨手中贏得政權輪替的在野政黨。其後，《政黨法》才在民國106年11月10日經立法院三讀通過，同年12月6日公布施行。《政黨法》的立法係為建立政黨公平合理之良性競爭機制，確保政黨之組織及運作符合民主原則，落實廉能政治及維護強化政黨內部選舉清廉度，並推動政黨財務公開制度，以落實民主憲政發展。

　　3.5%以下的社會運動成效。美國哈佛大學政治學家埃里卡‧切諾韋思與瑪麗亞‧斯蒂芬合著《為什麼公民運動能夠取得成功：非暴力抗爭的戰略邏輯》研究發現，一場社

會運動如果超過人口3.5%的民眾參與抗議時，就能帶來重大的政治變革。若以此定律為準，則在臺灣一場社會運動要達到訴求目的，以臺灣2300萬人口數，必須有逾80萬人的參與才有可能帶來改變，若再以小學6歲學齡至70歲約2000萬人口數，亦須有70萬人參與，再以社會運動參與者較多的年齡層18歲至70歲人口約1783萬人口數計，亦須逾62萬人參與才符合3.5%定律。惟綜觀臺灣俞30年來的社會運動，唯一逾百萬人的社會運動為2004年的「228百萬人手牽手護台灣活動」[16]，大約有200萬臺灣民眾參與，是臺灣有史以來最大規模的運動。其他社會運動極少超過30萬人參與的規模，甚且佔大多數在3萬人以下，大多數只有數十人到百人到數百人譜，若至千人即算具規模之社會運動，縱係中央或地方政治選舉之政黨或候選人造勢活動，最多亦不過10至20萬人，但從社會運動的結果論，絕大部分的社會運動仍然能夠在低於3.5%的參與人數下達到一定程度或部分的訴求目的。易言之，在臺灣社會運動的案例中並沒有存在如埃里卡‧切諾韋思與瑪麗亞‧斯蒂芬所言的「3.5%定律」這件事，顯示臺灣的社會運動能讓政府退妥或讓步，乃至政府官員為政治責任下臺，以及政權輪替，雖未符合「3.5%定律」亦能達到訴求目的。此外，亦突顯雖然社會運動頻繁與多樣，惟人民對於參與社會運動的意願並非十分積極，其中有可能係社會大眾對社會運動的議題並不熱衷、認同與支持所致，以至於無法

---

[16] 228百萬人手牽手護台灣，是2004年2月28日（和平紀念日、二二八事件紀念日）舉行於臺灣西部的一場活動，大約有200萬臺灣民眾參與（主辦單位宣稱230萬，親藍媒體估計190萬），並以牽手方式排列成長約500公里的人鏈。北起基隆市和平島，南至屏東縣佳冬鄉昌隆村，是臺灣有史以來最大規模的運動。

吸引社會大眾的共同參與，即便與時俱進的環保意題、人權意義、婦女、性別、族群及貧窮等等議題，亦不例外。

　　暴力與非暴力抗爭的結合運用。作者在剖析臺灣社會運動個案中意外發現臺灣社會運動模式中存在一種特例，即暴力抗爭與非暴力抗爭混合運用的現象與事實。研究發現臺灣的社會運動，有些社會運動自始至抗爭結束始終以暴力抗爭的模式為之，有些社會運動則自始至抗爭結束始終以非暴力抗爭的模式為之。除暴力抗爭與非暴力抗爭社會運動兩種模式外，亦發生在暴力抗爭與非暴力抗爭中演化出混合運用模式的樣態。如有些社會運動伊始係以暴力抗爭的模式，惟隨著抗爭過程中的情境因素的質變，由暴力抗爭模式轉化為非暴力抗爭模式；有些社會運動伊始係以非暴力抗爭的模式，然受抗爭過程中的情境因素的質變，轉化為暴力抗爭模式。

　　有關影響社會運動抗爭方式的因素，可能來自抗爭者，亦可能係政府的警察執法過當所引起，原因十分複雜，包括：成員背景，如政黨發動或支持，或知識分子、勞工、農民或其他。動員人力多寡，活動地點與規模，群眾認知或訴求目的（特別是政治目的）攸關、政治陰謀、傳媒影響、擦槍走火、情勢升高、行為情緒失控、衍生新議題、言語暴力、蓄意挑釁、被迫性、群眾鼓噪、社會成本，政府顏面問題及形勢發展等因素。

　　茲將暴力抗爭、非暴力抗爭，以及暴力抗爭與非暴力抗爭混合模式剖析如后：

　　第一種係暴力抗爭。預謀性和意圖性，從發動、過程至結束，始終係以暴力抗爭模式，如美麗島事件、台灣農民運動、中正機場事件是；

第二種係非暴力抗爭。即自始至終以和平與理性的非暴力抗爭模式行動。如橋頭事件、鹿港居民反杜邦設廠事件、野百合學運、反閱兵、廢惡法運動、樂生療養院抗爭事件、百萬人民倒扁行動、330凱道遊行、洪仲丘事件、文林苑都市更新爭議是；

第三種係從暴力抗爭轉化為非暴力抗爭。亦即社會運動伊始採暴力抗爭方式入侵行政官署，破壞公物等，再視情勢發展需要及目的達成程度，立即轉化為非暴力抗爭方式與警察對峙，完全不給鎮暴警察採取強力鎮壓的機會與正當性。如大埔事件、占領行政事件是；

第四種抗爭方式係伊始以非暴力抗爭方式，惟在抗爭過程中，覺得非暴力抗爭方式無法有效達到目的時，改變抗爭策略，轉化為暴力抗爭。如2004年總統大選爭議，中國國民黨發動群眾於凱達格蘭大道抗爭事件、軍公教年金改革是；

第五種係從暴力抗爭轉化為非暴力抗爭後，再轉為暴力抗爭。亦即抗爭群眾藉由暴力與非暴力抗爭的交互運用，意圖阻擾或模糊鎮暴警察處理陳抗事件的策略，為自己爭取有利的空間。如占領行政事件是；

第六種伊始以非暴力抗爭行動，隨著情勢發展需要轉化為暴力抗爭（如未獲政府善意回應），俟達到部分訴求後，再順勢轉為非暴力抗爭，以贏得社會輿論與社會大眾的支持。如反核運動、太陽花學運是。

第七種係從事重覆性或長期性社會運動，而於不同時間、不同政黨執政與不同環境的社會運動，並視政治環境的變化調整社會運動的策略，包括採取暴力或非暴力抗爭，或是混合式的抗爭方式，以利於訴求目的達成。所指重覆性或

長期性社會運動係指該社會運動議題的時間數年或更長，或一次社會運動的時間長達十數日以上。如反核運動、大埔事件、太陽花學運、軍公教年金改革是。

暴力與非暴力抗爭的結果論。從諸多實證經驗得知，無論係以暴力抗或非暴力抗爭皆有不同的結果，茲剖析如下：1.有些以暴力抗爭能夠達到訴求的目的，如台灣農民運動。有些卻達不到，如中正機場事件；2.有些以非暴力抗爭達到訴求的目的，如「一〇〇行動聯盟」發起的反閱兵、廢惡法運動、野百合學運、洪仲丘事件。有些卻無，如百萬人民倒扁行動、軍公教反污名要尊嚴九三大遊行；3.有些混合模式的暴力抗爭與非暴力抗爭達到訴求的目的，如太陽花學運、大埔事件；有些則否，如軍公教反污名要尊嚴九三大遊行；4.有些重覆性或長期性而於不同時間與環境的社會運動，採取暴力或非暴力抗爭，或是混合模式的抗爭方式，能夠達到訴求的目的，如反核運動、大埔事件。有些社會運動只獲得局部訴求，如臺灣反年金改革行動（退伍軍人權益），或一無所獲，如臺灣反年金改革行動（公務員部分）。

此外，公民發起社會運動是否採取暴力或非暴力抗爭方式，往往與社會運動的背後有無政黨或是團體（如農漁民與勞工團體屬之）的組織動員，或族群屬性（如農漁民、勞工、原住民族背景），或一定的組織規模（如參與人數逾萬人以上或更多），或具吸引社群與輿論關注的議題等等攸關。畢竟欲增加社會運動目的的達成，無論係以暴力或非暴力抗爭行動方式，每個過程環節皆係經過精心策劃與精密的計算，如議題設計、組織動員、參與成員、目標達成率、可能的成本與代價、媒體輿論關注度、國際社會間有無發生類

似的運動、社會大眾反應、政府態度及警察處理原則等等，而非任意為之。易言之，社會運動如果具備上述主客觀條件，其為達到社會運動的目的，可能會選擇以暴力與非暴力抗爭方式做為行動的策略，甚至係以暴力與非暴力抗爭交互運用（此模式現階段僅限臺灣適用）。反之，如果缺乏上述全部的條件，公民在知己知彼的前提下，採取非暴力抗爭行動係唯一的選項。至於暴力與非暴力抗爭的效益如何，無法以偏概全，只能視個案而定。惟無論如何，社會運動以非暴力抗爭行動所付出的社會成本，相較於以暴力抗爭行動的社會成本和傷害為低是不爭的事實。

從西方國家非暴力抗爭的案例中發現，從西方國家的非暴力抗爭經驗中，可以獲得明確的結論。一是非暴力抗爭皆係有組織、系統、策略的集合體，且參與非暴力抗爭的人士，必須經過嚴格、專業與堅定的信念的非暴力抗爭行動訓練，並始終不渝的貫徹與執行非暴力抗爭的行動理念與策略；二是有些非暴力抗爭係歷經數十年契而不捨的努力後才達到訴求的目的；三是非暴力抗爭的過程必須講求創新的標語、符號和慎選參與者，以尋求媒體的關注和社會大眾的支持，才會有利於社會運動目的達成；四是在非暴力抗爭過程中，不保證參與者的身心不會被軍人或警察施暴與傷害，乃至換來牢獄之災，甚至可能會失去保寶的生命，迫使非暴力抗爭陷入遲緩，停滯不前，甚或信心動搖；五是只要奉行不悖，持之以恆，貫徹執行非暴力抗爭行動策略，即可審慎樂觀的臆測，無論係獨裁者或民主的政府所構築的高牆，終有被撼動與摧毀的一天。

總之，這些社會運動的成功與否，除了須配合天時、地

利與人和外，其中牽涉到極為複雜的政治、社會、經濟與人文等環境因素，不易掌握和評估，畢竟一場看似單純的社會運動，有時會隨著抗爭過程中，一起不慎擦槍走火的事件，而演變成一場複雜和不可收拾的政治事件，讓社會付出沉痛的代價與巨大的社會成本。

　　而社會運動以暴力與非暴力抗爭交互運用的方式，是否有助於社會運動目的的達成，乃至會造成政府執法上的困擾？作者認為對西方國家或極權國家而言，同一場社會運動如果係以暴力與非暴力抗爭交互運用的方式，對鎮暴警察而言，在執行鎮壓策略與認知上，一律視為暴力抗爭行動，縱抗爭者改弦易轍為非暴力抗爭方式，仍然無法改變政府將其視為係非暴力抗爭行動的事實。換言之，抗爭者將會受到鎮暴警察採取暴力鎮壓手段進行逮捕，以瓦解該社會運動的持續與影響；反之，若係在臺灣，同一場社會運動或許會奏效。易言之，鎮暴警察會因抗爭者改變其抗爭行動策略，而調整處理群眾抗爭事件的作為，這是中西在文化上的一大差異和獨特。

第三節　與社會運動理論的文獻對話

　　有關西方社會運動理論歷經逾一世紀的發展，其領域已跨越包含政治學、社會學、法律學、人類學、心理學、傳播學等領域，無論係社會運動理論或非暴力抗爭理論文獻與實例已臻成熟階段，並累積可觀的成功與失敗的案例，以提供學術個案研究與探討。

　　西德尼・塔羅所著《運動中的力量：社會運動與鬥爭

政治》認為社會運動是群眾與社會菁英、對立者和當局的不斷相互作用中以共同的目標和社會團結為基礎發動的集體挑戰。[17]而赫伯特‧布魯莫與阿佛烈德‧M‧李合著的《社會學原理》中說：「社會運動可以視為目的在建立新生活秩序的共同企圖。」卡瑪倫所著《近代社會運動》中說社會運動是實現更為高貴目標的一種手段。查爾斯‧蒂利認為社會運動認為是一種價值、統一、規模和貢獻等。安東尼‧紀登斯認為社會運動是集體運動的表現形式，目的在促使現存社會秩序的某些方面產生基本變革。馬克思‧韋伯認為社會運動是一種動態的影響力，它通常非常澈底地動搖或瓦解既有的行為模式，並激發出快速的社會變遷[18]。

莫罕達斯‧卡拉姆昌德‧甘地在其撰寫的《非暴力抵抗的誕生：南非非暴力抵抗運動史》中闡述其在南非以非暴力抗爭的成功，運用在爭取印度獨立的身上，終於1947年帶領印度脫離英國獲得獨立，影響後來包括：美國馬丁‧路德‧金恩、南非納爾遜‧羅利拉拉‧曼德拉、西藏達賴十四世、緬甸翁山蘇姬等人對爭取民主與人權的社會運動的模式，乃至影響20世紀八〇年代的蘇東獨立運動，以及引領現今全球非暴力抗爭的風潮。

從臺灣社會運動的案例分析發現，臺灣的社會運動範式基本上離不開歐美社會運動的理論框架，包括「集體行為論」、「資源動員論」、「政治過程論」、「新社會運動論」、「集體認同論」，以及「非暴力抗爭理論」等。在臺

---

[17] Sidney Tarrow著，吳慶宏譯，《運動中的力量：社會運動與鬥爭政治》（南京：譯林出版社，2005年），頁6。

[18] 安東尼‧紀登斯（Anthony Giddens）著，郭忠華譯，《社會學：批判的導論》（上海：上海譯文出版社，2013年），頁66-67。

灣的社會運動過程中，都可以見識到西方社會運動理論的影子與手法，主要原因係歐美社會運動理論的發展超過一個世紀，其思想邏輯與脈絡已臻成熟，亦經過實證的不斷檢驗與創新，成為現今歐美社會運動的主要模式。解嚴後，臺灣在追求民主的道路上，深受西化國家的影響，除民主政治外，在全球化公民結社運動及社會運動的風潮引領下，在資訊科技日新月異、網際網路的崛起、普及與媒體訊息的快速傳播下，與國際接軌速度加快，臺灣社會運動的發展有歐美社會運動發展的範式，也就不足為奇。

作者認為臺灣社會運動發展範式與歐美國家社會運動的理論與範式共通性包括：1.臺灣與歐美國家社會運動的發展伊始亦係領導者或團體藉「集體行為」的行動以壯大聲勢和增加影響力，以爭取對政府訴求目的的重視、籌碼、妥協與讓步；2.大部分的社會運動領導者或團體在發起社會運動時，皆認知「資源動員」的規模結果，對目的的達成具有關鍵性的影響；3.社會運動係一種「政治過程」，對政黨、團體或政客而言，係爭取「政治參與」的機會選項；4.舉凡西方發生的新社會運動議題，在臺灣亦會有相似的社會運動議題發酵，乃至藉由網際網路同步呼應；5.西方的非暴力抗爭方法，提供臺灣社會運動的新行動思維，且方興未艾，成為非暴力社會運動的範式；6.人民透過社會運動的參與過程，凝聚與結合成一股集體認同的意識形態，為社會運動帶來量與能的行動力量，有利社會運動的發展與目的的達成；7.社群網路結合社會運動提供和助長社會運動力量的擴散和影響力的加乘，給執政者或企業主帶來巨大的壓力；8.人民藉由一次次社會運動的成功與失敗經驗，已建構出審議民主的模

式，且頻繁使用；9.社會運動的常態與頻繁已成為臺灣社會文化的特徵與生活的一部分。西方民主化過程都伴隨一些低度的暴力[19]。

從臺灣的民主化過程與西方國家相較，雖然社會運動頻繁而多樣，卻顯得溫和與理性。與西方民主化下的社會運動有下列差異性。1.解嚴後臺灣的社會運動未曾發生過歐美國家或新興民主國家的「政治暴力」事件，乃至革命運動；2.臺灣的歷史變遷和島嶼型的地理環境，與歐美大陸不同，社會運動除採取以「非暴力抗爭」方法外，沒有必要，亦不應嘗試也不可能發展「暴力抗爭」模式；3.臺灣的暴力抗爭規模相對低度、輕微和短暫，且均在政府可控制與掌握的範圍內，不致造成失控局面；西方的暴力抗爭縱屬低度的暴力，亦在政府可控制的範圍內，惟嚴重時，常係持續性而有一發不可收拾的局勢，最嚴重時乃至推翻政權；4.東、西國情與文化的差異，亦讓臺灣的社會運動相對保守和理性，與西方的社會運動的激情、形態與目的性顯著不同；5.臺灣的非暴力抗爭理論方法雖源自西方國家，惟臺灣對非暴力抗爭的教育訓練方法係從思想、信仰紮根，使其轉化為行動力量。美國係重視運動過程的紀律與秩序的維護。兩者出發點不同，臺灣在非暴力抗爭的表現甚至超越西方國家，特別是美國，並形成臺灣的一種文化特徵；6.儒家仁愛思想和宗教教化人心向善的本質，潛移默化和化解了人們的戾氣；7.西方的非暴力抗爭，領導者或參與群眾往往陷於被政府或反對者的暴力對待；臺灣的社會運動無論係暴力抗爭或非暴力抗

---

[19] 塞繆爾·P·杭廷頓著（Samuel P. Huntington），劉軍寧譯，《第三波：二十世紀末的民主化浪潮》（臺北：五南圖書出版公司，民國89年），頁201。

爭，領導者或參與群眾，縱遭致政府的暴力鎮壓或反對者的對抗，其暴力或對抗程度，相對西方國家明顯低度與輕微，係臺灣社會運動獨特的文化與絕佳的策略運用模式。符合特里·伊格爾頓（Terry Eagleton）對文化的定義：一是大量的藝術性作品與知識性作品；二是一個精神與智力發展的過程；三是人們賴以生存的價值觀、習性、信仰及象徵實踐；四是一套完整的生活方式[20]。

　　社會運動係社會資本。羅伯特·D·普特南在觀察美國民主社會中認為：民主政治在一個公眾已養成了民主行為並願意參加社會、文化、公民團體的國家中的生命力更旺盛。此種社會團體與參與的程度，意味著某一社會所擁有社會資本的程度。當數量眾多的協會和社會組織把人民連結在一起時，民主的社會資本就產生了。它能夠「為公民提供行使民主所需要的社會資源和公民培訓」[21]。法蘭西斯·福山（Francis Fukuyama）認為：社會資本可以定義為一個群體之成員共有的一套非正式的、允許他們之間進行合作的價值觀或推測。如果該群體的成員開始期望其他成員的舉止行為將是正當可靠的，他們就會相互信，使群體或組織的運轉變得有效率[22]。林南（Nan Lin）認為「社會資本」（Social Capital）是一個概念，它被定義為嵌入在社會關係網絡中的

---

[20]　特里·伊格爾頓（Terry Eagleton）著，張舒語譯，《論文化》（北京：中信出版集團，2018年），頁1。

[21]　詹姆斯·麥格雷特·伯恩斯（James MacGregor Burns）等著，吳愛明、李亞梅等譯，《民治政府──美國政府與政治》（北京：中國人民大學出版社，2007年），頁15-16。

[22]　法蘭西斯·福山（Francis Fukuyama）著，劉榜離等譯，《大分裂──人類本性與社會秩序的重建》（北京：中國社會科學出版社，2002年），頁18。

資源[23]。

　　臺灣的社會運動成功扮演推動政治民主的向上力量，人民的維權意識高漲，隨著科技日新月異的創新發展，網際網路的普及化和功能的強大，網路運用已成為社會運動行動策略趨勢，非暴力抗爭運動已經成為庶民爭取權利的力量、工具與行動方式；社會運動的常態化與多樣化發展，使社會運動成為臺灣社會資本與文化資產的一部分，更是推進了臺灣政治、經濟與社會再進化，這股社會力正是臺灣從威權政體轉型為民主政體的巨大力量，以及民主再進化與民主鞏固成功的核心價值與關鍵元素。

　　總結，基於臺灣的地理環境－海島、民主政治、政府對集會結社的治理政策、虔誠的宗教信仰、儒家的仁愛思想、資訊科技的普及、群眾認知，以及岸關係的不確定性等等因素，臺灣可謂係一個極適合發展非暴力抗爭運動的聖地。

　　從1977年至2019年臺灣社會運動的轉型與發展中，頻繁、多樣與非暴力抗爭的社會運動在臺灣各個角落遍地開花的事實。值得一提的是愈來愈多的社運領袖菁英、抗爭團體與群眾瞭解非暴力抗爭所能發揮力量與影響力大於暴力抗的事實與經驗，且亦熟悉社會運動若藉由暴力抗爭與非暴力抗爭的結合，會收到意想不到的抗爭效果，有利於抗爭目的達成。更重要的是臺灣頻繁、多樣與非暴力抗的社會運動，不啻與國際接軌，臺灣在社會運動所展現的理性、溫和與和平，相對於西方的暴力抗爭，乃至暴力革命的規模與暴力程度，臺灣的社會運動反而係扮演推進成熟穩健的民主政治、活絡

---

[23] 林南（Nan Lin）著，張磊譯，《社會資本》（北京：社會科學文獻出版社，2020年），頁18。

多邊發展的自由經濟與開放多元社會的推進器,讓國際社會有目共睹,是臺灣繼創造經濟奇蹟之後,再創政治、經濟與社會奇蹟的總體現。相信臺灣在接受非暴力抗爭理念的洗禮後,可以預見會有愈來愈多的社會運動人士採取非暴力抗爭的方式去維護自己的權益,乃至為社會與國家帶來改變。

誌謝辭

唐代黃檗禪師「上堂開示頌」《宛陵錄》：「塵勞迴脫事非常，緊把繩頭做一場。不是一番寒徹骨，爭得梅花撲鼻香。」

《非暴力抗爭：1977-2019臺灣社會運動》係個人繼《民主推進器──兩岸三地的公民社會》第一部曲之後，再次出版的第二部曲。本書得以付梓，最要衷心感謝的是指導教授歐陽新宜博士，在個人撰寫博士論文過程中無私的指導、啟發和協助，傳授彌足珍貴的觀念和經驗，讓愚鈍的我得以順利完成博士論文，才有後續本書的出臺。

其次，也要感謝在個人攻讀博士學位期間，中國文化大學社會科學院趙院長建民（亦是國家發展與中國大陸研究所所長）為提升本所的學術研究水平及同學所做的一切努力。此外，包括曹教授俊漢、龐教授建國、李教授炳南、謝教授立功、林副教授忠山等，在學術研究領域上諄諄教誨和循循善誘的啟迪與激發，讓個人有一個知識學習之旅和學術研究之樂。

另外，也要感謝政治大學社會科學院江院長明修、政治大學地政學系徐教授世榮、臺灣大學社會學系何教授明修、逢甲大學于教授躍門、中央警察大學警政管理學院朱院長金池等師長之不棄，在個人撰寫博士論文過程中，於其忙碌的

教學中撥冗接見個人指點迷津，突破思維上的框架，提升論文學術品質，藉此機會一併致謝。

更要特別感謝在百忙中撥冗接受個人訪談的臺灣社會運動領袖菁英，也是臺灣倡議和實踐非暴力抗爭的前立法委員簡錫堦老師，以及翻譯美國非暴力抗爭理論大師吉恩・夏普多本非暴力抗爭專書的臺灣大學蔡教授丁貴，對臺灣社會運動的非暴力抗爭提供精闢和關鍵的觀點，讓作者瞭解非暴力抗爭的真理與實踐。同時，也要感謝服務於內政部警政署統計室的欣容、立法院國會圖書館的慧姍及臺北市政府警察局統計室的麗君等友人，在集會遊行和文獻資料蒐集方面提供必要的協助，補足論文上的缺口。

最後，要感謝一路相挺的家人，包括影響個人一生至鉅，生我、養我與育我，在高齡97歲時離開我的母親，因為有母親始終如一的支持與鼓勵，讓個人無論是在家庭與事業之間，多了一股強大的精神力量。繼獲得博士學位之後，賡續完成本書之出臺，終於可告慰母親在天之靈。也要感謝在個人從幼小至成長過程中影響個人品格發展和陪我一起成長的至情至性的大哥道和二哥佳積默默的支持，這股無形而持續力量，未曾歇息離開片刻！

走筆至此，感謝母親、兄長、恩師和益友之後，不得不提影響個人人生的中場和下半場的賢內助素慧，勤儉持家，相夫教子，犧牲奉獻，無怨無悔，讓個人無後顧之憂，得以在工作上戮力從公，在學術研究上得以專注投入，完成博士學位與撰寫著作。除內人外，一對子女昭宇和麗宇，以及媳婦詩方、兩個活潑乖巧的孫子旌和與宥彰，總在我晝夜伏案撰寫本書在過程中，遇思緒打結之際，適時解壓及給予歡

樂，讓我跳脫框框，沉澱後再出發，最後，終如願以償，於公職生涯任內，完成「公民社會」與「非暴力抗爭」一、二部曲，這一切背後的動力，均歸功於母親、兄長、恩師、益友和家人的襄助與成全！

本書是個人與秀威合作的第三本書，承蒙秀威在COVID-19疫情期間，願意免費出版本書，謹致十二萬分謝忱，希望藉由本書的付梓，能為臺灣的非暴力抗社會運動帶來啟發與反思！

蘇佳善

2021年12月於臺北

參考文獻

一、中文著作

丁仁方，2007/6。〈公民社會與民主政治的相互建構——日本與台灣近年組織性公民社會發展之比較〉，《臺灣民主季刊》，第4卷第2期，頁1-31。

中央選舉委員會。《中央選舉委員會選舉資料庫》，〈http://db.cec.gov.tw/〉。

大陸委員會〈https://www.mac.gov.tw/〉。

內政部，〈https://www.moi.gov.tw/files/site_stuff/321/2/year/year.html〉。

公民權利及政治權利國際公約〈https://zh.wikipedia.org/wiki/〉

太陽花學運，〈https://zh.wikipedia.org/wiki/%E5%A4%AA%E9%99%BD%E8%8A%B1%E5%AD%B8%E9%81%8B〉。

文化部國家文化資料庫，〈http://nrch.culture.tw/twpedia.aspx?id=100351〉。

方嵐亭等，2017。《感恩、執著、臺灣建國路——林哲夫》。臺北：臺灣基督教長老教會。

王甫昌，1996/7。〈台灣反對運動的共識動員：1979至1989年兩次挑戰高峰的比較〉，《台灣政治學刊》，第1卷第1期，頁129-209。

王金壽，2014/6。〈台灣環境運動的法律動員：從三件環境相關判決談起〉，《台灣政治學刊》，第18卷第1期，頁1-72。

王金壽、江以文、杜文苓，何明修、林秀幸，2011。《社會運動的年代：晚近二十年來的台灣行動主義》。臺北：群學出版有限公司。

王振寰，1989/7。〈台灣的政治轉型與反對運動〉，《台灣社會研究季刊》，第2卷1期，頁71-116。

王振寰、方孝鼎，1992/11。〈國家機器、勞工政策與勞工運動〉，《台灣社會研究季刊》，第13期，頁1-29。

王康陸，2001。《非暴力的方法與實例》。臺北：前衛出版社。

王鴻志，2014/7。〈當前臺灣新社會運動的現狀、背景及影響探析〉，《中國評論月刊》，第199期。〈http://www.CRNTT.com〉。

王鴻國，2007/3/10。〈協和工商爆學生解除髮禁抗爭教育局關切〉，《中央社》，〈https://www.cna.com.tw/〉。

世界人權宣言〈https://zh.wikipedia.org/wiki/〉

台灣農村陣線編製2013年8月，〈http://www.taiwanruralfront.org/〉。

司法院全球資訊網，〈https://www.judicial.gov.tw/〉。

司法院釋字第185號解釋。司法院全球資訊網，〈https://www.judicial.gov.tw/constitutionalcourt/p03_01.asp?expno=185〉。

司法院釋字第445號解釋。司法院全球資訊網，〈https://www.judicial.gov.tw/constitutionalcourt/p03_01.asp?expno=445〉。

司法院釋字第644號解釋。司法院全球資訊網，〈https://www.judicial.gov.tw/constitutionalcourt/p03_01.asp?expno=644〉。

司法院釋字第718號解釋。司法院全球資訊網，〈https://www.judicial.gov.tw/constitutionalcourt/p03_01.asp?expno=718〉。

立法院全球資訊網，〈https://www.ly.gov.tw/Pages/Detail.aspx?nodeid=4830&pid=7346〉。

朱金池，2016。《聚眾活動處理的政策管理》。臺北：獨立出版社。

朱金池、蔡庭榕等人合著，2015。《群眾活動處理學》。臺北：中央警察大學印行。

朱偉誠，1998/6。〈台灣同志運動的後殖民思考：論「現身」問題〉，《台灣社會研究季刊》，第30期，頁35-62。

江蓋世，2001。《非暴力的理論與實踐》。臺北：前衛出版社。

自由之家，〈https://freedomhouse.org/report/freedom-world/2018/taiwan〉。

行政院全球資訊網，〈https://www.ey.gov.tw/index.aspx〉。

行銷人雜誌，〈https://www.marketersgo.com/2018/04/15/2017-social-media-analysis-report/〉。

何明修，2001/12。〈台灣環境運動的開端：專家學者、黨外、草根（1980-1986）〉，《臺灣社會學刊》，第2期，頁97-162。

何明修，2001/6/21。〈社會運動的制度化：以臺灣的環境運動為例（1993-1999）〉「組織、認同與運動者：臺灣社會運動研究」研討會。臺北：中央研究院社會科學研究所。頁1-45。

何明修，2002/12。〈為何民進黨政府的廢核政策失敗？社會動員、改革機會與政治策略的分析〉，《台灣政治學刊》，第6卷第1期，頁86-137。

何明修，2003/12。〈工廠內的階級團結：連結石化工人的工作現場與集體行動〉，《臺灣社會學刊》，第6卷，頁1-59。

何明修，2003/12。〈工廠內的階級團結：連結石化工人的工作現場與集體行動〉，《臺灣社會學刊》，第6期，頁1-59。

何明修，2003/6。〈自主與依賴：比較反核四運動與反美濃水庫運動中的政治交換模式〉，《臺灣社會學刊》，第30期，頁1-49。

何明修，2003/6。〈政治民主化與環境運動的制度化（1993-1999）〉，《台灣社會研究季刊》，第50期，頁217-275。

何明修，2007/6。〈公民社會的限制——台灣環境政治中的結社藝術〉，《臺灣民主季刊》，第4期第2卷，頁33-65。

何明修，2010/3。〈誰的家園、哪一種願景？——發展主義陰影下的社區運動〉，《臺灣民主季刊》，第7期第1卷，頁1-30。

何明修，2013/10。〈公民運動與公民不服從：兩條晚近臺灣社會運動的路線〉，《新社會政策雙月刊》，第30期，頁19-22。

何明修，2014。〈香港民主運動的臺灣觀察〉。臺北：天下雜誌獨立評論。〈https://opinion.cw.com.tw/〉。

何明修，2017。《社會運動概論》。臺北：三民書局。

何增科，2007。《公民社會與民主治理》。北京：中央編譯出版社。

余靖瑩，2018/11/6。〈漁業三法至今開罰逾1.2億討海人泣訴抗議〉，《聯合報》，〈https://udn.com/news/story/7314/3463725〉。

吳柏軒，2018/8/2。〈抗議中興大學漲學費學生赴監察院陳情〉，《自由時報》，〈http://news.ltn.com.tw/news/life/breakingnews/2506948〉。

宋學文、黎寶文，2006/9。〈台灣客家運動之政策分析〉，《人文及社會科學集刊》，第18期第3卷，頁501-540。

李丁讚、林文源，2003/12。〈社會力的轉化：台灣環保抗爭的組織技術〉，《台灣社會研究季刊》，第52期，頁57-119。

李方，1997。《非暴力鬥爭》。臺北：揚智文化公司。

李立峯，2016/1。〈網絡媒體和連結型行動的力量與挑戰：以2014香港雨傘運動為例〉，《傳播研究與實踐》，第6卷第1期，頁11-44。

李明穎，2012/7。〈網路潛水者的公民參與實踐之探索：以「野草莓運動」為例〉，《新聞學研究》，第112期，頁77-116。

李建正、邱明斌，2011/6。〈演化賽局在生態保育運動之應用——以湖山水庫興建為例〉，《政治學報》，第51期，頁105-142。

李淑珍，2011/6。〈自由主義、新儒家與一九五〇年代臺灣自由民主運動：從徐復觀的視角出發〉，《思與言》，第49卷第2期，頁9-90。

李翰林，2008/12。〈民間聯盟參與1410億治水預算審查——政治機會結構的觀點〉，《臺灣民主季刊》，第5卷第4期，頁87-128。

杜文苓、彭渰雯，2008/3。〈社運團體的體制內參與及影響——以環評會與婦權會為例〉，《臺灣民主季刊》，第5卷第1期，頁119-148。

官政哲，2013。《群眾安全——群眾是不可忽視的偉大力量！》。臺北：正典出版文化有限公司。

林如森，2006/12。〈社會運動過程中的認同、共識動員與傳播策略〉，《台灣社會研究季刊》，第64期，頁151-218。

林佳龍，1989/7。〈威權侍從政體下的臺灣反對運動——民進黨社會基礎的政治解釋〉，《台灣社會研究季刊》，第2卷第1期，頁117-143。

林恕暉，2005/5/2。〈營養午餐採購評委家長抗議被排除〉，《自由時報》，〈http://news.ltn.com.tw/news/local/paper/300229〉。

林義雄，1991。《心的錘鍊：淺談非武力抗爭》。臺北：前衛出版社。

林葉，2003/7/24。〈基地台問題鬧不休〉，《蘋果日報》，〈https://tw.appledaily.com/lifestyle/daily/20030724/20212150/〉。

林靜伶，2014/12。〈網路時代社運行動者的界定與語藝選擇〉，《中華傳播學刊》，第26期，頁3-33。

林鶴玲、鄭陸霖，2001/6。〈台灣社會運動網路經驗：一個探索性的分析〉，《臺灣社會學刊》，第25期，頁111-156。

范雲，2003/6。〈政治轉型過程中的婦女運動：以運動者及其生命傳記背景為核心的分析取向〉，《臺灣社會學》，第5期，頁133-193。

唐娟，2006。《政府治理論》。北京：中國社會科學出版社。

夏林清，1990/10。〈一個自主工會抗爭歷程的實例調查報告——結構性衝突與個人學習〉，《台灣社會研究季刊》，第2卷第2期，頁127-155。

夏林清、鄭村棋，1992/11。〈站上罷工第一線——由行動主體的角度看1989年遠化5月罷工抗爭的發生及影響〉，《台灣社會研究季刊》，第13期，頁63-108。

夏曉鵑，2006/3。〈新移民運動的形成——差異政治、主體化與社會性運動〉，《台灣社會研究季刊》，第61期，頁1-71。

夏鑄九等，2002/6。〈朝向市民城市——台北大理街社區運動〉，《台灣社會研究季刊》，第46期，頁141-172。

徐世榮，1995/2。〈環保抗爭運動中所扮演的角色——以後勁反五輕抗爭為例〉，《台灣社會研究季刊》，第18期，頁125-152。

徐正光、宋文里，1989。《台灣新興社會運動》。臺北：巨流圖書公司印行。

翁翠萍，2007/9/9。〈外籍配偶走上街頭抗議歸化財力證明〉，《大紀元》，〈https://www.epochtimes.com.tw/〉。

財團法人八卦寮文教基金會編著，2019。《大時代的故事：臺灣第一位黨外縣長余登發》。臺灣本舖：前衛出版社。

張以忠，2013。《台灣非暴力抗爭的歷史考察》。臺灣新竹：國立清華大學社會學研究所碩士論文。

張洪順，2015。《西方新社會運動》。北京：中國社會科學出版社。

張禹宣，2018/6/4。〈香蕉價跌！政院扯「給豬吃」農民怒上街頭〉，《中天新聞》，〈https://tube.chinatimes.com/20180604004180-261416〉。

張維容，2014。《我國規範集會遊行活動之法政策研究——以1988年至2013年集會遊法為例》。臺北：中央警察大學警察政策研究所博士論文。

莊雅仲，2002/9。〈集體行動、社會福利與文化認同〉，《台灣社會研究季刊》，第47期，頁249-277。

莊雅仲，2013。《民主台灣：後威權時代的社會運動與文化政治》。香港：中文大學出版社。

許敏溶，2005/6/12。〈流浪教師今上街頭陳情〉，《自由時報》，〈http://news.ltn.com.tw/news/life/paper/21669〉。

許麗珍，2018/9/14。〈不滿《空汙法》修法全國老車自救會抬棺高喊「反對強制淘汰」〉，《蘋果日報》，〈https://tw.appledaily.com/new/realtime/20180914/1429809/〉。

郭良文，2010/6。〈蘭嶼的另類媒體與發聲：以核廢料與國家公園反對運動為例〉，《中華傳播學刊》，第17期，頁43-74。

陳弘毅，民國90/11/28-29。〈市民社會的理念與中國的未來〉，「公

民與國家」學術研討會。臺北：中央研究院中山人文社會科學研究所，頁14-34。

陳竹上，2010/3。〈他們在自己的土地上無家可歸？從「反亞泥還我土地運動」檢視台灣原住民保留地政策的虛實〉，《台灣社會研究季刊》，第77期，頁97-134。

陳信行，2005/12。〈全球化時代的國家、市民社會與跨國階級政治——從台灣支援中美洲工人運動的兩個案例談起〉，《台灣社會研究季刊》，第60期，頁35-110。

陳素秋，2014/12。〈邊緣公民的公民主體建構：臺灣妓權運動中性工作者的公民操演〉，《台灣社會研究季刊》，第93期，頁87-129。

陳婉琪、張恒豪、黃樹仁，2016/12。〈網絡社會運動時代的來臨？太陽花運動參與者的人際連帶與社群媒體因素初探〉，《人文及社會科學集刊》，第28卷第4期，頁471。

陳清河，2004/9。〈還原媒體的時代形貌——臺灣地下電台運動史流變的再論述〉，《臺灣民主季刊》，第1卷第3期，頁165-201。

陳韻如、沈幼蓀、陳雅蓁，2011/6。〈街頭抗爭的暴力邏輯〉，《臺灣社會學刊》，第46期，頁167-205。

曾華璧，2006/6。〈環境思想與政治：1990年代南瀛地區保育運動的初步察考〉，《思與言》，第44卷第2期，頁89-131。

湯京平、呂季蓉，2006/12〈全球保育運動與地方派系：鰲鼓濕地開發案的政治經濟分析〉，《政治學報》，第42期：頁1-35。

湯京平、邱崇原，2007/3〈多元民主、政治吸納與政策回應：從台鹼汙染案檢視臺灣環保公益團體的政策角色〉，《人文及社會科學集刊》，第19卷第1期，頁93-127。

湯京平、陳冠吾，2013/6。〈民主化、派系政治與公民社會——以嘉義縣的社區營造與「終結派系」為例〉，《臺灣民主季刊》，第10卷第2期，頁105-137。

馮仕政，2013。《西方社會運動理論研究》。北京：中國人民大學出版社。

黃煌雄著，2021。《兩個太陽的臺灣：臺灣文化政治與社會運動的狂飆年代》。臺北：時報出版。

黃應貴，1991/12。〈東埔社布農人的新宗教運動——兼論當前台灣社會運動的研究〉，《台灣社會研究季刊》，第3卷第2&3期，頁1-31。

新頭殼newtalk，〈拆政府行動登場農陣發非暴力抗爭手冊〉，2013年8月18日林良齊，臺北報導〈https://newtalk.tw/news/view/〉。

楊悅，2014。《美國社會運動的政治過程》。北京：社會科學文獻出版社。

楊祖珺，2007/9。〈我用身體寫政治：2004年320到520抗爭事件〉，《臺灣社會季刊》，第67期，頁39-104。

楊綿傑，2017/10/28。〈同志大遊行人數破紀錄12.3萬人齊聚凱道〉，《自由時報》，〈http://news.ltn.com.tw/news/life/breakingnews/2236511〉。

靳菱菱，2010/6。〈族群認同的建構與挑戰：臺灣原住民族正名運動的反思〉，《思與言》，第48卷第2期，頁119-157。

趙中麒，2004/12。〈民族想像與／或民族復振：太魯閣（族）分離／正名運動的意義與困境〉，《思與言》，第42卷第4期，頁161-200。

趙剛，1996/11。〈工運與民主——對遠化工會組織過程的反思〉，《台灣社會研究季刊》，第24期，頁1-39。

趙雅麗，2001/7。〈民進黨社會運動的「語藝」批評〉，《新聞學研究》，第68期，頁151-192。

趙鼎新，2007。《社會運動和革命：理論更新與中國經驗》。臺北：巨流圖書公司印行。

趙鼎新，2017。《合法性的政治：當代中國的國家與社會關係》臺北：國立臺灣大學出版中心。

劉禹慶，2017/4/12。〈澎湖風力發電抗爭愈演愈烈百餘龍門菓葉村民縣府陳情〉，《自由時報》，〈http://news.ltn.com.tw/news/life/breakingnews/2033860〉。

劉華真，2008/12。〈重新思考「運動軌跡」：台灣、南韓的勞工與環境運動〉，《臺灣社會學》，第16期，頁1-47。

劉華真，2010/3。〈台灣一九七〇年代的勞動抗爭初探〉，《臺灣民主季刊》，第7卷第1期，頁31-63。

劉華真，2011/6。〈消失的農漁民：重探台灣早期環境抗爭〉，《臺灣社會學》，第21期，頁1-49。

劉嘉薇，2014/12。〈民眾政黨認同、媒介選擇與紅衫軍政治運動參與〉，《政治學報》，第58期，頁101-126。

劉榮輝、陳奉秦、楊惠琪，2010/3/19。〈台南女中千人脫褲抗議校禁短褲〉，《蘋果日報》，〈https://tw.appledaily.com/headline/daily/20100319/32372443/〉。

蔡佳泓，2008/6。〈反貪倒扁運動的支持度之多層次貝式定理分析〉，《政治學報》，第45期，頁67-93。

鄭陸霖、林鶴玲，2001/12。〈社運在網際網路上的展現：台灣社會運動網站的聯網分析〉，《臺灣社會學》，第2期，頁55-96。

鄭煒、袁瑋熙，2018。《社運年代：香港抗爭政治的軌跡》。香港：中文大學出版社。

蕭玗欣，2018/7/5。〈批空汙法修惡500輛老舊貨車環保署熄火抗議〉，《自由時報》，〈http://news.ltn.com.tw/news/life/breakingnews/2488772〉。

蕭新煌，1991/3。〈一九八〇年代末期臺灣的農民運動：事實與解釋〉，《中央研究院民族學研究所集刊》，第70期，頁67-93。

蕭新煌、林國明，2000。《台灣的社會福利運動》。臺北：巨流圖書公司印行。

蕭新煌，2004/3。〈臺灣的非政府組織、民主轉型與民主治理〉，《臺灣民主季刊》，第1卷第1期，頁65-84。

蕭新煌，2010。《台灣社會運動再出發》。臺北：巨流圖書公司印行。

蕭新煌、林敏弘、林宗宏，2016。《廿年民主路：臺灣向前行》。臺北：聯經出版社。

蕭新煌與瞿海源主編，1984。《社會學理論與方法研討會論文集》。臺北；中央研究院民族學研究所。頁104-122。

蕭遠，2011/9。〈網際網路如何影響社會運動中的動員結構與組織型態？——以台北野草莓學運為個案研究〉，《臺灣民主季刊》，第8卷第3期，頁45-85。

瞿海源、顧忠華與錢永祥主編，2002。《法治、人權與公民社會》。臺北：桂冠圖書股份有限公司。

簡佳欣，1998/6。〈九〇年代台灣女同志的認同建構與運動集結：在刊物網絡上形成的女同志新社群〉，《台灣社會研究季刊》，第30期，頁63-115。

簡銘柱，2013/6/15。〈抗議血汗警察警眷上街反過勞〉，《蘋果日報》，〈https://tw.news.appledaily.com/life/realtime/20130615/21137

6/%E6%8A%97%E8%AD%B0%E8%A1%80%E6%B1%97%E8%AD%A6%
E5%AF%9F%E3%80%80%E8%AD%A6%E7%9C%B7%E4%B8%8A%E8%
A1%97%E5%8F%8D%E9%81%8E%E5%8B%9E〉。

簡錫楷，2015。《弱者的力量：臺灣反併吞的和平想像》。臺北：我
　　們出版社。

聶錦芳，2012。《批判與建構：德意志意識形態文本學研究》北京：
　　人民出版社。

蘇佳善，2014。《民主推進器——兩岸三地的公民社會》。臺北：秀
　　威出版社。

蘇瑞鏘，105/6。〈解除言論自由的枷鎖「100行動聯盟」廢除「刑法
　　第100條」的抗爭〉，《檔案半年刊》，第15卷，第1期，頁21。

顧忠華，2005。《解讀社會力》。臺北：左岸文化出版。

二、譯著

大衛・格雷伯（David Graeber）著，湯淑君、李尚遠、陳雅馨等譯，
　　2014。《為什麼上街的歷史、危機和進程》。臺北：商周出版。

瓦茨拉夫・哈維爾（Vaclav Havel）著，崔衛平等譯，2003。《無權力
　　者的權力》。臺北：左岸文化出版社。

瓦茨拉夫・哈維爾（Vaclav Havel）著，羅永生譯，2021。《無權力者
　　的權力》。香港：蜂鳥出版有限公司。

卡瑪倫（Wm. Bruce Cameron）著，孟祥森譯，民國67。《近代社會運
　　動》。臺北：牧童出版社。

尼爾・弗格森（Niall Ferguson）著，盧靜、廖珮杏與劉維人合譯，
　　2021。《末日：致命瘟疫、核災、戰爭與經濟崩盤，災難對人類
　　社會的啟示》。臺北：廣場出版。

安東尼・紀登斯（Anthony Giddens）著，李康譯，2009。《社會
　　學》。北京：北京大學出版社。

安東尼・紀登斯（Anthony Giddens）著，郭忠華譯，2013。《社會
　　學：批判的導論》。上海：上海譯文出版社。

安東尼奧・葛蘭西（Antonio Gramsci）著，葆煦譯，1983。《獄中札
　　記》。北京：人民出版社。

托德・哈薩克—洛威（Todd Hasak-Lowy）著，劉名揚譯，2020。《非暴力抗爭：修復支離破碎的世界，這是唯一的方式！》。臺北：本事出版。

何俊志、任軍鋒與朱德米編譯，2007。《新制度主義政治學譯文精選》。天津：天津人民出版社。

彼得・艾克曼和傑克・杜瓦（Peter Ackerman & Jack Duvall）著，陳信宏譯，2003。《非暴力抗爭：一種更強大的力量》。臺北：究竟出版公司。

拉塞爾・哈丁（Russell Hardin）著，劉春榮、湯艷文譯，2013。《群體衝突的邏輯》。上海：上海人民出版社。

法蘭西斯・福山（Francis Fukuyama）著，劉榜離等譯，2002。《大分裂——人類本性與社會秩序的重建》。北京：中國社會科學出版社。

哈拉瑞（Yuval Noah Harari）著，林俊宏譯，2018。《21世紀的21堂課》。臺北：遠見天下文化出版股份有限公司。

威廉・道布森（William J. Dobson）著，謝惟敏譯，2017。《獨裁者的進化：收編、分化、假民主》。臺北：左岸文化事業有限公司。

查爾斯・泰勒（Charles Taylor）著，蔣馥朵譯，2018。《當代社會中的理性》。臺北：聯經出版社。

柯立安・斯考森著（W.Cleon Skousen），潘勛譯，2019。《赤裸裸的共產黨：共產主義如何危害自由世界》。臺北：八旗文化。

約瑟夫・奈（Joseph S. Nye Jr）著，王吉美譯，2015。《論權力》。北京：中信出版社。

約瑟夫・阿洛伊斯・熊彼特（Joseph Alois Schumpete）著，吳良健譯，2003。《資本主義、社會主義與民主》。臺北：左岸文化出版社。

島治郎著，林詠純譯，2018。《民粹時代：是邪惡的存在，還是改革的希望？》。臺北：先覺出版社。

特里・伊格爾頓（Terry Eagleton）著，張舒語譯，2018。《論文化》。北京：中信出版集團。

馬克・恩格勒和保羅・恩格勒（Mark Engler & Paul Engier）合著，鍾宏安譯，2021。《革命時代：公民抗爭如何改寫21世紀》。臺北：秀威資訊。

茱蒂斯・巴特勒（Judith Butler）著，蕭永群譯，2020。《非暴力的力量：政治場域中的倫理》。臺北：商周出版。

寇謐將著，李明、陳雅馨、劉燕玉等譯，2012。《黑色島嶼：一個外籍資深記者對臺灣公民運動的調查性報導》。臺北：商周出版。

曼威・柯司特（Manuel Castells）著，夏鑄九、黃麗玲等譯，2000。「資訊時代：經濟、社會與文化第一卷」，《網絡社會之崛起》。臺北：唐山出版社。

曼威・柯司特（Manuel Castells）著，夏鑄九、黃麗玲等譯，2002。「資訊時代：經濟、社會與文化第二卷」，《認同的力量》》。臺北：唐山出版社。

曼威・柯司特著（Manuel Castells），廖珮杏、劉維人譯，2020。《憤怒與希望：網際網絡時代的社會運動》。臺北：南方家園出版社。

曼瑟爾・奧爾森（Mancur Olson）著，陳郁、郭宇峰、李崇新譯，2008。《集體行動的邏輯》。上海：三聯書店。

理查德・J・伯恩斯坦（Richard Bernstein）著，李原來譯，2019。《暴力思無所限》南京：譯林出版社。

莫罕達斯・卡拉姆昌德莫・甘地（Mohandas Karamchand Gandhi）著，宋曉堃和尚勸余等譯，2019。《非暴力抵抗的誕生：南非非暴力抵抗運動史》。北京：中國書籍出版社。

莫罕達斯・卡拉姆昌德莫・甘地（Mohandas Karamchand Gandhi）著，啟蒙編譯所，2017。《甘地自傳：我追求真理的歷程》。上海：社會科學院出版社。

喬納森・平克尼（Jonathan Pinckney）著，中國權利行動翻譯，2016。《在非暴力運動中非暴力紀律的保持與破壞》。美國：國際非暴力衝突中心（ICNC）出版社。

喬萬尼・薩托利（Giovanna Sartori）著，馮克利，閻克文譯，2015。《民主新論：當代論爭》。北京：世紀文景文化出版。

港千尋著，林暉鈞譯，2015。《革命的做法：從318太陽花看公民運動的創造性》（革命のつくり方：台湾ひまわり運動——対抗運動の創造性）。臺北：心靈工坊。

塞繆爾・P・杭廷頓著（Samuel P. Huntington），王冠華、劉為等譯，2009。《變化社會中的政治秩序》。上海：人民出版社。

塞繆爾・P・杭廷頓著（Samuel P. Huntington），劉軍寧譯，2000。《第三波：二十世紀末的民主化浪潮》。臺北：五南圖書出版公司。

詹姆斯・麥格雷特・伯恩斯（James MacGregor Burns）等著，吳愛明、

李亞梅等譯，2007。《民治政府——美國政府與政治》。北京：中國人民大學出版社。

漢娜・鄂蘭（Hannah Arendt）著，鄭闢瑞譯，2013。《共和的危機》。上海：上海世紀出版。

埃里卡・切諾韋思與瑪麗亞・斯蒂芬合著（Maria Stephen and Erica Chernoves），趙然諾譯，2011。《為什麼公民運動能夠取得成功：非暴力抗爭的戰略邏輯》。紐約：哥倫比亞大學出版社。

魯道夫・馮・耶林著（Rudolf von Jhering），潘漢典譯，2019。《權利鬥爭論》。北京：商務印書館。

Adam Przeworski著，郭芬與田飛龍譯，2017。《民主與自治的局限》。香港：商務印書館有限公司。

Andrew Heywood著，陳思賢譯，2013。《政治的意識形態》。臺北：五南圖書出版公司。

B・蓋伊・彼得斯（B. Guy Peters）著，吳愛明、夏宏圖等譯，2014。《政府未來的治理模式》。北京：中國人民大學出版社。

Craig Calhoun著，陳雲龍譯，2016。《激進主義探源：傳統、公共領域與19紀的社會運動》。北京：北京大學出版社。

Charles Tilly著，魏洪鐘譯，2015。《民主》。上海：人民出版社。

Charles Tilly著，謝岳譯，2011。《集體暴力的政治》。上海：人民出版社。

Charles Tilly著，謝岳譯，2011。《歐洲的抗爭與民主：1650－2000》。上海：人民出版社。

Charles Tilly著，胡位鈞譯，2009。《社會運動1768-2004》。上海：人民出版社。

Donatella della Porta著，王濤、江遠山譯，2012。《社會運動、政治暴力和國家——對義大利和德國的比較分析》。上海：人民出版社。

Donatella della Porta & Mario Diani合著，苗延威譯，2002。《社會運動概論》（臺北：巨流圖書公司印行。

Gustave Le Bon著，戴光年譯，2015。《烏合之眾：大眾心理研究》。臺北：五南圖書出版公司。

Gene Sharp著，蔡丁貴譯，1990。《群眾性防衛》。臺北：前衛出版社。

Gene Sharp著，蔡丁貴譯，2010。《自我解放：終結獨裁政權或其它壓迫的行動戰略規劃指南》。臺北：臺灣基督教長老教會發行。

Gene Sharp著，蔡丁貴譯，2012。《自我解放戰略規劃指南：終結獨裁政權或其他壓迫之行動》。臺北：臺灣基督教長老教會發行。

Gene Sharp著，蔡丁貴譯，2013。《自我解放戰略規劃指南：終結獨裁政權或其他壓迫之行動——啟動非暴力抗爭》。臺北：臺灣基督教長老教會發行。

Gene Sharp著，蔡丁貴譯，2013。《自我解放戰略規劃指南：終結獨裁政權或其他壓迫之行動——戰略性的非暴力衝突》。臺北：臺灣基督教長老教會發行。

Gene Sharp著，蔡丁貴譯，2013。《自我解放戰略規劃指南：終結獨裁政權或其他壓迫之行動——社會權力與政治自由》。臺北：臺灣基督教長老教會發行。

Gene Sharp著，蔡丁貴譯，2013。《自我解放戰略規劃指南：終結獨裁政權或其他壓迫之行動——從獨裁走向民主》。臺北：臺灣基督教長老教會發行。

Gene Sharp著，謝易宏譯，2015。《第一次非暴力抗爭就上手》。臺北：前衛出版社。

Grazina Miniotaite著，林哲夫譯，1997。《立陶宛的非暴力抗爭：和平解放的故事》。臺北：前衛出版社。

Hegel著，范揚、張企泰譯，1961。《法哲學原理》。北京：商務印書館。

Henry David Thoreau，劉粹倫譯，2012。《公民不服從》。臺北：紅桌文化。

Jack Snyder著，吳強譯，2017。《從投票到暴力：民主化和民族主義衝突》。北京：中央編譯出版社。

Jack A. Goldstone著，章延杰譯，2015。《國家、政黨與社會運動》。上海：人民出版社。

Johan Jorgen Holst and Audrius Butkevicius著，林哲夫、李崇僖譯，2001。《新時代小國的防衛策略》。臺北：前衛出版社。

Janusz Symonidesz等著，楊雅婷譯，2009。《人權的概念與標準》。臺北：韋伯文化國際出版有限公司。

M. L. Andersen and H. F. Taylor著，齊力審閱，2009。《社會學》。臺北：新加坡商聖智學習亞洲私人有限公司臺灣分公司。

Mark Buchanan著，葉偉文譯，2014。《隱藏的邏輯：掌握群眾行為的

不敗公式》。臺北：遠見天下文化出版公司。

Olgerts Eglitis著，林哲夫譯，1997。《拉脫維亞的非暴力抗爭》。臺北：前衛出版社。

P・W・辛格與艾默生・T・布魯金著，林淑鈴譯，2019。《讚爭》。臺北：任性出版有限公司。

Robert A. Dahl著，周軍華譯，2006。《多元主義民主的困境：自治與控制》。吉林：人民出版社。

Robert A. Dahl and Edward R. Tufte著，唐皇鳳，劉曄譯，2017。《規模與民主》。上海：人民出版社。

Robert D Putnam and Shaylyn Romney Garrett合著，陳信宏譯，2021。《國家如何反彈回升》臺北：春山出版有限公司。

Sidney Tarrow著，吳慶宏譯，2005，《運動中的力量：社會運動與鬥爭政治》。南京：譯林出版社。

Stephane Hessel著，楊國君譯，2015。《憤怒吧！》。臺北：暖暖書屋文化出版公司。

三、英文著作

Buchanan, Paul G. and Kate Nicholls, 2003, "Labour Politics and Democratic Transition in South Korea and Taiwan." *Government and Opposition*, 38(2): 203-237.

Beck, C.J., 2008, "The Contribution of Social Movement Theory to Understanding Terrorism", *Sociology Compass*, 2/5, pp 1565-1581.

Chu, Jou-juo, 1993, "Political Liberalization and the Rise of Taiwanese Labour Radicalism." *Journal of Asian and African Studies*, 23(2): 173-188.

Chu, Jou-juo, 2001, "Labour Militancy in Taiwan: Export Integration vs. Authoritarian Transition." *Journal of Contemporary Asia*, 31(4): 441-465.

Chu, Yin-wah, 1998, "Labor and Democracy in South Korea and Taiwan." *Journal of Contemporary Asia*, 28(2): 185-202.

Chang, Heng-hao, 2009, "From Housewives to Activists: Lived Experiences of Mothers for Disability Rights in Taiwan." *Asian Journal of Women's Studies*, 15(3): 34-59.

Chuang, Ya-chung, 2004, "Democracy in Action: The Making of Social Movement Webs in Taiwan." *Critique of Anthropology*, 24(3): 235-255.

Christiansen, J., 2009, "Four Stages of Social Movements", in *EBSCO Research Starters*, 2009 EBSCO Publishing Inc., pp. 1-7.

Ellison, G. and Martin, G., 2000, "Policing, Collective Action and Social Movement Theory: the Case of the Northern Ireland Civil Rights Campaign", *British Journal of Sociology*, 51(4), pp. 681-699.

Ho, Ming-sho and Chen-shuo Hong, "Challenging New Conservative Regimes in South Korea and Taiwan." *Asian Survey*, 52(4): 643-665.

Ho, Ming-sho and Feng-san Su, 2008, "Control by Containment: Politics of Institutionalizing Pollution Disputes in Taiwan." *Environment and Planning (A)* 40(10): 2402-2418.

Ho, Ming-sho, 2003, "Democratization and Autonomous Unionism in Taiwan: The Case of Petrochemical Workers." *Issues and Studies*, 39(3): 105-136.

Ho, Ming-sho, 2003, "The Politics of Anti-Nuclear Protest in Taiwan: A Case of Party-Dependent Movement(1980-2000)." *Modern Asian Studies* 37(3): 683-708.

Ho, Ming-sho, 2010, "Co-opting Social Ties: How the Taiwanese Petrochemical Industry Neutralized Environmental Opposition." *Mobilization: An International Journal*, 15(4): 447-463.

Ho, Ming-sho, 2012, "Sponsoring Civil Society: State and Community Movement in Taiwan." *Sociological Inquiry*, 82(3): 404-423.

Ho, Ming-sho, 2014, "The Fukushima Effect: Explaining the Recent Resurgence of the Anti-nuclear Movement in Taiwan." *Environmental Politics*, 23(6): 965-983.

Hy-Sop, Lim, 2000, "Historical Development of Civil Social Movements in Korea: Trajectories and Issues", *Korea Journal*, Autumn 2000, pp. 5-25.

Kuo, Liangwen Wayne, 1997, "The Organization of Taiwan's Environmental Movements: Analysis of Leadership, Consciousness, and Strategies." *Chinese Sociology and Anthropology*, 29(4): 66-98.

Lee, Yoonkyung, 2006, "Varieties of Labor Politics in Northeast Asian Democracies: Political Institutions and Union Activism in Korea and Taiwan." *Asian Survey*, 46(5): 721-740.

Lee, Yoonkyung, 2009, "Divergent Outcomes of Labor Reform Politics in Democratized Korea and Taiwan." *Studies in Comparative International Development*, 44(1): 47-70.

Lorenz von Stein,(Translated by Kaethe Mengelberg), "*The History of the Social Novement in France, 1789-1850*", *The American Journal of Sociology*, 71(6).

Minns, John and Robert Tierney, 2003, "The Labour Movement in Taiwan." *Labour History*, 85: 103-128.

Porta, Donatella della, 2009, *Social Movement Studies and Political Violence*, Aarhus University, Denmark: Centre for Studies in Islamism and Radicalisation(CIR).

So, Alvin Y. and Sai-Hsin May, 1992, "Democracy as an Antisystemic Movement in Taiwan, Hong Kong, and China: A World Systems Analysis." *Sociological Perspectives*, 35(2): 385-404.

Sen, A. 2016, "Why Social Movements Occur: Theories of Social Movements," *The Journal of Knowledge Economy & Knowledge Management*. Volume: XI, Spring, pp 126-130.

Wang, Frank T. Y., Herng-Dar Bi and David J. Brennan, 2009, "Have They Really Come out: Gay Men and Their Parents in Taiwan." *Culture, Health & Sexuality* 11(3): 285-296.

Wright, Teresa, 1999, "Student Mobilization in Taiwan- Civil Society and Its Discontents." *Asian Survey*, 39(6): 986-1008.

總統府前廣場大型集會遊行
——1980年代遊行至2020年社會運動

資料來源：中文維基百科

1980年代遊行

1986年12月13日鹿港反杜邦運動，到總統府前抗議，成為全
　　臺第一個在總統府前抗議的環境運動事件。

1988年5月20日，以農業開放可能導致農民權利受損為抗議
　　目標，主導南部農民北上臺北請願活動，此事件稱為
　　「台灣農民運動」。

1990年代遊行

1991年10月8日，一〇〇行動聯盟發起「反閱兵廢惡法」運
　　動，在總統府前進行靜坐。

1992年4月17日，民主進步黨國民大會代表黨團集體前往總
　　統府前靜坐。兩天後民主進步黨發動的「四一九大遊
　　行」。

1994年6月24日，由「臺灣原住民族憲法運動聯盟」等團體
　　發起「爭取正名權、土地權、自治權入憲大遊行」
　　活動。

1994年7月18日，勞動黨主席率眾在總統府前集會示威，後

因違反集會遊行法，被判處六個月徒刑得易科罰金。

1994年10月10日，國慶日當天，「廢除惡法行動聯盟」及「台灣環保聯盟」等團體，到達總統府前抗議，但都相繼遭保安警察、憲兵驅離。

1996年3月7日，婦女節前一日，由十八個婦女團體組成的「婦女一百行動聯盟」舉行「女人一百大遊行」，訴求為爭取多項女權。

1996年3月21日，陳水扁（時任臺北市市長）將總統府前道路介壽路改名為凱達格蘭大道，旁邊的廣場改名為凱達格蘭廣場。之後，此道成為民眾常集會遊行抗議的聖地，也被賦予另一層政治意義。

1996年6月8日，反核團體舉辦「608廢核大遊行」，抗議行政院提出核四覆議案。

1997年5月，人本教育基金會結合500多個民間團體，相繼舉辦了「五月四日悼曉燕，為台灣而走」、「五一八用腳愛台灣」、「五二四陪台灣到天亮」等遊行活動。

1997年6月22日，由創國基金會、臺灣學生工作隊等民間團體組織的「人民抵抗行動組合」發起「反分贓開步走」大遊行，反對政府藉修憲之名、行分贓之實。

1997年7月13日，民間監督憲改聯盟等社運團體舉行「人民作主、公投入憲」大遊行。

1997年9月27日，由多個教育團體組成的「搶救教科文聯線」發起了「九二七行動」及「歡喜來討債」大遊行，抗議國民大會凍結了原憲法第164條對教科文預算的下限保障。

1997年10月19日，民間司法改革基金會發起「一〇一九為司

法復活而走大遊行」訴求司法改革。

1999年6月10日，新黨發起「前進總統府，搶救一百億」活動，抗議總統李登輝無償金援科索伏難民三億美元。

1999年7月24日，新黨發動「和平反戰大遊行」，抗議總統李登輝所提出的兩國論。

1999年7月24日，澄社等多個民間社團共同發起「724廢國大、反黑金」大遊行，7月9日「廢國大苦行」從屏東出發開始，於7月24日抵達總統府前。

1999年9月11日，新黨發起「全民譴責延任國代大遊行」，抗議國代延任。

1999年10月9日，九二一大地震受災戶聯盟發起「一〇〇九夜宿總統府行動」。

2000年代遊行

2000年中華民國總統大選後，對中國國民黨失去執政權及總統李登輝不滿的親民黨支持者曾占據凱達格蘭大道，歷時長達一週。

2000年11月12日，反核團體發動「非核家園　安居台灣」大遊行。

2000年12月10日及15日，勞工團體發動1210大遊行及1215大遊行，捍衛縮短工時。

2001年11月10日，中國國民黨發動「反失業救經濟大遊行」。

2002年4月4日，影音業者發動「反盜版大遊行」，多名港臺歌手參與。

2002年9月28日，中華民國全國教師會在教師節當天發動

「團結尊嚴九二八」大遊行，爭取教師會適用工會法等議題。

2002年11月23日，農漁民團體在凱道發起歷年來最大規模的農民遊行「一一二三與農共生大遊行」。

2003年1月19日，塑膠產業勞工失業自救會發動「119救救我抗議環保署霸政全民團結大遊行」，抗議塑膠限用政策。

2003年9月6日，獨派團體發起「台灣正名運動大遊行」。

2003年9月28日，全國教師會再次於教師節發動大型遊行，回歸教育議題。

2004年中華民國總統大選後，對選舉結果不滿的泛藍支持者曾占據凱達格蘭大道，歷時長達兩個月。

2005年3月26日，三二六護台灣大遊行。

2005年9月25日，手護台灣大遊行。

2005年12月10日，全國教師會在凱道發動靜坐活動，抗議政府刪減18%優惠存款利率的改革過程羞辱教師等議題。

2006年9月9日，施明德等人在此發起百萬人民倒扁運動。

2007年3月31日，中國國民黨舉辦熱愛臺灣捍衛中華民國331大遊行。

2007年9月9日，倒扁總部重返凱道，舉辦燭光晚會。

2007年11月3日，民主進步黨在凱道舉辦「聖火護台灣‧加入聯合國」晚會。

2007年12月29日，紅黨在凱道舉辦群眾集會。

2008年3月16日，中國國民黨在2008年中華民國總統選舉前夕發起全臺串聯的「台灣向前行，全民大遊行」，其中臺北場於凱道集結。

2008年8月30日，由多個獨派社團發起830百日怒吼大遊行。

2008年10月25日，由民主進步黨發起1025反黑心顧臺灣大遊行。

2009年5月2日，平埔族原住民團體發起「台灣母親・平埔正名誓師大會」，訴求還平埔族身分權。

2009年5月17日，泛綠陣營舉辦517嗆馬保臺大遊行，並在凱道舉行24小時靜坐。

2009年7月12日，由家長團體發起了「我要免試的12年國教」大遊行。

2009年10月31日，多個同志團體共同舉辦「2009同志愛很大」遊行，是臺灣首次於凱道集結的同志遊行。

2010年代遊行

2010年9月25日，訴求建立起性侵案件專家證人制度，以維護兒少人權，與汰換不適任法官的「白玫瑰運動」。

2010年10月30日，多個同志團體共同舉辦「2010投同志政策一票」遊行。

2010年12月26日，由「稅災自救聯盟」發起「維護納稅人權利終結違法稅單」遊行，此遊行引起後續「納稅者權利保護法」立法。

2011年10月29日，多個同志團體共同舉辦「2011彩虹征戰，歧視滾蛋」遊行。

2012年5月19日，民進黨及台聯舉辦「519嗆馬踹共大遊行」。

2012年10月30日，多個同志團體共同舉辦「2012革命婚姻——婚姻平權，伴侶多元」遊行。

2012年11月25日，集結不同領域的社運團體聯合舉辦「2012
　　　秋鬥——人民向左轉」遊行，於凱達格蘭大道會師。

2012年12月31日晚上至隔日清晨，反媒體巨獸青年聯盟發起
　　　「先別管煙火了，你聽過媒體壟斷嗎？——反媒體巨
　　　獸元旦行動」活動。

2013年1月13日，民主進步黨黨主席蘇貞昌領軍，舉辦「人
　　　民火大，一路嗆馬」遊行。

2013年1月19日，由於年金改革等問題，由多個勞工團體發
　　　起「顧老本、拚生存：119勞工自救大遊行」。

2013年2月2日，多個中華民國公營事業工會組成了國公營工
　　　會大聯盟，號召近5萬員工上凱道表達對於政府刪減
　　　績效獎金規定的不滿。

2013年3月9日，臺灣廢核團體於凱達格蘭大道進行「309廢
　　　核大遊行」。

2013年4月20日，因美麗灣度假村爭議，聲援者發起了「不
　　　要告別東海岸徒步行動」，從台東杉原海灣徒步17日
　　　到達凱道並舉行音樂會。

2013年5月1日，多個勞工團體在勞動節這天發起了「官逼民
　　　反——2013勞工要安全、拚未來大遊行」，提出多項
　　　勞工權益相關訴求。

2013年3月16日，青年樂生聯盟等團體發起了「316樂生大遊
　　　行」，要求樂生療養院土方回填、遷移機廠。

2013年5月19日，我愛臺灣反核行動聯盟發起「519反核行動
　　　——終結核電大遊行」。

2013年5月25日，由於年金改革問題，全教總號召發起「525
　　　打掉爛案、導正改革行動」。

2013年6月8日，多個環保及漁業團體舉辦「世界海洋日護魚大會師」。

2013年7月27日，反黑箱協議行動聯盟為反對海峽兩岸服務貿易協議，舉辦「反黑箱協議、要生存權利全民大會」。

2013年8月3日，公民1985行動聯盟因應洪仲丘事件發起「萬人白T凱道送仲丘」活動。

2013年8月18日，台灣農村陣線等多個團體以大埔事件四戶強制拆除滿月為號召，舉辦「把國家還給人民 818拆政府」晚會。

2013年8月27日，華光社區拒拆戶及聲援者，舉辦「破殼蝸牛，華光斷垣苦行」，從華光社區遊行至凱道。

2013年9月29日，929凱道怒火聯盟舉辦嗆馬晚會。

2013年11月30日，下一代幸福聯盟為了反對多元成家立法草案，在凱道舉辦「1130全民上凱道，為下一代幸福讚出來」活動。

2013年12月22日，為反對海峽兩岸服務貿易協議，反黑箱服貿民主陣線等團體，在凱道舉辦「拒絕服貿闖關、立法破黑箱」活動。

2014年3月8日，由多個反核團體所組成的全國廢核行動平台，在309廢核大遊行即將屆滿一週年，同時也是福島核災三週年前夕，再次發起「全台廢核大遊行」表達反核立場。

2014年3月30日，由反黑箱服貿太陽花學運發起「捍衛民主、退回服貿、人民站出來！330凱道集結」行動，從下午1點開始到晚上7點為止。

2014年4月19日晚上，大腸花論壇在凱道前的臺北賓館前舉行「大腸花垃圾話終極版」，由於未申請集會遊行，因此過程中警方三度舉牌，但並未進行驅離。

2014年4月27日，全國廢核行動平台，呼應2014年林義雄反核四禁食行動，發起「廢核大遊行」，要求停建核四，並演變成占領忠孝西路事件。

2014年5月4日，新黨發起「新五四運動」。

2014年9月1日，2014年臺灣高雄氣爆事故滿一個月，消防員工作權益促進會發起「九月一日凱道公祭悼亡魂」活動。

2014年10月25日，多個同志團體共同舉辦「擁抱性／別‧認同差異」遊行。

2014年11月24日，中國國民黨在2014年中華民國地方公職人員選舉前週末，舉辦「挺台北、挺FTA、挺勝文」大遊行。

2015年3月7日，全國教師總工會舉辦「307全民護幼大遊行」。

2015年3月14日，反核團體舉辦「廢核大遊行」。

2015年5月1日，勞工團體舉辦「2015五一遊行」。

2015年10月24日，民國黨舉辦「正義之師救台灣」活動。

2015年11月7日，由經濟民主連合（原反黑箱服貿民主陣線）、臺灣守護民主平台等多個團體，舉辦「停止貨貿談判，抗議馬習會」遊行。

2016年1月9日，台灣團結聯盟在凱道舉辦「抗紅潮、挺小英、投台聯」募款餐會。

2016年1月15日，民主進步黨取得2016年中華民國總統選舉

前夕的凱道路權，舉辦選舉造勢晚會。

2016年2月28日，多個學生及民間社團為紀念二二八事件，於凱道舉辦「2016共生音樂節：我們在這裡」活動。

2016年4月11日，白玫瑰社會關懷協會發起「白玫瑰運動四起、自己的孩子自己救，萬人50換正義」集會活動，訴求反對廢除死刑。

2016年6月12日，由民間團體發起「612凱道閱兵活動」。

2016年9月3日，監督年金改革行動聯盟等多個團體發起「軍公教反汙名要尊嚴九三大遊行」。

2016年9月12日，由多個觀光產業同業公會組成的「百萬觀光產業自救會」，發起「百萬觀光產業自救大遊行」。

2016年9月25日，多個反迫遷團體發起「925土地正義重返凱道」活動。

2016年11月13日，下一代幸福聯盟為了反對同性婚姻法案，舉辦「婚姻家庭，全民決定凱道前哨戰」活動。

2016年12月10日，多個同志與性別組織，為了爭取婚姻平權，舉辦「讓生命不再逝去，為婚姻平權站出來」音樂會。

2017年1月22日，監督年金改革行動聯盟舉行「全民參與年金改革」抗議活動，抗議年金改革政策。

2017年6月4日，親日團體「台灣民政府」舉行「64快樂法理變革大遊行」，提倡其政治理念。

2017年7月23日，由北港武德宮等多間宮廟組成「捍衛信仰守護香火大聯盟」，「史上最大科・眾神上凱道」活動，對政府減香等政策發起訴求。

2017年11月14日，反年金改革團體八百壯士遊行至凱道，抗議軍人年金改革。

2017年12月5日，在2017年臺灣勞動基準法修正爭議期間，勞工團體於立院抗議被強制驅離後，部分成員前往凱道抗議，不久亦被強制驅離。

2017年12月18日，法稅改革聯盟等團體舉辦「法稅真改革‧良心救臺灣」活動，抗議稅制不公與稅官濫權。

2018年1月5日，在2017年勞動基準法修正爭議期間，時代力量立委等人為抗議修法意圖封鎖議場未果後，前往凱道絕食抗議，警方隨即以優勢警力封鎖靜坐區，阻擋其他支援者進入，警方並於1月7日凌晨拆除帳篷，後於1月8日強制驅離。

2018年2月17日，基督徒團體臺北市召會主辦「福音大遊行」，與來自全球62個國家的基督徒上街「傳福音」遊行活動。

2018年4月23日，退休警消相關團體發起「警消不服從」抗爭活動，抗議年金改革中警消的相關改革。

2018年4月28日，環保團體舉辦「428藻礁永存音樂會」，質疑臺灣中油欲興建的第三天然氣接收站可能影響大潭藻礁生態。

2018年6月17日，反禁二行程車相關團體舉行「全國二行程‧凱道大會師」車聚，抗議空氣汙染防制法修正草案刻意打壓二行程機車。

2018年6月19日，反年金改革團體八百壯士再次遊行至凱道，抗議軍人年金改革。

2018年10月27日，同志團體舉辦2018臺灣同志遊行。

2018年11月3日，環保團體舉辦「健康永續・藻礁永存」反空汙大遊行，以搶救大潭藻礁做為遊行主題。

2018年11月4日，法稅改革聯盟舉辦稅改大遊行。

2018年12月19日，法稅改革聯盟舉辦「反威權！要生存」大遊行。

2019年4月21日，Uber駕駛舉辦「421上凱道」，抗議政府預告修法影響其權益。

2019年4月27日，反核團體舉辦廢核遊行。

2019年5月1日，勞工團體舉辦2019勞動節遊行。

2019年6月1日，韓粉舉辦韓國瑜總統初選造勢活動「庶民總統團結台灣、決戰二○二○贏回台灣」。

2019年6月23日，時代力量立法委員黃國昌與健身達人陳之漢共同舉辦「拒絕紅色媒體、守護臺灣民主」遊行。

2019年6月29日，文明人權服務協會等團體發起「小白花運動」，訴求保護兒少，反虐童、反霸凌、反酒駕，讓孩童安心長大。

2019年7月7日，中國國民黨舉辦「反鐵籠公投凱道大會師」活動。

2019年10月26日，同志團體舉辦2019臺灣同志遊行。

2019年11月2日，國會政黨聯盟舉辦建黨週年慶暨進軍立法院誓師大會活動。

2019年12月21日，舉辦閃靈樂團演唱會暨林昶佐競選連任造勢大會。

2020年代遊行

2020年1月9日，中國國民黨總統候選人韓國瑜，在2020年中

華民國總統選舉前舉辦凱道造勢晚會。

2020年1月10日，民主進步黨在2020年中華民國總統選舉前舉辦選舉造勢晚會。

2020年6月13日，在2020年高雄市市長韓國瑜罷免案通過，及高雄市議會議長許崑源墜樓後，挺韓人士發起「百萬白衫軍，庶民上凱道」活動。

2020年8月19日，為響應聯合國世界人道主義日，法稅改革聯盟、平反1219行動聯盟等民間團體在凱道舉辦「1219全球發聲即刻救援行動」。

Do觀點68　PF0308

非暴力抗爭：
1977-2019臺灣社會運動

作　　者／蘇佳善
責任編輯／尹懷君
圖文排版／黃莉珊
封面設計／劉肇昇

出版策劃／獨立作家
發 行 人／宋政坤
法律顧問／毛國樑　律師
製作發行／秀威資訊科技股份有限公司
　　　　　地址：114 台北市內湖區瑞光路76巷65號1樓
　　　　　電話：+886-2-2796-3638　傳真：+886-2-2796-1377
　　　　　服務信箱：service@showwe.com.tw
展售門市／國家書店【松江門市】
　　　　　地址：104 台北市中山區松江路209號1樓
　　　　　電話：+886-2-2518-0207　傳真：+886-2-2518-0778
網路訂購／秀威網路書店：https://store.showwe.tw
　　　　　國家網路書店：https://www.govbooks.com.tw

出版日期／2022年4月　BOD一版　定價／460元

|獨立|作家|
Independent Author

寫自己的故事，唱自己的歌

讀者回函卡

非暴力抗爭：1977-2019臺灣社會運動 / 蘇佳善
著. -- 一版. -- 臺北市：獨立作家, 2022.04
　　面；　公分. -- (Do觀點 ; 68)
BOD版
ISBN 978-626-95869-0-5(平裝)

1. 社會運動史 2. 臺灣

541.4509　　　　　　　　　　111003158

國家圖書館出版品預行編目